Inhalt

Vorwort 6

I Die Anfänge 8

II Architektenwettbewerb 13

III Die Architekten Bonatz und Scholer . . 17

IV Weiterentwicklung des Entwurfs 21

V Erbauung 31

VI Baubeschreibung und städtebauliche Einbindung 39

VII Zerstörungen im Zweiten Weltkrieg
und Wiederaufbau 92

VIII Veränderungen nach dem
Wiederaufbau 96

IX Einordnung in Baugeschichte
und Œuvre 100

X Ausblick 115

Anhang 122
English summary 122
Sommaire français 124
Zitate von Bonatz und anderen 126
Zahlen zum Bauwerk 142
Literaturverzeichnis 145
Quellen 149
Abbildungsnachweis 150

Vorwort

Seit gut 20 Jahren wohne ich in Stuttgart und habe diese Stadt im Lauf der Jahre immer mehr schätzen gelernt. Vieles hat sich seitdem zum Positiven entwickelt: Es geht vielfältiger, aktiver und unterhaltsamer zu. Allerdings fällt auch auf, dass manchmal kurzfristigen Überlegungen, Modischem oder Oberflächlichem Vorrang eingeräumt wird zu Lasten von Einmaligem, Authentischem und auch vor bürgerschaftlichem Engagement. Vermeintliche Sachzwänge finden in dieser Stadt, wie überall sonst auf der Welt auch, neuerdings leichter Gehör als wohlbegründete, langfristig angelegte Visionen. Und so verhält es sich auch mit dem Stuttgarter Hauptbahnhof. Dabei erscheint es auf den ersten Blick ja nur konsequent, den alten, lieblos behandelten Hauptbahnhof mit viel Geld zu einer modernen ICE-Station unter Tage umzugestalten. Aber: Ist der Bahnhof einer Großstadt mit einer U-Bahnstation gleichzusetzen? Ist, was höher, schneller, was modern, teuer und machbar ist, in jedem Fall ein Gewinn für das Gemeinwesen?

Es dreht sich dabei nicht nur um den Erhalt des monumentalen, denkmalgeschützten Bauwerks, sondern auch um dessen städtebauliche Bedeutung, um das bürgerschaftliche Selbstverständnis und um eine Qualität, die manchem «Sachmenschen» nur schwer vermittelbar ist: Häfen, Flughäfen und Bahnhöfen ist gemeinsam, dass sie Orte der Begrüßung sind, für Einheimische wie für Fremde die erste Kontaktaufnahme mit einem Land und einer Stadt, eine Einladung sozusagen. Genauso sind sie Orte des Abschieds. Wollen wir wie eine Rohrpost anonym von A nach B gelangen oder wollen wir reisen, d.h. mit dem Eindruck der Stadt und ihren Menschen einsteigen, abfahren bzw. ankommen? Der Stuttgarter Hauptbahnhof bietet das. Wollen wir das alles, um eines minimalen Zeitgewinns willen, im Untergrund verstecken? Wollen wir einen bürgerfreundlichen Bahnhof oder eine kühle Reisemaschine, die wie ein gewaltiger Splitter quer im Herzen der Stadt steckt?

In der Geschichte Stuttgarts wiederholt sich immer wieder die im Grunde selbe Diskussion:

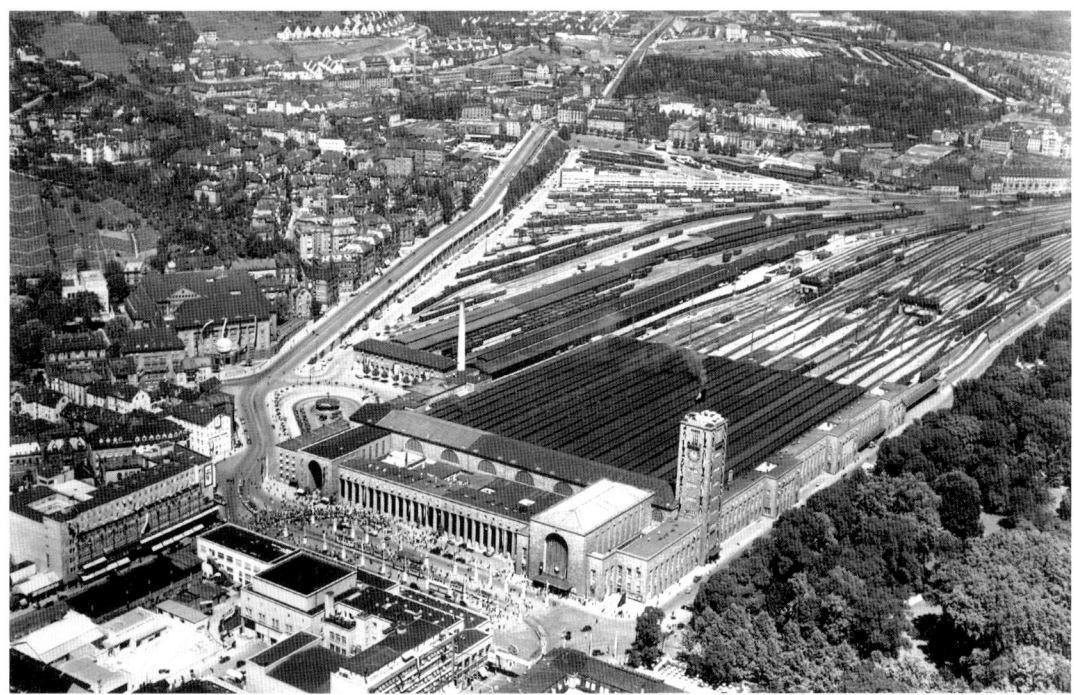

Kaufhaus Schocken, Kronprinzenpalais und Altes Steinhaus mussten ohne zwingenden Grund weichen. Neues Schloss und Markthalle konnten in letzter Minute gerade noch für die Bürger und die Nachwelt gerettet werden. Wird der unter dem Namen «Stuttgart 21» geplante Tiefbahnhof realisiert, verkommt der Bonatz-Bau zum Torso, eingezwängt zwischen höchster Verkehrsdichte auf dem Arnulf-Klett-Platz und der seelenlosen Funktionslosigkeit des Straßburger Platzes. Weder hat es irgendeine Stadt der Welt verdient nach einem so hässlichen und unmaßstäblichen Bullaugenkorridor benannt zu werden, noch verdient Stuttgart einen weiteren Verlust an unverwechselbarer, städtebaulicher Identität. Stuttgart braucht keinen neuen, austauschbaren Bahnhof der Deutschen Bahn, der unter jeder x-beliebigen Stadt

begraben sein könnte, sondern seinen modernisierten Kopfbahnhof, der nur für diese Stadt entworfen wurde. Sicher, dieser muss den modernen Anforderungen angepasst werden. Hier sollen die Reisenden bei Tag und Nacht ankommen, abreisen, weiterreisen, auch warten dürfen, nicht aber ahnungslos unten durchrasen müssen.

Ich hege den ganz einfachen Wunsch, dass die Stadt bürgerfreundlich, ihre geschichtliche Entwicklung ablesbar und lebendig bleibt, dass das Wohl der Bürgerinnen und Bürger der Antrieb aller Planungen bleibt. Darum wünsche ich dem vorliegenden Buch, dass es dazu beiträgt, die Menschen wachzurütteln. Noch liegt das Schicksal des Hauptbahnhofs in unseren Händen. Und den bereits abgebrochenen Nordflügel bauen wir einfach wieder auf, als Mahnmal.   *Walter Sittler*

7

I   Die Anfänge

Im Jahr 1795, sechs Jahre nach der Französischen Revolution, beginnt die Geschichte der Eisenbahn: In einem walisischen Bergwerk bei Cardiff wird die erste Pferdebahn auf Schienen in Betrieb genommen. Die erste Dampflokomotive wird 1804 in England gebaut, wodurch die Grundlage für ein leistungsfähiges Transportsystem entsteht. Zwischen Stockton und Darlington nimmt 1825 die erste Eisenbahnlinie den Verkehr auf, 1832 folgt die erste kontinentaleuropäische Strecke zwischen St. Etienne und Lyon. 1835 schließlich dampft der erste Zug in Deutschland von Fürth nach Nürnberg.

Schon im Jahr 1830 setzt König Wilhelm I. von Württemberg (1781–1864) eine Kommission ein, die prüfen soll, ob sich ein Eisenbahnnetz vorteilhaft auf die wirtschaftliche Entwicklung auswirken könnte. Vier Jahre verstreichen, ehe die Mitglieder eine positive Empfehlung aussprechen. Am 22. Oktober 1845 kann schließlich die erste Eisenbahnstrecke Württembergs zwischen Cannstatt und Untertürkheim eingeweiht werden.

Für die Haupt- und Residenzstadt des Königreichs Württemberg ist aufgrund der Lage in einem Talkessel an einen Durchgangsbahnhof nicht zu denken; er würde der Stellung Stuttgarts als politischem, wirtschaftlichem und kulturellem Mittelpunkt nicht gerecht. Stuttgart soll das Ziel sein, nicht eine Etappe. Verschiedene Standorte für den Bahnhof werden vorgeschlagen, die von einer Kopfstation ausgehen. Ein Projekt sieht den Cannstatter Bahnhof als Mittelpunkt des württembergischen Eisenbahnnetzes vor. In diesem Fall würde lediglich eine Stichbahn in die Residenzstadt führen. Der schon damals auftauchende Vorschlag, den Bahnhof ungefähr an der heutigen Stelle, also östlich des alten Stadtkerns, anzulegen, wird nicht aufgegriffen. Am 13. März 1844 fällt die Entscheidung:

Der erste Stuttgarter Bahnhof, 1844–1846 von Karl Etzel erbaut

Der «Centralbahnhof» soll in der Schlossstraße liegen, der heutigen Bolzstraße. Die Pläne für das Empfangsgebäude werden am 9. Juli desselben Jahrs vorgelegt. Am 12. September 1846, dem 65. Geburtstag König Wilhelms I., fährt die erste Lokomotive von Cannstatt durch den Rosensteintunnel in den von Karl Etzel (1812–1865) erbauten spätklassizistischen Stuttgarter Bahnhof ein. Die offizielle Inbetriebnahme erfolgt dann am 15. Oktober 1846. Bei diesem ersten Bahnhof liegen die

Eine Zeichnung des ersten Bahnhofs vom 1.3.1855 vermittelt den Eindruck einer gewachsenen städtebaulichen Einbindung.

Gleise in Verlängerung der Eingangshalle. Die so genannte «Centralbahn» führt damals lediglich von Ludwigsburg über Stuttgart nach Esslingen.

Bereits 1861 steht fest, dass die Entwicklung des Eisenbahnverkehrs unterschätzt wird und eine Erweiterung des gerade einmal dreißig Meter breiten Bahnhofs unumgänglich ist. Die dabei anstehenden technischen Aufgaben werden zwei Ingenieuren übertragen, die baulichen Georg von

Historistischer Mittelteil des zweiten Stuttgarter Bahnhofs, rechts der erste spätklassizistische Bahnhof, links des Mittelteils der nach dem Vorbild des ersten Bahnhofs kopierte nördliche Flügel

Blick in die Mittelhalle

Morlok (1815—1896). Er bezieht das vorhandene Bahnhofsgebäude in einen Neubau ein, der 1864 bis 1867 nach seinen Plänen errichtet wird. Morlok erhöht den alten Bahnhof um eineinhalb Geschosse, spiegelt ihn weiter nördlich und setzt einen historistischen Teil in die Mitte. Nun weist der Bahnhof die imposante Breite von 100 Metern auf und hat zwei über 200 Meter lange Bahnsteighallen. Die Reisenden betreten ihn zunächst durch eine Vorhalle. Von ihr aus gelangen sie in eine lang gestreckte, passageartige Mittelhalle, welche die zwei Bahnsteighallen voneinander trennt.

Vor der Jahrhundertwende zeichnet sich ab, dass nur ein großzügiger Neubau die abermals unterschätzte Entwicklung des Eisenbahnverkehrs auffangen kann. Wie schon vor dem Bau des ersten

Hauptfassade des 1864–1867 von Georg von Morlok erbauten zweiten Bahnhofs

Eine der beiden Bahnsteighallen

9

1845: Erster Stuttgarter Bahnhof in der Schlossstraße (heute Bolzstraße) mit vier Gleisen

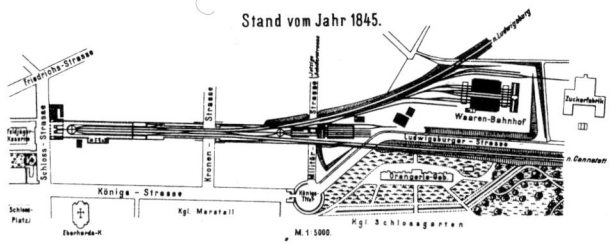

Kgl. Generaldirektion der Staatseisenbahnen.

Bahnhof Stuttgart.

Stand vom Jahr 1845.

1868: Zweiter Stuttgarter Bahnhof am selben Standort wie der erste, nun erweitert auf acht Gleise

Bahnhof Stuttgart.

Stand vom Jahr 1868
nach dem 1ten Umbau.

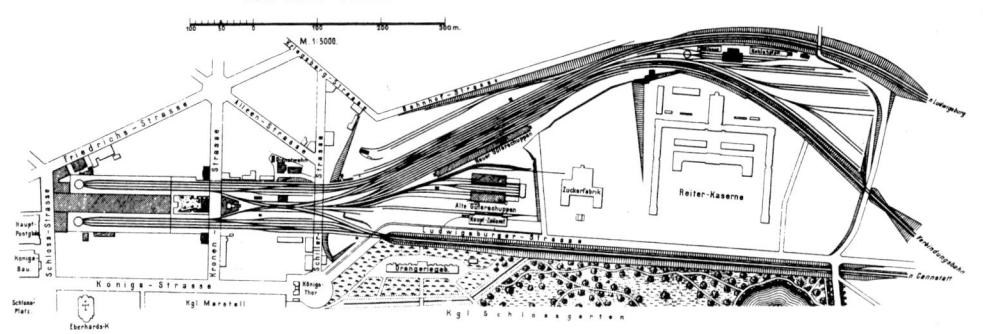

1904: Zusätzliche Gleise im Vorfeld des Bahnhofs

Kgl. Generaldirektion der Staatseisenbahnen.

Hauptbahnhof Stuttgart.

Stand vom Jahr 1904.

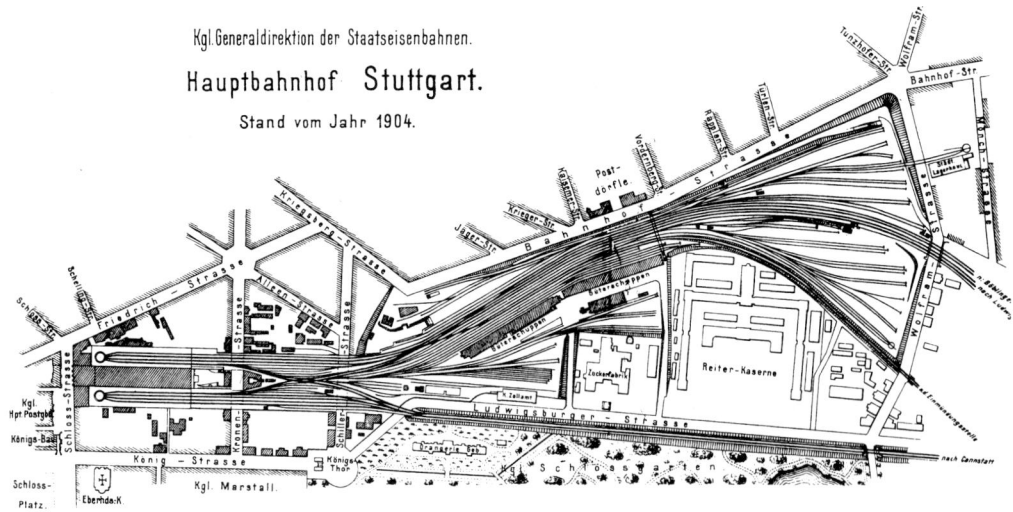

Gleisseitige Ansicht des zweiten Bahnhofs

Eisenbahnbrücke in der Kronenstraße; im Hintergrund die Kuppel des Marstalls

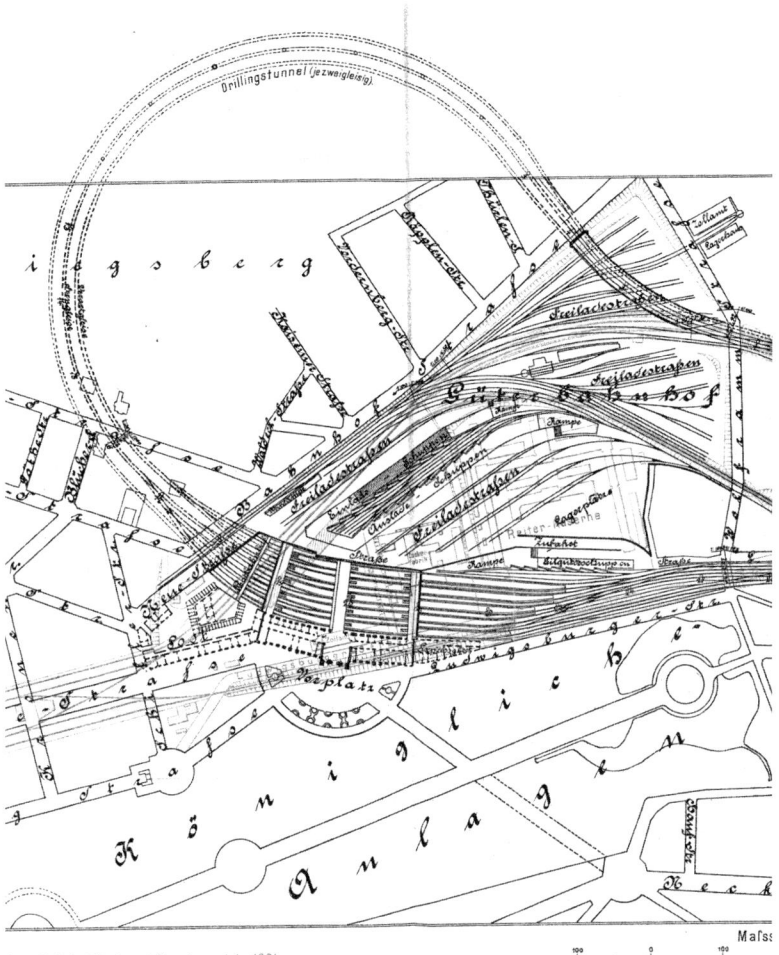

Hauptbahnhof Stuttgart, Stand vom Jahr 1904.

Bahnhofs werden verschiedene Standorte diskutiert. 1894 hält Oberbaurat Fuchs einen Vortrag, in dem er feststellt, dass die Entwicklung dynamischer verläuft als angenommen. In der Folgezeit tauchen vor allem sechs Standortvorschläge für den zu errichtenden dritten Bahnhof auf:
1. Neubau an der bisherigen Stelle
2. Verlegung nach Osten um etwa 600 Meter, um eine Durchgangsstation errichten zu können
3. Verlegung nach Osten an den heutigen Standort
4. Verlegung nach Osten um ca. 40—50 Meter, um so einen größeren Bahnhofsvorplatz zu erhalten
5. Verlegung des Stuttgarter Hauptbahnhofs nach Cannstatt auf das rechte Neckarufer

6. Verlegung in das Gebiet nordwestlich des heutigen Bahnhofs und Bau eines Durchgangsbahnhofs.

Der Entwurf des Cannstatter Ingenieurs Sprickerhof schlägt vor, mit Hilfe aufwendiger Tunnelanlagen unter dem Kriegsberg einen Durchgangsbahnhof ungefähr an der Stelle des heutigen Hauptbahnhofs zu ermöglichen, der jedoch auf die Achsen der Stadt keinerlei Rücksicht nimmt.

Entwurf des Cannstatter Ingenieurs und Generalunternehmers Albert Sprickerhof und der Architekten André Lambert und Georg Stahl vom Mai 1901

1907 fällt König Wilhelm II. von Württemberg (1848–1921) die Entscheidung zu Gunsten eines neuen Kopfbahnhofs an der Schillerstraße, heute Arnulf-Klett-Platz, dem jetzigen Standort. Statistische Erhebungen ergeben nämlich, dass 95 Prozent der Reisenden den Stuttgarter Bahnhof als Ziel nennen und nur fünf Prozent Durchreisende sind.

Erste Vorarbeiten für die Gleisanlagen setzen 1908 ein. Im Zusammenhang damit entstehen die Ludwigsburger Straße, heute Cannstatter Straße, und die Wolframstraße. Die Schillerstraße wird durch die Königlichen Anlagen geführt und zerschneidet diese damit in zwei Teile.

II   Architektenwettbewerb

Im Jahr 1910 schreibt die Königliche Generaldirektion der Württembergischen Staatseisenbahnen einen Architektenwettbewerb für das Empfangsgebäude des neuen Hauptbahnhofs aus. Zu-

der Nabel Schwabens. Kritisch angemerkt wird: «Die Abweichungen der Grundrisse vom Vorprojekt sind nicht alle günstig zu beurteilen: Die Zugänge zu den Gepäckräumen sind unzulänglich

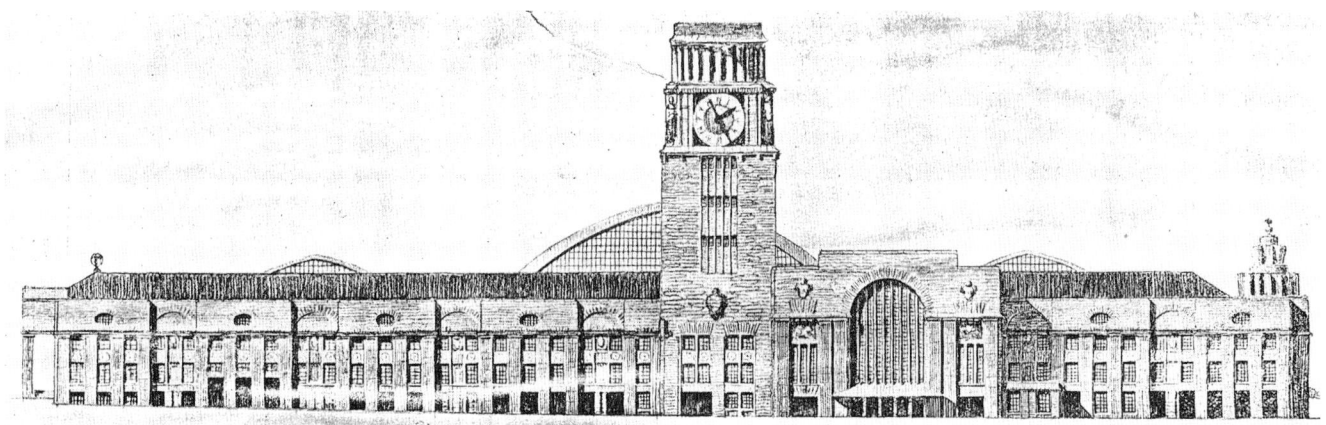

*«Umbilicus sueviae»,
der Wettbewerbsentwurf von Bonatz &
Scholer, 1911*

gelassen sind alle Architekten im Reichsgebiet. Abgabetermin ist der 15. Mai 1911.

Insgesamt gehen siebzig Entwürfe ein. Bei einer ersten Überprüfung durch die Jury scheiden sechsundzwanzig Bewerber wegen «erheblicher in die Augen fallender Mängel» aus. Eine zweite Überprüfung verwirft weitere zweiunddreißig Entwürfe. In die engere Wahl gelangen neun Bewerber. Am 20. Juni 1911 fällt die Jury, in der u.a. Bonatz' Lehrer Theodor Fischer (1862—1932) sitzt, ihre Entscheidung. Den mit 10.000 Mark dotierten ersten Preis gewinnt das Büro Bonatz & Scholer mit seinem Entwurf «umbilicus sueviae»,

und die Beleuchtung der Fahrkartenschalter nicht einwandfrei. Diese liegen zum Teil zu nahe am Eingangsverkehr.

Die verlangten Reserveräume sind nur zum Teil vorhanden; man kann aber annehmen, daß dieser Fehler, ohne das Wesen des Entwurfs zu ändern, verbessert werden kann.

Die Arbeit zeigt im Äußern, mehr als irgendeine andere, volles Erfassen der aus der Örtlichkeit und aus dem Bebauungsplan erwachsenden Probleme für die Massenverteilung. Mit Recht unterläßt der Verfasser, da sich die Anlage von innen heraus unsymmetrisch löst, jeden Versuch halber

13

«Außer Wettbewerb» reicht die Königliche Generaldirektion einen eigenen Entwurf ein. Er zeigt an der Hauptfassade rechts eine große Schalterhalle mit einem mächtigen Rundbogenfenster. Links von ihr steht hinter der Fassade ein hoher Turm mit Tambour. Der ganze Bau wird von Rundbogenfenstern gegliedert. Entlang der Hauptfassade erstreckt sich eine niedrige, offene Vorhalle. Im Inneren erhält die Kopfbahnsteighalle von einem gläsernen Tonnengewölbe ihr Licht. Große Rechtecköffnungen stellen die Verbindung zu den Bahnsteighallen her.

oder ganzer Symmetrie und bewältigt die Aufgabe lediglich nach den Grundsätzen des Gleichgewichts. Dabei ist ihm besonders gut gelungen, die Wirkungen gerade an den Stellen ins Bedeutende zu steigern, die durch die daraufzuführenden Straßen und durch die Platzanlagen dafür geeignet erscheinen. Die Schalterhalle wäre im Äußern vielleicht konsequenterweise ohne die starke Betonung der Mittelachse durchzubilden. Zunächst fällt der attikaartige Abschluß aller Umfassungsmauern befremdend auf; allein die Absicht des Verfassers, die größte Ruhe des Umrisses herbeizuführen, muß also berechtigt und auch als erreicht angesehen werden, wenn auch vielleicht derselbe Zweck mit dem normaleren Mittel ruhiger Dächer hätte erfüllt werden können. Die Architektur ist von entschiedener Eigenart und von schlichter Größe.»

In den Wettbewerbsunterlagen ist vor allem Folgendes bindend vorgeschrieben:
- Angaben über Meereshöhen an den umgebenden Straßen
- äußerste Bebauungsgrenze
- Gleisanlage mit Bahnsteigen
- Anordnung der Tunnels unter den Gleisen
- Lage der Posträume und der Expressgutabfertigung.

Gegenstand des Wettbewerbs ist der Entwurf des äußeren und inneren Aufbaus des Empfangsgebäudes; eine schematische Bearbeitung der Gleishallen ist möglich.

Gegeben ist die Lage des Bahnhofs an der Schillerstraße und seine Art als Kopfbahnhof. Die Hauptfassade liegt an der Schillerstraße. Eine südöstliche erste Bauhälfte hat freies Bauland zur Verfügung, während die zweite nordwestliche erst nach Inbetriebnahme der ersten auf der vorhandenen Gleisanlage des alten Bahnhofs zu errichten ist.

«Beim Entwurf ist auf die getrennte Ausführung und darauf Rücksicht zu nehmen, daß die erste Hälfte mit möglichst wenigen provisorischen Bauanlagen einen betriebsfertigen Bahnhof ergibt.»

Von vornherein bestimmt also diese Asymmetrie die Gesamtanlage.

Jährlich ist mit etwa 15 Millionen Personen (täglich bis zu 100.000), 10.000 Tonnen Gepäck und Traglasten und 25.000 Tonnen Expressgut zu rechnen. Beim gesamten Empfangsgebäude muss mit einer Steigerung des Verkehrs gerechnet werden.

14

«Die Architektur des Gebäudes soll seiner Bedeutung und seinem Zweck Rechnung tragen. Bei Ausführung des Baues ist tunlichste Sparsamkeit geboten. Auf Beachtung dieses Gesichtspunktes wird bei Würdigung der Entwürfe besonderer Wert gelegt werden. Aufbauten, die keine Nutzräume enthalten, sind nach Möglichkeit zu vermeiden.»

Die Baumaterialien werden zwar nicht vorgeschrieben, aber es wird doch gesagt, dass dem örtlichen Brauch gemäß «weiße bis gelbgrüne Werksteine» bevorzugt werden.

Im Einzelnen wird weiter festgelegt, dass die Haupteingangshalle im Süden zu liegen habe. In ihr sollen sechzehn bis zwanzig Fahrkartenschalter untergebracht werden und eine 16—20 Meter breite Treppe auf Bahnsteighöhe führen. Am westlichen Bahnhofsvorplatz ist eine Eingangshalle für den Vorortverkehr mit vier bis fünf Fahrkartenschaltern einzurichten. Die Gepäckannahme und -ausgabe für den Fernverkehr hat möglichst bei den Hauptein- bzw. ausgängen zu liegen.

Aborte, Waschräume, Bäder, Friseur usw. sollen in zwei Gruppen, die durch innere Treppen miteinander verbunden sind und von der Haupteingangshalle und dem Kopfbahnsteig aus erreichbar sind, angelegt werden, damit ihre Beaufsichtigung von einer Stelle aus erfolgen kann. Eine dritte Gruppe ist für den Vorortverkehr vorzusehen. «Besondere Toiletteräume beim Wartesaal des Kgl. Hofs.» [sic!]

Eine große Ausnahme bildet der Entwurf «Konkurrenz Bahnhof Stuttgart» des Breslauer Architekten Gebhard Utinger (1874–1960). Aus der gleichmäßig von Arkaden und Fenstergruppen gegliederten Hauptfassade sticht die rechts liegende Schalterhalle kaum heraus. Ein Turm auf der linken Seite schafft das notwendige Gleichgewicht. Überzeugender als bei den anderen Wettbewerbsentwürfen gelingt es hier, die Bahnsteighalle gestalterisch mit Gewinn einzubeziehen, indem sie gleichsam eine große Klammer schafft. Bei Utingers Lösung wird eine neue Auffassung von Architektur spürbar. Einzig bei diesem Entwurf kann festgestellt werden, dass die Preisrichter auch mit ihm eine glückliche Wahl hätten treffen können.

«Wartesäle ohne Wirtschaftsbetrieb sind für I. und II., III. (und Nichtraucher) und III. und IV. Klasse anzulegen. Wartesäle mit Wirtschaftsbetrieb werden zwei ungefähr gleich große für I. und II. sowie III. und IV. Klasse benötigt. Sie sollen auch von der Straße aus unmittelbar erreichbar sein.

Warteräume für den Kgl. Hof mit besonderer Wagenanfahrt und mit Zugang zu den Bahnsteigen sowohl außerhalb als innerhalb der Sperre, bei den Ferngleisen gelegen:
- Empfangsraum etwa 130 qm
- ein kleiner Salon mit 40–50 qm
- Vorhallen, Treppe und Aufzug
- Räume für Dienerschaft.»

Ferner:
- «Diensträume: möglichst zusammenhängende Bureauräume (1600–2000 qm).
- Expreßgut: Gesamtanordnung und Ausdehnung wie im Vorentwurf.
- Zollamt: u.a. einen Raum in der Nähe der Gepäckabfertigung.
- Post: wie im Vorentwurf, also am Westende des Posttunnels ein gesonderter Bauteil.
- Mannschaftsräume: Kantine, Badeanlage, Kleidertrockenraum, helle, gut gelüftete, von der Ludwigsburger Straße aus erreichbare Räume, 750 Kleiderschränke.

- Heizung: 10 Niederdruckdampfkessel, 2 Schornsteine, 28 m über Bahnsteighöhe, möglichst von der Schillerstraße aus nicht erkennbar.
- Dienstwohnungen: in den Obergeschossen kleine Wohnungen mit 3–4 Zimmern und 2–3 größere Wohnungen mit 5–6 Zimmern, jeweils mit möglichst getrennten Eingängen.
- Läden: mehrere am Bahnhofsvorplatz.»

III Die Architekten Bonatz und Scholer

Immer ist von Paul Bonatz (1877—1956) die Rede, selten von Friedrich Eugen Scholer (1874—1949). Sein Anteil ist mangels Quellen kaum einzuschätzen. Bonatz sagt diesbezüglich:

«In diesen Jahren [Anm.: um 1910] begann meine Zusammenarbeit mit Fritz Scholer, dem alten Freund der Münchner Studienzeit. Mit seiner überlegenen praktischen Bauerfahrung war er der letzte meiner Lehrer. Auf ihm lag immer der schwere und verantwortungsvolle Teil der Arbeit, mir ließ er das dankbare Spiel. Seine Treue und Gewissenhaftigkeit gaben mir die Freiheit für den Lehrberuf und die vielen Reisen.»

Der Architekturkritiker Haeuselmann sagt über ihn:

«Bonatz ist durch Scholer der ästhetisch-struktive Architekt geworden, er verdankt dieser Arbeitsgemeinschaft wohl mehr, als seiner ganzen Schulung, denn erst sie hat ihm zum tiefen Können das umfangreiche Wissen gepaart.»

Schließlich ist nicht zu vergessen, dass Scholer 1911 die treibende Kraft für eine Teilnahme am Wettbewerb ist. In dieser Beziehung zeigt sich eine überraschende Parallele zum Bahnhof Helsinki. Auch hier drängt Herman Geselbius seinen Partner Eliel Saarinens zur Teilnahme am Wettbewerb.

Paul Michel Nikolaus Bonatz wird am 6. Dezember 1877 in dem südlich von Metz gelegenen Dorf Solgne geboren. Der Vater stammt aus Mecklenburg und ist von Beruf Zollbeamter, die Mutter kommt aus Luxemburg. Von 1881 bis 1896 wächst Paul Bonatz an verschiedenen Orten im Elsass auf. Nach bestandenem Abitur an einem humanistischen Gymnasium beginnt er in Straßburg das Studium der Altphilologie, welches jedoch bald abgebrochen wird. Auf eindringliches Anraten der Familie folgt für zwei Semester ein Studium des Maschinenbaus an der Technischen Hochschule München und nicht, wie eigentlich von ihm erstrebt, ein Studium der Architektur. Dazu wechselt er erst 1897 über. Das Sommersemester 1899 verbringt Bonatz in Berlin. Im folgenden November wird Theodor Fischer (1862—1938) von Friedrich von Thiersch (1852—1921) auf den Gewinner des Münchener Hochschulpreises aufmerksam gemacht. Wenig später ist Bonatz Mitarbeiter Fischers. Im Jahre 1900 folgen die Erlangung des Diploms und eine Studienreise nach Oberitalien. Ein Jahr darauf bildet Unteritalien das Ziel. 1902 bringt zwei wesentliche Einschnitte im Leben von Paul Bonatz: die Vermählung mit Helene Fröhlich, der Freundin aus der Tanzstundenzeit, und die Berufung als Assistent von Fischer, der mittlerweile an der Technischen Hochschule Stuttgart lehrt.

Paul Bonatz

Mitarbeiter im Baubüro

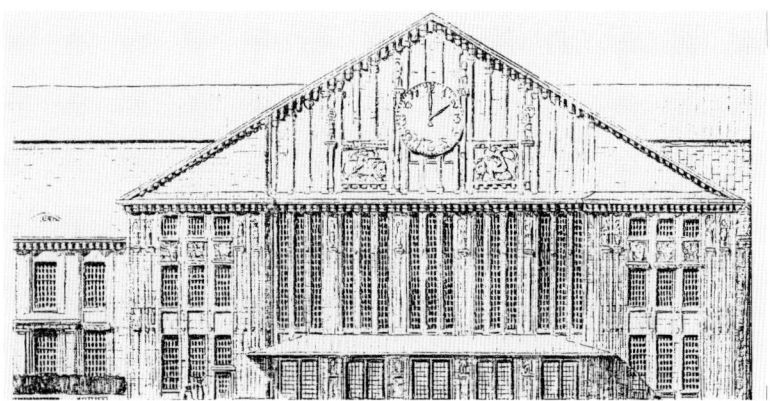

Wettbewerbsentwurf von Bonatz für den Darmstädter Bahnhof, 1908

1907 erhält Bonatz den Auftrag für die Sektkellerei Henkell in Wiesbaden.

1908 wird der 29jährige Assistent Nachfolger Fischers an der Technischen Hochschule Stuttgart, an welcher er bis 1943 ununterbrochen lehrt. Hier gelingt ihm durch die Berufung von Paul Schmitthenner (1884–1972) und anderer herausragender Lehrer der Aufbau einer Architekturabteilung, die weit über Süddeutschland hinaus von großer Bedeutung ist und unter dem Namen «Stuttgarter Schule» in die Architekturgeschichte eingeht. Ihre Absolventen kommen aus ganz Deutschland und dem benachbarten Ausland, viele sogar aus der Türkei, und sie alle tragen auf die eine oder andere Weise die empfangenen Ideen nach außen. Im gleichen Jahr 1908 tritt Bonatz dem neu gegründeten Deutschen Werkbund bei, zu dessen Zielen es unter anderem gehört, qualitätsvolle Neubauten zu errichten. Ungefähr zur selben Zeit beginnt auch die dauerhafte Zusammenarbeit mit Friedrich Eugen Scholer, seinem Studienfreund. Scholer wird am 10. April 1874 in Sydney geboren und studiert dort an der School of Arts. 1897/98 setzt er sein Studium in München fort, wo er Bonatz kennen lernt. Bis 1904 ist er Mitarbeiter von Friedrich

von Thiersch. Ein Jahr später macht er sich selbständig und geht bald darauf mit Bonatz eine Partnerschaft ein. Von da an tritt er nur noch selten als selbständiger Architekt auf. Die Zusammenarbeit dauert bis 1943 an, aber bereits Ende der 1920er Jahre scheint Scholer sich allmählich aus dem Büro zurückzuziehen, dasselbe Gehalt wie Bonatz bezieht er dennoch weiterhin. Im Mai 1949 stirbt Scholer auf einer Reise in Oberbayern.

1908 nimmt Bonatz gemeinsam mit Scholer am Wettbewerb für den neuen Bahnhof in Darmstadt teil, erhält aber keinen Preis. Sein Entwurf wird lediglich angekauft. Hier kann Bonatz erste Erfahrungen mit dem Thema sammeln, die sich allerdings, wenn überhaupt, dann nur sehr bedingt in Stuttgart verwerten lassen: Das Empfangsgebäude in Darmstadt ist als Durchgangsbahnhof symmetrisch angelegt und sein Entwurf stilistisch als spröder Neoklassizismus einzuordnen. Interessanterweise wird diesem Entwurf angelastet, er gehe zu wenig auf den Stadtorganismus ein. Ob Bonatz auf diesem Hintergrund die so oft gelobte städtebauliche Einbindung des Stuttgarter Hauptbahnhofs entwickelt?

1910 erringen die beiden Architekten, noch als Büro «Scholer & Bonatz», beim Wettbewerb für die Stadthalle Hannover den ersten Preis. Von da an tritt Bonatz aus dem Schatten seines älteren Kollegen und das Büro nennt sich «Bonatz & Scholer». Auch die Arbeiten an der Universitätsbibliothek Tübingen setzen in diesem Jahr ein. 1911 folgen eine weitere Studienreise von Bonatz, diesmal nach Sizilien, und der erste Preis im Wettbewerb für den neuen Hauptbahnhof in Stuttgart. 1913 führt ihn eine Studienreise nach Ägypten.

Im Ersten Weltkrieg wird der Freiwillige bald aus gesundheitlichen Gründen entlassen. 1916 reist Bonatz nach Istanbul, wo ein deutsch-türkisches Haus der Freundschaft errichtet werden soll. An dem dafür ausgeschriebenen Wettbewerb nehmen unter anderem noch Peter Behrens (1868–1940), August Endell (1871–1925), Theodor Fischer (1862–1938), Walter Gropius (1883– 1969), Bruno Paul (1874–1968), Hans Poelzig (1869–1936) und Bruno Taut (1880–1938) teil.

Nach der Novemberrevolution 1918 wird Bonatz als Delegierter der «geistigen Arbeiter» Mitglied des Vollzugsausschusses der «Arbeiterräte» in Stuttgart.

1921–1926 entsteht eine Reihe von Villen, überwiegend in Köln und Stuttgart, darunter sein drittes eigenes Haus. 1922–1924 entsteht das Stummhochhaus in Düsseldorf, eines der ersten Hochhäuser Deutschlands. Zwischen 1922 und 1933 baut Bonatz in Zusammenarbeit mit der Neckarbaudirektion Staustufen, die bis heute von Kritikern als mustergültige Lösung Anerkennung finden.

1924 ist Stockholm Ziel einer Studienreise, 1925 Spanien. Im folgenden Jahr erstellt Bonatz einen ersten Bebauungsvorschlag für die Werkbundsiedlung am Weißenhof in Stuttgart. Nach Unstimmigkeiten mit Ludwig Mies van der Rohe (1886–1969) zieht er sich aus dem Projekt zurück und verlässt den Werkbund.

Bruno Taut erwähnt in seinem Buch «Der neue Wohnbau», dass Bonatz 1926 gemeinsam mit den Kollegen Peter Behrens, Richard Döcker (1894–1968), Walter Gropius, Ernst May (1886–1970), Ludwig Mies van der Rohe (1886–1969), Heinrich Tessenow (1876–1950) und anderen für die Genehmigung von Baugesuchen neben der baupolizeilichen Genehmigung zwingend ein Gutachten von Fachleuten über die künstlerische Qualität vorschlägt.

Anfang 1928 gründet er in Bad Kösen-Saaleck gemeinsam mit traditionalistisch denkenden Kollegen als Gegengewicht zur progressiven Vereinigung «Der Ring» den Widerpart «Der Block». Weitere Gründungsmitglieder sind German Johann Bestelmeyer (1874–1942), Erich Blunck (1872–1950), Albert Geßner (1868–1953), Paul Schmitthenner (1884–1972), Paul Schultze-Naumburg (1869–1949), Franz Seeck (1874–1944), Heinz Stoffregen (1879–1929). Ihr Manifest veröffentlichen sie ebenfalls 1928 in der Zeitschrift «Die Baukunst»:

«‹Der Block› hat eine Reihe von deutschen Architekten vereint, die sich in ihrer Kulturauffassung verbunden fühlen und dieser auch in ihren Werken Ausdruck verleihen. Sie glauben, daß bei den Bauaufgaben unserer Zeit wohl ein eigener Ausdruck gefunden werden muß, daß aber dabei die Lebensanschauungen des eigenen Volkes und die Gegebenheiten der Natur des Landes zu berücksichtigen sind. Sie gehen allen Anregungen und Möglichkeiten, die neue Werkstoffe und Werkformen betreffen, mit wacher Aufmerksamkeit nach, ohne aber Ererbtes vernachlässigen und bereits Gekonntes verlieren zu wollen. Eine allzu voreilige Werbetätigkeit für modische Erzeugnisse, die eine gesunde Fortentwicklung gefährden muß, lehnen sie ab.»

1929–1931 folgen gegenüber dem kurz zuvor vollendeten Bahnhof der Zeppelinbau und 1931–1933 das Verwaltungsgebäude von Fichtel & Sachs in Schweinfurt.

1931 tritt Bonatz bereits wieder aus dem «Block» aus wegen, wie er sagt, «unüberbrückbarer Meinungsverschiedenheiten» mit Paul Schultze-Naumburg. Claudia Kromrei ergänzt in ihrer Dissertation: «1933 löste der Block sich auf um zu

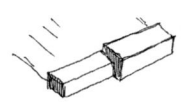

Stark vereinfachte Darstellung der Entwicklung der Entwürfe von Bonatz, zu finden in seinen Lebenserinnerungen «Leben und Bauen»

vermeiden, dass der Nationalsozialismus seine Tendenzen im falschen Sinne fortsetzen würde.»

Aus dem Jahr 1931 stammt der Entwurf für eine Brücke über den Cheliff in Algier. 1932–1936 entsteht in Zusammenarbeit mit Rudolf Christ (1895–1975) das Kunstmuseum Basel. Nach der Machtergreifung der Nationalsozialisten findet Bruno Taut 1933 auf seiner illegalen Durchreise von Moskau in die Schweiz im Haus Bonatz Zuflucht. Im gleichen Jahr muss sich Paul Bonatz einem Verhör der Gestapo unterziehen.

Die Zeit zwischen 1935 und 1941 bringt wieder andere Aufgaben: die Mitarbeit beim Bau der Reichsautobahn und die Errichtung von Brücken. Bei der Weltausstellung von 1937 in Paris ist er Mitglied der Jury und freundet sich mit Auguste Perret (1874–1954) an. 1943 erfolgt die Übersiedlung in die Türkei, wo Bonatz als Berater des türkischen Kultusministeriums tätig ist. 1946–1948 erfolgt der Umbau von Ausstellungshallen zur Staatsoper von Ankara. 1946–1953 ist Bonatz an der Technischen Universität Istanbul Professor. 1954, elf Jahre nach seiner Ausreise, kehrt er nach Stuttgart zurück. Hier setzt er sich aber keineswegs zur Ruhe, sondern wird vor allem denkmalpflegerisch tätig: Sein Einsatz gilt der Erhaltung von abrissbedrohten Bauwerken wie dem Neuen Schloss und dem Kronprinzenpalais sowie dem Wiederaufbau des von Theodor Fischer erbauten Kunstgebäudes.

Am 20. Dezember 1956 stirbt Paul Bonatz im achtzigsten Lebensjahr in Stuttgart.

Dass sich Bonatz und Scholer an dem Wettbewerb für den Stuttgarter Hauptbahnhof beteiligen, ist, wenn man Bonatz glauben darf, eher ein Zufall. In seinen Lebenserinnerungen schildert er es so:

«Der Bau des Bahnhofs in Stuttgart ist für meine Entwicklung als Baumeister das wichtigste Kapitel. Frühling 1911 kam ich von einer vierwöchigen Reise aus Sizilien zurück, mit den Freunden Hugo Wach, Fritz Behn und Otto Knaus. Ich hatte Abstand gewonnen und kehrte unbekümmert und Freiheit gewohnt heim und war nicht gerade sehr darauf aus, mich nun Hals über Kopf in die Arbeit zu stürzen. Doch Freund Scholer sagte: ‹In vier Wochen ist Termin für den Bahnhofswettbewerb, den müssen wir mitmachen.› — ‹Müssen wir? Aus dieser Programmstellung ist nichts Gescheites zu entwickeln!› — ‹Du mußt dich heute abend an die Pläne setzen.›

Abends war oben im Haus bei Scholers in der Ehrenhalde Einladung von Freunden. Ich saß allein unten im Büro, mißmutig bei der schlechten Programmstellung, und hörte von ferne fröhliches Lachen. Da kam Dora Scholer, deren helle Freundschaft mich ein Lebensalter lang begleitete, die Treppe herunter: ‹Wie geht es?› — ‹Komm, ich will dir zeigen, warum es n i c h t geht. Aus lang-lang so nebeneinander kann man keine Baumasse mit Rhythmus machen, das geht nicht und alle Mittelchen helfen dabei nichts, das bleibt eine Mißgeburt — man müßte denn — — man müßte denn — ja, man müßte die Eingangshalle der Tiefe nach stellen und mit einem Turm das Gleichgewicht suchen — — So kann es gehen — ja — so geht es, dann kommt's ins Gleichgewicht.

Morgen fangen wir an, kerzengrad aufs Ziel los, jetzt geh' ich mit dir hinauf zu den Freunden.›»

IV Weiterentwicklung des Entwurfs

Der preisgekrönte Entwurf von Bonatz und Scholer, so heißt es 1912, eigne sich nicht unmittelbar für die Ausführung. Deshalb habe eine grundlegende Überarbeitung stattzufinden. Zur Begutachtung wird der Geheime Oberbaurat Alexander Rüdell (1852–1920) aus Berlin herangezogen. Der daraufhin geänderte Plan wird im Februar 1913 der Abgeordnetenkammer vorgelegt. Vom heutigen Bahnhof ist aber auch er noch weit entfernt. Über die ersten Änderungen berichtet Bonatz in «Leben und Bauen»:

«In der Generaldirektion der württembergischen Bahnen war ein ehrgeiziger junger Baurat Mayer, der die Vorentwürfe gemacht hatte und den Bahnhof gerne selbst gebaut hätte. Ich wäre an die Aufgabe vielleicht nie gekommen, wenn sich nicht folgende Geschichte begeben hätte: Die Stuttgarter Verwaltung schickte die Entwürfe einem berühmten Eisenbahngeheimrat nach Berlin, er möge über die Grundrißfrage ein Gutachten abgeben. Dies Gutachten kam mit sechs Forderungen, es wurde auch mir zugeschickt, und ich wurde zu einer Sitzung unter Präsident Stieler eingeladen, in welcher diese Fragen besprochen werden sollten. Ich fand, daß der Berliner recht hatte, und zeichnete in kleinem Maßstab einen neuen Grundriß auf, der sich etwa deckt mit dem heute ausgeführten. Diese Skizzen behielt ich in der Brusttasche und lauschte fast eine Stunde lang den Ausführungen Mayers, der alles besser wußte als der Berliner. Er hat mir später bei der Ausführung viel zu schaffen gemacht, ich war mit einem Satz noch nicht zu Ende, als er es schon besser wußte. Er er-

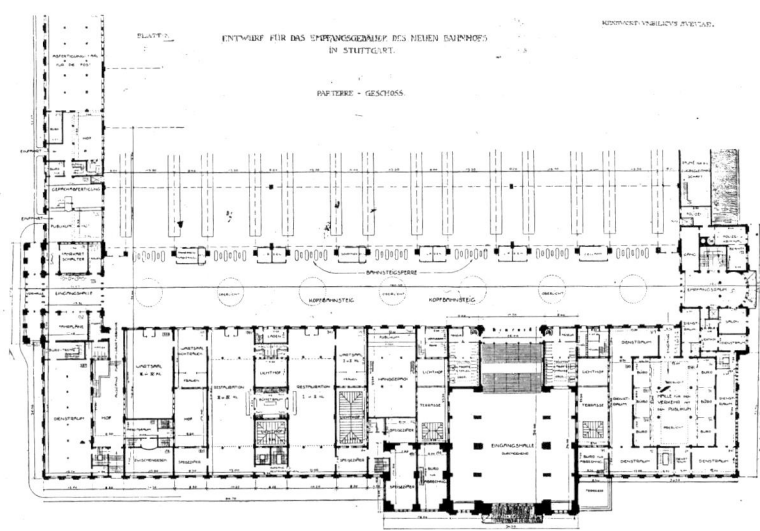

Grundriss und Ansicht von Bonatz' Wettbewerbsentwurf «umbilicus sueviae»

Modell des Wettbewerbsentwurfs mit den wuchtigen Gleishallen

klärte, dies ginge nicht und sei Unsinn — Ich lauschte noch eine weitere Stunde der Debatte. Ich war ja nur als Gast eingeladen, und der Präsident wollte gerade die Sitzung aufheben, da fiel ihm noch ein, mich zu fragen: ‹Und was ist Ihre Meinung, Herr Professor?› Es war mir sehr schwer gefallen, so lange still zu sein, aber nun wurde ich belohnt. Ich sagte: ‹Fünf der Forderungen sind ausgezeichnet, sie ergeben einen guten Plan, die sechste ist ein Irrtum, sie ist nicht vereinbar mit den anderen›, dann zog ich meine bescheidenen Skizzen aus der Tasche. ‹Sehen Sie: Er fordert eine Haupteingangshalle, eine Vorortverkehrseingangshalle, dazwischen eine Ausgangshalle — natürlich müssen diese dann alle quer zur Front liegen —, alle anderen Dinge gehen hierbei spielend. Sein Irrtum ist nur, daß er Gepäckannahme und Gepäckausgabe symmetrisch zur Haupthalle beiderseits legen will, das geht offensichtlich nicht — und die Vereinigung von Gepäckannahme und -ausgabe zwischen Haupthalle und Ausgangshalle ist von klarem Vorteil.› Alle machten lange Hälse, kamen nah heran, sogar Herr Mayer war still, und wir wurden aufgefordert, diesen Gedanken in einem Vorentwurf großen Maßstabs auszuarbeiten.»

Im Februar 1913 geht dieser Vorentwurf der Abgeordnetenkammer zu. Er entspricht bis auf Details dem ausgeführten Hauptbahnhof. Statt 14 Gleisen sind nun 16 vorgesehen. Die ursprünglich geplanten drei großen eisernen Gleishallen — sie wären von weitem sichtbar gewesen — werden von mehreren kleinen Hallen verdrängt. Sie sollen jeweils zwei Personenbahnsteige überspannen. Die Öffnungen von der Kopfbahnsteighalle zu den Gleisen, die zunächst groß geplant sind, werden auf das nötige Maß reduziert, um wirksam gegen Zug-

luft, Rauchbelästigung und Lärm abzuschirmen; die Kopfbahnsteighalle ergibt so einen architektonisch befriedigenden Raum. Die Reisenden werden damals ohnehin durch so genannte Sperren geschleust, an denen Beamte die Fahr- oder Bahnsteigkarte kontrollieren.

Quer zur Hauptfront entstehen in der Mitte die Ausgangshalle und links die Kleine Schalterhalle für den Vorortverkehr; die bereits geplante Große Schalterhalle wird etwas nach rechts verlegt. Dazwischen erstreckt sich jetzt eine hohe Pfeilerhalle. Der Turm soll zunächst in der Achse einer von Theodor Fischer geplanten neuen Straße stehen, die die Mitte des Bahnhofsplatzes markiert. Bonatz verwirft diese Straße zugunsten der heutigen Lautenschlagerstraße; der Turm wandert in die Achse der Königstraße. Er verdrängt dort die monumentale Krone, die im Wettbewerbsentwurf von Bonatz die Königlichen Warteräume kennzeichnet.

«Von der Notwendigkeit, härter und einfacher zu werden, war ich wohl überzeugt», schreibt Bonatz, «aber wie dies den Beamten der Eisenbahndirektion klarmachen, die in den Konventionen, sagen wir Stil Hotel Marquardt, ergraut waren? Der Chef des Hochbaues war Oberbaudirektor Neuffer, der mich wie einen Sohn liebte... Diesen betrübte ich nun am tiefsten. Als ich ihm die letzte Änderung des Turms vorlegte, das Weglassen des Tambours und das geradlinige Hinaufführen, da seufzte der liebe Mann tief auf: ‹'s wird immer wüschter, aber's paßt zum andre, meinetwege, machet Sie's.› Meinen tröstlichen Zuspruch lehnte er ab.»

Man muss sich vor Augen halten, dass Bahnhöfe, solange Dampflokomotiven fahren, stets verrußen. Beim alten Stuttgarter Bahnhof sind, wie heute noch beim Frankfurter Hauptbahnhof, die

Bahnsteige durch eine hohe Halle gegen Regen und Schnee geschützt. Die Gläser verrußen jedoch über den Schloten der Dampflokomotiven innerhalb kürzester Zeit und müssen unter großen Mühen regelmäßig gereinigt werden. Bonatz übernimmt deshalb vom Darmstädter Bahnhof das System der niederen Hallen mit offenen Rauchschlitzen über den Gleisen, so dass Rauch und Ruß entweichen können, ohne die Reisenden zu belästigen. So werden die Gleishallen im Lauf der Planung immer bescheidener. Zuletzt ist für jeweils zwei Bahnsteige eine eigene Halle vorgesehen. Der Ingenieur wird hier allmählich vom Architekten zurückgedrängt, der die Bahnsteighallen der Gesamterscheinung des Bahnhofsgebäudes unterordnet.

Diese Entwicklung könnte als «Entindustrialisierung» des Bahnhofsbaus bezeichnet werden – im Gegensatz zu den riesigen Hallen aus vorgefertigten Stahlteilen, die für das 19. Jahrhundert kennzeichnend sind – man denke an die Konstruktionen von Gustave Eiffel (1832–1923). Die Reparationsleistungen nach dem Ersten Weltkrieg durch Stahl bedingen zudem eine Ausführung in Holz; so fällt der Kontrast zu den »Ingenieur-Bahnhöfen« noch deutlicher aus.

Datierte Pläne und Zeichnungen erlauben anhand einiger Beispiele, wesentliche Phasen der Weiterentwicklung des Entwurfs zu verfolgen, die hier genannt seien: Eine Zeichnung vom 16. Juli 1912 scheint dasselbe zu meinen wie eine andere vom Oktober 1912. Aus dem lagernden Bau ragen von links nach rechts sich steigernd die kleine Eingangshalle mit Gelenkbauten, wie ihr großes Gegenstück, die Haupteingangshalle, und vor allem der gleichsam in die Cannstatter Straße überleitende

Turm hervor. Das ganze Gebäude ist von Lisenen, senkrechten Gliederungselementen, überzogen, wobei diese die in der Pfeilerhalle vorgegebenen Achsen verlängern. An der großen Eingangshalle meint man erkennen zu können, wie aus den Wandpfeilern des Wettbewerbsentwurfs schmalere Senkrechten geworden sind, welche sich in die ehemalige Attika fortsetzen. Dasselbe gilt auch für die Ecke Schillerstraße / Cannstatter Straße.

Der Turm, der die ursprünglich vorgesehene Krone verdrängt hat, stuft sich geschossweise zurück. Sein abschließender sechster Stock zeigt durch schmale, hochrechteckige Öffnungen weitgehend aufgelöste Wandflächen.

Die auf September 1913 datierte Zeichnung zeigt schon annäherungsweise den ausgeführten Bau. Die Kleine Schalterhalle hat jetzt ihre Gelenkbauten verloren.

Zeichnung vom 16. Juli 1912 mit Gelenkbauten an beiden Schalterhallen

Zeichnung vom Oktober 1912

September 1913: Die Gelenkbauten an der Kleinen Schalterhalle sind verschwunden.

Königlicher Wartesaal im Entwurf 1913

Im Wettbewerbsentwurf von 1911 gliedern drei mächtige Hängekuppeln die Schalterhalle.

Undatierte Innenansicht der Großen Schalterhalle

Eine vom 21. Oktober 1912 stammende Innenansicht der Kopfbahnsteighalle führt einen mehr breiten als hohen Längsraum mit einfacher Flachdecke vor Augen.

Seine Längsseiten werden von je sieben mächtigen Doppelwandpfeilern gegliedert. Dazwischen spannen sich im Obergaden große mehrteilige «Thermenfenster». Ihr Rhythmus wird von wuchtigen Kronleuchtern in der Mittelachse aufgenommen. Während sich links die Sprossentüren und -fenster der Wartesäle usw. befinden, öffnet sich die rechte Wand im unteren Drittel zu den Gleisen.

Undatiert ist eine Innenansicht der Großen Schalterhalle, die 1913 veröffentlicht wird. Von der Kopfbahnsteighalle aus gesehen fesselt das riesige Rundbogenfenster an der gegenüberliegenden Stirnwand den Blick. Unter der von Konsolen getragenen Flachdecke sind zahlreiche hochrechteckige Fenster in die Mauern geschnitten. Darunter befinden sich jeweils Fahrkartenschalter.

Eine «1.14» datierte Zeichnung zeigt die Hauptfassade wie jene vom September 1913. Der Turm stuft sich nicht mehr zurück und weist die gleiche Oberflächenbehandlung wie der übrige

Eine «1.14» datierte Zeichnung zeigt die Schlossgartenfassade.

Bau auf. Der Tambour, im Oktober 1912 schon einmal verschwunden, taucht jetzt wieder auf.

1915 wird ein Aufriss veröffentlicht (vgl. S. 25 rechts, oben), der im Wesentlichen den später ausgeführten Bahnhof zeigt. Auffallend sind hier vor allem die steilen Walmdächer und der Tambour.

Der Originalplan vom April 1915 (vgl. S. 25 rechts, unten) zeigt den links vom Haupteingang

Modell des Hauptbahnhofs mit Walmdächern

Rechts, oben: Aufriss von 1915, links der Kleinen Schalterhalle ist noch analog zum ersten Bauteil die Fassade des Reichsbahnhotels vom «Sakkara-Motiv» gegliedert.

Rechts, unten: Plandetail des parkseitigen Gelenkbaus der Großen Schalterhalle vom April 1915

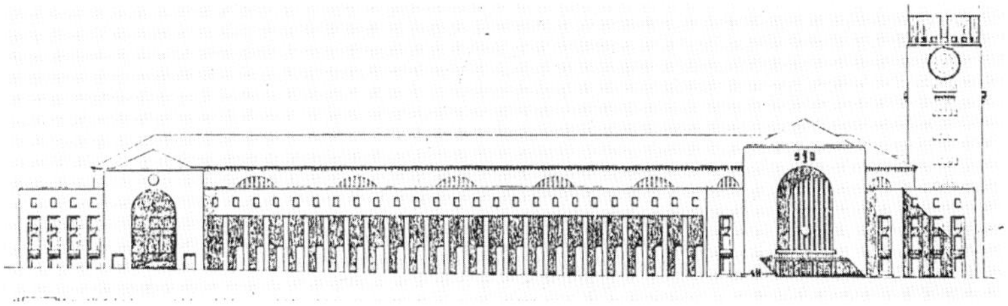

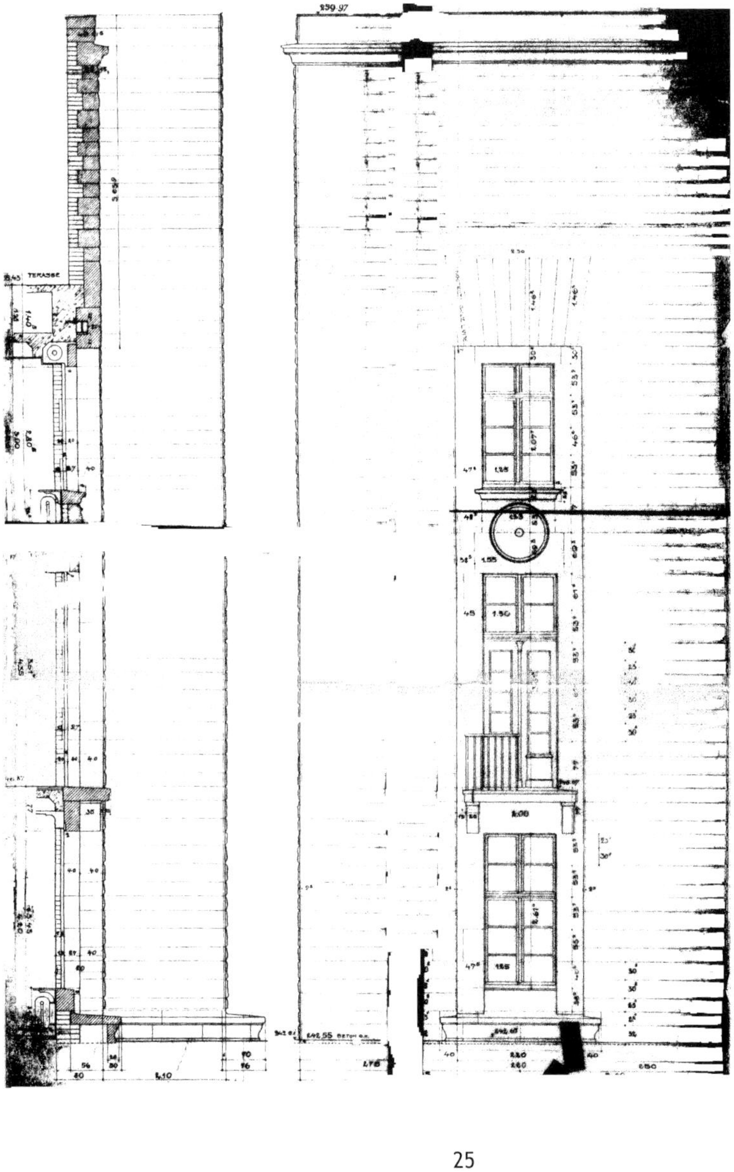

gelegenen Gelenkbau in der endgültigen Fassung. Vom Oktober 1915 stammt ein Grundriss, der im großen Ganzen den ausgeführten wiedergibt. Anders ist unter anderem der Nordausgang. Wo 1915 noch eine «offene Vorhalle» eingezeichnet ist, befindet sich heute eine Einbuchtung in die Mauermassen. Anders ausgedrückt: dem Hinausrücken des Turms am einen Ende der Kopfbahnsteighalle entspricht am anderen ein Hineinrücken des Außenraums.

Die endgültige Fassung des Turms zeigt eine Zeichnung vom 13. Oktober 1915 (vgl. S. 27). Der Reichsbahnhotel-Flügel weist noch ein Attikageschoss auf und lehnt sich auch sonst an die Ecke Schillerstraße — Cannstatter Straße an.

Eine «22.6.17» datierte Zeichnung zeigt im Scheitel des Rundbogenfensters der großen Schalterhalle das heute noch vorhandene geflügelte

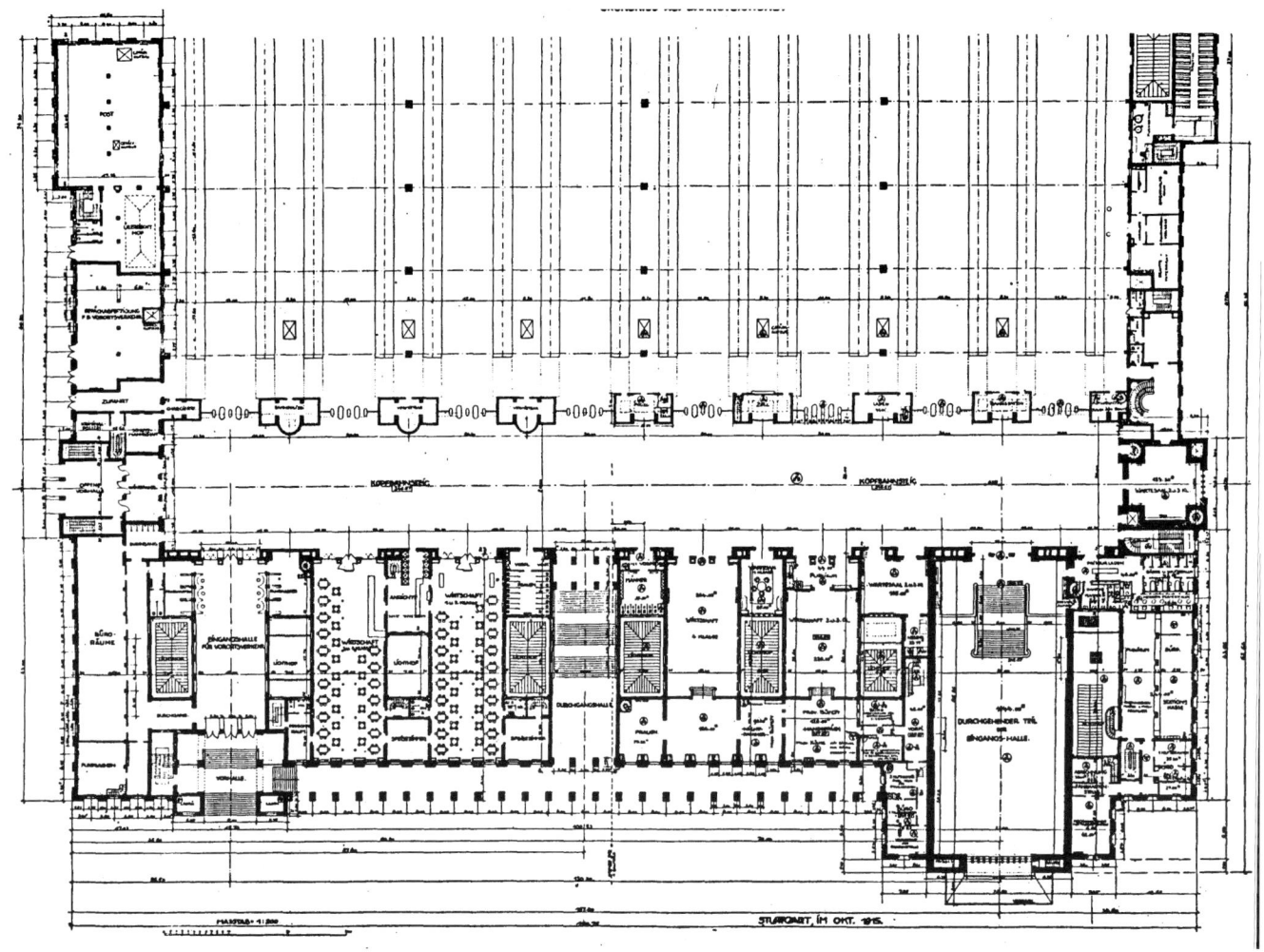

Grundriss auf Bahnsteighöhe vom Oktober 1915
In der Großen Schalterhalle ist die Treppe nur noch acht Meter breit, am Nordausgang gibt es noch nicht die tiefe Einbuchtung wie heute. Gut zu erkennen sind die zahlreichen Lichthöfe, die zur Belichtung der tief im Baukörper liegenden Räume erforderlich sind.

Zeichnung vom 13. Oktober 1915: Im Gegensatz zu heute weist die Kleine Schalterhalle einen Rundbogen und im Scheitel Bauschmuck auf, links der Kleinen Schalterhalle ist noch das «Sakkara-Motiv» (s. S. 87) erkennbar, der Turm hat endgültig den Tambour verloren. Der Neigungswinkel der Dächer ist kleiner geworden als noch 1913. Dieses Entwurfsstadium zeigt den homogensten Zustand, der jedoch aufgrund der langen Bauzeit von insgesamt 17 Jahren zum Schluß dem geänderten Zeitgeschmack angepasst wurde. So weist die Kleine Schalterhalle heute einen parabolischen Bogen auf, wie er in der Architektur des Expressionismus beliebt ist.

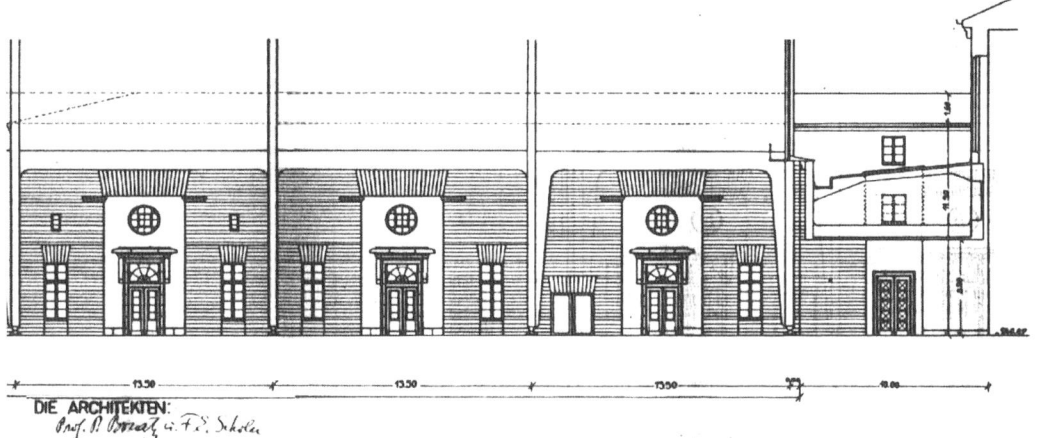

Die gleisseitige Fassade des Schlossgartenflügels – im Gegensatz zur Außenfassade in rötlichem Maulbronner Sandstein mit Randschlag erbaut – verbirgt sich großteils noch heute hinter einer später vorgesetzten Putzverkleidung. Die ursprüngliche Gestaltung zeigt eine aufwendige Gliederung mit Portalen, die von Rundfenstern überhöht werden. Sie verkörpert den repräsentativen Anspruch des angrenzenden Prominentengleises 16. Stand November 1913

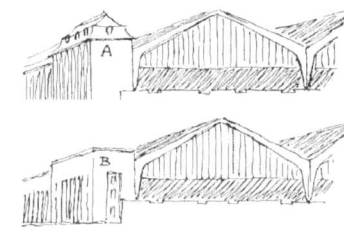

Bonatz begründet rückblickend in der Werkzeitung von Daimler 1919 die Gestaltung des Schlossgartenflügels, insbesondere die Wahl des Flachdachs. Durch dieses erhalten die Gleishallen ein kräftiges und geschlossenes Widerlager.

27

Zeichnung vom Januar 1918 mit Brunnen, die die Größenverhältnisse verdeutlicht

Die Zeichnung von Bonatz vom 22.6.1917 zeigt den damals noch in Bau befindlichen ersten Bauteil visionär in Betrieb.

und bekrönte Eisenbahnrad als Bauschmuck. Ältere Zeichnungen zeigen dagegen ein von drei württembergischen Hirschstangen auf der einen und drei staufischen Löwen auf der anderen Seite gerahmtes Relief einer menschlichen Figur.

Vom Januar 1918 stammt eine weitere Zeichnung, von Paul Bonatz signiert, in welcher er einen Brunnen zwischen Bahnhof und Königstraße legt.

Möglicherweise aus dem Jahr 1919, vielleicht auch aus früherer Zeit, stammt eine Innenansicht der damals noch unvollendeten Kopfbahnsteighalle. Sie entspricht der späteren Ausführung.

1924 wird ein Aufriss veröffentlicht, der sich vom zehn Jahre älteren ganz wesentlich unterscheidet:

Oben: Entwurf Kopf-
bahnsteighalle spä-
testens von 1919

Links: Ansicht von
1924

Walmdach:
*Im Gegensatz zum
Satteldach hat ein
Walmdach anstelle
der Giebel geneigte
Dachflächen.*

Sakkara-Motiv:
*abgeleitet von der
Wandgestaltung der
altägyptischen Grab-
anlage des Pharao
Djoser um 2800 v.
Chr. (vgl. Abb. S. 87)*

Scheitrechter Sturz:

Entlastungsbogen:
siehe Seite 44

- der Turm verliert, wie bereits gesagt, seinen Tambour, welcher von einem reich befenster-ten Vollgeschoss ersetzt wird
- aus dem Walmdach der Kopfbahnsteighalle wird ein Satteldach
- die Pfeilerhalle und das «Sakkara-Motiv» (s. S. 87) erhalten zur Betonung scheitrechte Stür-ze
- die Fenstergruppen des Turms werden von Ent-lastungsbögen überfangen
- die Große Schalterhalle wird aus einem qua-dratischen zu einem länglichen Raum.

Beiden Plänen gemeinsam ist, dass drei Portale Zugang zur Großen Schalterhalle gewähren, wo-hingegen in älteren Entwürfen fünf Portale vorge-sehen sind.

An Änderungen ist vor allem Folgendes festzu-stellen: Die Anzahl der Hallengleise wird von vier-zehn auf sechzehn erhöht. Die Fahrkartenschalter kommen sämtlich in die Haupteingangshalle paral-lel zu deren Längsachse. An der nordwestlichen Hauptfront soll eine kleinere Eingangshalle für den Vorortsverkehr entstehen. Die im Wettbe-werbsentwurf vorgesehenen drei großen eisernen Gleishallen, die von Weitem sichtbar gewesen wä-ren, werden von mehreren kleineren Bogenhallen verdrängt, die jeweils zwei Personenbahnsteige überwölben.

Eine weitere wesentliche Änderung betrifft die Kopfbahnsteighalle. Weist der Wettbewerbs-entwurf noch möglichst große Öffnungen zu den Gleisen auf, vergleichbar den Bahnhöfen Frank-furt und Leipzig, so werden diese jetzt nur so groß vorgesehen als für den Verkehrsfluss erforderlich. Mit dieser Maßnahme werden vier Ziele verfolgt: eine wirksame Abschirmung gegen Zugluft, Rauch-belästigung und Lärm sowie die Schaffung eines architektonisch befriedigenden Raums. Die ur-sprünglich vorgesehene Stahlbetontonne mit ih-ren Oberlichtern entfällt. Bereits die erste be-kannte Innenansicht der Kopfbahnsteighalle von 1912 zeigt eine Flachdecke. Bonatz verzichtet also vor dem Eingreifen Rüdells auf dieses Tonnen-gewölbe, wie es ähnlich im Karlsruher Bahnhof ausgeführt wird.

Was die äußere Erscheinung betrifft, so fällt zu-erst die «Wanderung» des Uhrturms aus der unge-fähren Fassadenmitte an die Ecke Cannstatter Straße ins Auge. Möglich wird dies durch die Aufga-be der von Theodor Fischer geplanten, mitten auf den Bahnhof zuführenden «Straße 1». Als Ersatz für

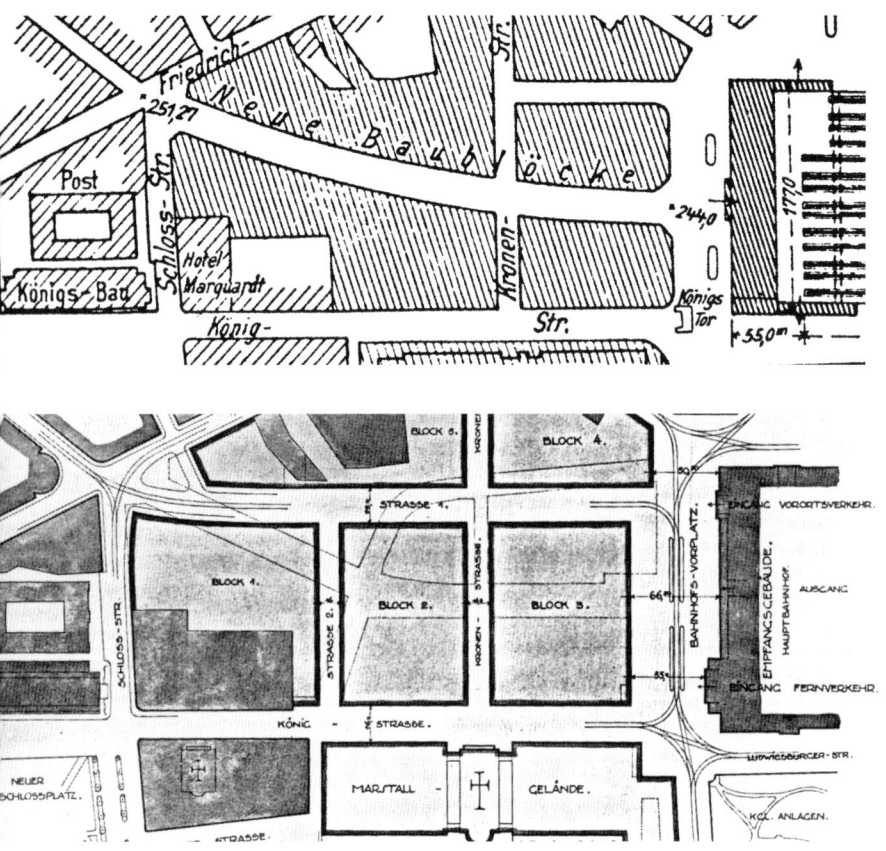

Die Luftaufnahme von 1932 zeigt die Zuordnung der Schalterhallen an die König- und an die von Bonatz geplante Lautenschlagerstraße.

Oben: Die von Theodor Fischer geplante «Straße 1» führt mitten auf den Hauptbahnhof.

Unten:
Mit dem Entwurf «Einheit im Großen, Freiheit im Kleinen» gewinnen Bonatz und Scholer den ersten Preis im städtebaulichen Wettbewerb 1915/1916.

sie schafft Bonatz die heutige Lautenschlagerstraße, die den Menschenstrom eines Großteils der Berufspendler unmittelbar auf die Kleine Schalterhalle lenkt. Das heißt, auch hier überwindet Bonatz den damals vorherrschenden Willen zur Symmetrie und wählt eine asymmetrische, aus der Funktion entwickelte Lage der Straße.

Durch die «Turmwanderung» findet die Königstraße ihren optischen Schluss und damit auch der Ortsfremde schneller den Bahnhof. In der Hauptfassade schiebt sich zwischen beide Eingangshallen eine offene Pfeilerhalle. 1928 wird in Wasmuths Monatsheften ein Artikel von Bonatz veröf-

fentlicht, der gegenüber dem Mittelausgang eine als «Straße 2» bezeichnete Straße zeigt, die wie ein Nachklang der ehemaligen «Straße 1» von Theodor Fischer wirkt. Sie ist im heutigen Hindenburgbau als Fußgängerpassage wiedererkennbar.

Im Grundriss ist jetzt das halbherzige In-die-Tiefe-Stellen der Haupteingangshalle einer ausgesprochenen Rechtwinkligkeit zur Kopfbahnsteighalle gewichen. Zweiundzwanzig Fahrkartenschalter finden in ihr Platz und eine nur noch ca. acht Meter breite Treppe führt auf Bahnsteighöhe. Der Eintretende gelangt links in einen gesonderten Gang, in dem die Gepäckannahme und -ausgabe untergebracht sind. Diesen Gang durchschreitend erreicht man die neue Ausgangshalle in der Gebäudemitte. Gegenüber befindet sich die Handgepäckaufbewahrung. Am nordwestlichen Ende der Hauptfront führen Stufen vom Bahnhofsvorplatz schon nach Kurzem in die auf Bahnsteighöhe liegende Eingangshalle für den Vorortverkehr.

V Erbauung

Bau des Tunnelgebirges ca. 1914

Bau des Schlossgartenflügels ca. 1915

Gleisseitige Ansicht des Schlossgartenflügels im Bau ca. 1916

Oben, links: Ansicht des sogenannten Tunnelgebirges

Ab 1907, also lange vor Baubeginn, schaffen fähige königlich-württembergische Eisenbahningenieure eines der intelligentesten, zukunftsfähigen Verkehrsbauwerke Europas: Im Gleisvorfeld des Stuttgarter Hauptbahnhofs errichten sie in drei Ebenen ein kreuzungsfreies Verkehrsbauwerk, das so genannte Tunnelgebirge, welches bis heute die verschiedenen Züge entflechtet.

Parallel zur Arbeit an den beiden anderen Großbauten, der Stadthalle Hannover und der Tübinger Universitätsbibliothek, fertigen Bonatz und Scholer immer neue Entwürfe für den Bahnhof.

Zeitlicher Ablauf der Baustelle

Im Jahre 1913 erfolgt die Festlegung der Ausführungspläne. In der Zeit vor Dezember 1914 sind die Vorbereitungen so weit fortgeschritten, dass mit den umfangreichen Fundamentierungsarbeiten begonnen wird. In seinen Lebenserinnerungen schreibt Bonatz: «Die Fundamente waren zum großen Teil schon vorhanden. Der Teil gegen die Anlagen hatte Pfahlgründungen. Unter dem Turm wurden in der vier Meter tiefen Baugrube zweihundertneunzig Pfähle von je elf Meter Länge eingerammt, also mehr als drei Kilometer Pfähle. Der

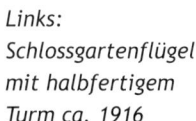

Links:
Schlossgartenflügel
mit halbfertigem
Turm ca. 1916

Rechts:
Luftaufnahme des
halbfertigen Bahnhofs
1922 mit dem Haus
des Brauereibesitzers
Kolb direkt davor,
dem Königstor und
den noch nicht abge-
rissenen Gleisen zum
alten Bahnhof

Geologe Sauer behauptete, der Turm würde trotz-dem gegen die Anlagen ‹wandern›. Aber wir hat-ten guten Mut und in den ersten dreißig Jahren ist er noch nicht gewandert.»

Dazu muss man wissen, dass die gesamte Stuttgarter Innenstadt erst im Lauf von Jahrhunderten trocken gelegt wird. Das Alte Schloss entsteht noch als Wasserburg. Der sumpfige Untergrund macht immer wieder Schwierigkeiten, und so liegt es nahe, dass auf dem bisher unbebauten Gebiet eine zuverlässige Fundamentierung zumindest problematisch sein würde.

«Bei Kriegsausbruch war nur ein Teil der Pfahlgründungen und der Fundamente des Seitenflügels vorhanden», schreibt Bonatz in einem 1925 verfassten Aufsatz. «Nach einer zweimonatigen Unterbrechung wurden die Arbeiten so weitergeführt, daß der erste Stein, der äußerste Eckstein am unteren Ende gegen die Ludwigsburger Straße, im Dezember 1914 gesetzt werden konnte. Der ganze Rohbau der ersten Bauhälfte wurde sodann in den Jahren 1915 und 1916 aufgeführt, eine ‹Kriegsarbeit›, die ein Zeugnis der damals noch ungebrochenen Kraft des Volkes und des Staates ist. Im Jahre 1917 mußten alle Arbeiten, die nicht zum Heeresbedarf gehörten, eingestellt werden. Im Jahre 1919 wurden sie unter den bekannten Schwierigkeiten wieder aufgenommen.»

Der halbfertige Bahnhof im Hintergrund. Vorne die Eisenbahnbrücke über die Schillerstraße, heute Arnulf-Klett-Platz

Stand ca. 1926/1927

«Bitte dunkler Anzug»: Einladungskarte zur Einweihung des ersten Bauteils am 21. Oktober 1922

Von 1915 bis zum Frühjahr 1917 entsteht der Rohbau des ersten Bauteils, also der Schlossgartenflügel entlang der Cannstatter Straße, der Turm, die Große Schalterhalle, die Kopfbahnsteighalle und die Pfeilerhalle bis zum Mittelausgang. Unmittelbar an diesen grenzen die zum alten Bahnhof führenden Gleisanlagen. Bis zum Frühjahr 1917 steht also der Rohbau des ersten Bauteils bis zum Mittelausgang der Kopfbahnsteighalle. Die Baunaht zeichnet sich noch heute an der Fassade am Arnulf-Klett-Platz ab.

Mit der Verkündigung des «Hindenburg-Programms» im Frühjahr 1917 werden die Arbeiten am Bahnhof eingestellt, da sie nicht unmittelbar kriegsnotwendig sind.

Am 9. Januar 1919 findet die provisorische Regierung Württembergs während der Revolutionsunruhen im Baubüro des Bahnhofs Zuflucht vor den Spartakisten. Im gleichen Jahr erfolgt nur zögernd die Wiederaufnahme der Arbeiten am Bahnhof.

Am 5. Oktober 1922 wird die Bahnhofswirtschaft eröffnet.

Am 21. Oktober 1922 kommt es schließlich zur feierlichen Eröffnung des ersten Bauteils. In der Nacht vom 22. auf den 23. Oktober verlassen die letzten Züge den alten Bahnhof und die ersten fahren in den neuen ein, der zum Wahrzeichen der Stadt werden sollte. Die Gleise, die zum alten Bahnhof führen, grenzen noch unmittelbar an den Mittelausgang an.

Kurz vor dem Abriss des Königstors 1922

zog. Der Fachmann wird diese Leistung immer bewundern.»

So perfekt die technische Umstellung abläuft — manchem Stuttgarter ist wohl doch melancholisch zumute. So schmückt den letzten Zug Tannenreisig und ein Gedicht:

«Der alte Bahnhof Stuttgart sendet mich
Als letzten Zug aus seinen dunklen Toren.
Wenn meine Spur sich in die Nacht verloren,
So schließen sie für alle Zeiten sich.
So leb denn wohl! Du magst in Staub vergehen,
Doch in den Herzen vieler tausend Schwaben
Bleibst du, so viel sie dich gescholten haben,
Als trautes Stück der teuren Heimat stehen.»

Bis heute ist das Gebäude nicht ganz «in Staub vergangen». Fassadenteile des ersten und des zweiten Bahnhofs haben sich in der Bolzstraße erhalten. Die damaligen Bemühungen von Teilen der Bürgerschaft, den alten Bahnhof als Bauwerk zu erhalten und einer neuen Nutzung als Ladenpassage zuzuführen, ist kein Erfolg beschieden. Heute wäre sie vermutlich ein beliebter urbaner Treffpunkt und eine Touristenattraktion.

Als der neue Bahnhof in Betrieb genommen wird, verkehren auf den Straßen neben den wenigen Autos noch Pferdefuhrwerke. In dieser Zeit des Umbruchs herrscht in Stuttgart eine künstlerische Blüte, die in der Architektur von Theodor Fischer eingeleitet wird. Das erste «moderne» Bauwerk der Stadt aber errichtet der Schüler, Bonatz. Das Nebeneinander von Sattel- und Flachdach am Hauptbahnhof — genau genommen handelt es sich um sehr flache Walmdächer, die hinter der Attika versteckt sind — scheint die Situation zu spiegeln: Vom Alten kann man sich noch nicht trennen, das Neue wird erst behutsam eingeführt.

Bonatz schreibt später: «Diese Umleitung des Betriebs, eine außerordentliche Leistung der Betriebsingenieure und des ganzen Personals, wurde als selbstverständlich hingenommen, weil sie sich ohne Unfälle, Störungen und Verspätungen vollzog.

Am 15. November 1922 wird das Turmrestaurant eröffnet.

Zwischen 1922 und 1928 erfolgt in vier weiteren Bauabschnitten die Vollendung des Bahnhofs mit dem Reichsbahnhotel und dem Posttrakt. Die Gleise 5 bis 8 werden am 26. Mai 1925 dem Verkehr übergeben. In dieser Zeit lähmt die Wirtschaftskrise den Weiterbau. Bonatz schreibt damals: «Ob und wann das ganze Empfangsgebäude fertiggestellt sein wird, ist eine Frage, die ohne weiteres nicht beantwortet werden kann. Die Reichsbahnverwaltung hat den bestimmten Willen, das angefangene Werk durchzuführen, sie muß sich aber bei der derzeitigen Finanzlage damit begnügen, wenn die Mittel für eine stückweise Weiterführung freigegeben werden. Unübersehbar sind auch die Schwierigkeiten, die für die Eisenbahnverwaltung bei der Lösung der großen politischen Fragen entstehen werden.»

Die Planung für das konkav ausschwingende Ende des Nordwestflügels stammt vermutlich aus der Zeit um 1926/1927. Die Erstveröffentlichung erfolgt in «Wasmuths Monatsheften» 1928.

Am 22. Juli 1927 heißt es im «Stuttgarter Neuen Tagblatt», dass gleichzeitig mit der Eröffnung des Reichsbahnhotels der zweite Teil der Kopfbahnsteighalle, die Wartesäle und die Kleine Schalterhalle in Betrieb genommen würden. Es findet – wieder einmal – eine Feier statt. In seiner Festrede setzt sich der Präsident der Reichsbahndirektion, Dr. Sigel, mit den Kritikern des neuen Baus auseinander:
«Man kann in unserer Heimatstadt, im Tal und auf den Höhen allerlei Bauwerke sehen, über deren architektonischen Wert die Meinungen auseinandergehen, aber man kann eine Sache machen, wie man will, so werden sich im Schwabenland immer

Leute finden, die mit überlegener Miene sagen: Das ist nichts, das hätte man anders machen sollen. Aber die Zahl derer, denen unser Bahnhof nicht gefällt, ist doch mehr und mehr zurückgegangen, und mancher ist aus einem Saulus ein Paulus geworden, dem allmählich doch ein Licht aufgegangen ist, daß wir hier vor einem gewaltigen Wahrzeichen monumentaler Baukunst stehen. Wer mit der Kraft der Empfindung eines unserer herrlichen Bauwerke, etwa das Münster in Ulm oder die Klöster in Maulbronn oder Neresheim, durchschreitet, der wird es nachempfinden, daß in diesen Kunstwerken wie in den Werken unserer großen Musiker und Dichter die Seele eines Künstlers schwingt. Und wie in diesen Bauten, so schwingt auch in dem Profanbau unseres Bahnhofs die Seele des Künstlers, die zusammenfassende Idee des gewaltig brandenden Verkehrs und des Zeitalters der Maschine.»

Die Abendausgabe vom 17. Dezember 1927 berichtet auf dem «2. Blatt» unter der Überschrift «Die Eröffnung des Stuttgarter Vorortbahnhofs» nur von der Inbetriebnahme der Gleise 1–4.

Andere Artikel über den neuen Bahnhof tragen Überschriften wie «Verkehr vor dem Bahnhof», «Nochmals der Verkehr am Bahnhof», «Die Verkehrsregelung am Bahnhof und Schlossplatz». Hintergrund ist, dass das Verkehrsaufkommen im Umfeld des Hauptbahnhofs größer ist als angenommen.

Die Abendausgabe von Samstag/Sonntag, 14./15. April 1928 berichtet auf ihrem «2. Blatt» von Orientierungsschwierigkeiten im Bahnhof. Auf Photos der Vorkriegszeit erkennbare Hinweisschilder wie «Wartsäle», unübersehbar in der Kopfbahnsteighalle aufgehängt, scheinen der Versuch zu sein, diesen abzuhelfen.

1928 schreibt Paul Bonatz in «Wasmuths Monatsheften», dass die endgültige Fertigstellung im Verlauf des Jahres zu erwarten sei.

Damit lässt sich die architektonische Geburtsstunde des neuen Stuttgarter Hauptbahnhofs nicht genauer festlegen als Frühjahr 1911; die Vollendung erfolgt 1928 nach Erscheinen der Seiten 145–152 von «Wasmuths Monatsheften». Die Entstehungszeit erstreckt sich also über einen Zeitraum von siebzehn Jahren.

Änderungen nimmt Bonatz nicht nur im Planungsstadium, sondern auch während der Erbauung vor. Der Weg, den er dabei durchschreitet, ist gekennzeichnet von ständigem Ringen um Vereinfachung. Dabei weicht das Vereinzelte und Aufgesetzte des Wettbewerbsentwurfs — beispielsweise die Vorbauten an der Hauptfassade — den großen Zügen. Das gleichberechtigte Nebeneinanderstehen verschiedener Bauelemente wird von der Unterordnung der Elemente unter den alles umfassenden Grundgedanken verdrängt.

Im zweiten Bauteil weicht Bonatz vom ursprünglichen Plan ab, so dass die Einheitlichkeit des Gesamtbaus stellenweise leidet; der rechten und linken Hälfte der Hauptfassade sieht man an, dass sie zwei verschiedenen Epochen angehören.

Im Verlauf der langen Bauzeit kommt es zu einigen Planänderungen. Anstelle der drei Portale der Kleinen Schalterhalle mit geradem Türsturz und unmittelbar darüber befindlichen Fenstern nehmen drei parabolische Portale ihren Platz ein. Die Fenster bilden jetzt ein Dreieck mit der Spitze nach oben und der Basis auf halber Höhe der Halle. Die zwei unteren Fenster sind etwas aus den Portalachsen in die Mitte versetzt. Die zwei in der Außenhaut vorgesehenen hochrechteckigen Portale werden quadratisch ausgeführt. Ist die übrige

Gesims des ersten Bauteils

Gesims des zweiten Bauteils

Wandfläche im Aufriss von 1924 noch geschlossen, so wird sie später auf fünf Geschossen durch kleine quadratische Fenster in Verlängerung der Portalachsen etwas aufgebrochen. Die rechts auf die Schalterhalle folgende Achse der Pfeilerhalle zeigt in der Ausführung eine rundbogige Einfahrt.

Eine wesentliche Änderung erfährt die Außenhaut des Reichsbahnhotels. 1924 erscheint in den vier Achsen echoartig noch das im Südosten der Hauptfassade vorgegebene «Sakkara-Motiv». Der ausgeführte Entwurf hingegen bringt eine weitgehend einheitliche, plane Oberflächenbehandlung. Wie an der Kleinen Schalterhalle werden die Fenster quadratischer. Nur im Erdgeschoss klingt das «Sakkara-Motiv» nach. In ihm finden liegende Fensterformate Anwendung. Keilsteine weisen die Fensterstürze des Erdgeschosses und vierten

Stocks auf. Entlastungsbögen überfangen die Fenster des zweiten Stocks. Bis auf die auch sonst verwendeten Fensterbankgesimse sitzen die Fenster des dritten und fünften Stocks schmucklos in der Wand. Eine weitere Unterscheidung der Stockwerke geschieht durch unterschiedliche Fenstergrößen. Sitzen im Erdgeschoss die größten Fenster, so sind jene des ersten und fünften Stocks kleiner als die des zweiten und dritten.

Kaum ins Auge fällt die Veränderung des einzigen Dachgesimses. Im ersten Bauteil — und dem im zweiten Bauteil vollendeten Abschnitt der Pfeilerhalle — liegt es etwas unterhalb der Bauoberkante und ist mehrfach profiliert. Im zweiten Bauteil rückt es teilweise an die Oberkante heran und zeigt eine schlichte Fase.

Besonders auffallend ist, dass die Kleine Schalterhalle nicht, wie ursprünglich vorgesehen, eine Rundbogenöffnung als Ausgang erhält, sondern den in der Architektur des Expressionismus der späten 1920er Jahre beliebten parabolischen Bogen. 1924 wird ein Aufriss veröffentlicht, in dem die Wandflächen rechts der Großen und links der Kleinen Schalterhalle von so genannten Rücklagen, das sind Mauervertiefungen, gegliedert

werden. Sie nehmen den Rhythmus der Pfeilerhalle auf. Diese Rücklagen fassen drei übereinander liegende Fenster zusammen. Bei der Ausführung des Reichsbahnhotels verzichtet Bonatz dann darauf und betont so die Fläche des Kubus'. Auch im Detail zeigt sich der geänderte Gestaltungswille. Auf Schmuckformen wird jetzt gänzlich verzichtet.

Links: Drei Viertel der Pfeilerhalle sind gebaut, 19 von insgesamt 26 Pfeilern stehen.

Rechts: Hinter dem Königstor ragt der eingerüstete Bahnhofsturm hervor.

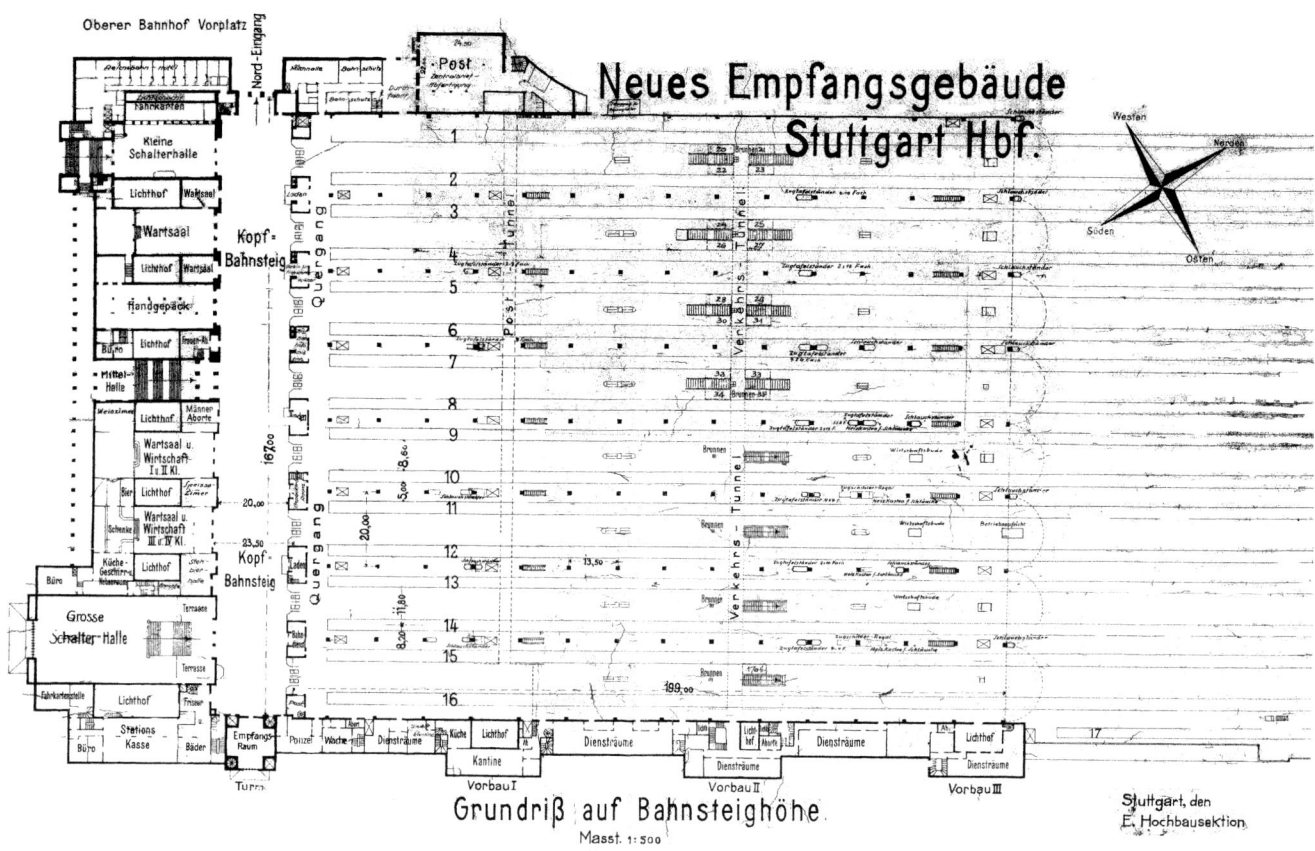

Grundriss des ausgeführten Entwurfs auf Bahnsteighöhe

VI Baubeschreibung und städtebauliche Einbindung

Grundriss

Der Grundriss des Stuttgarter Hauptbahnhofs erinnert in seiner Gesamtanlage an ein asymmetrisches «U», in welches die Züge ein- und ausfahren, und ein, Rücken an Rücken daran anstoßendes, nur angedeutetes zweites «U», in das die Reisenden wie in einen Schlosshof hereinströmen bzw. aus ihm herausströmen. Im Zentrum dieses zweiten «U» liegt der Mittelausgang.

Die Verkehrsströme verteilen sich auf fünf dazu rechtwinklig verlaufende Bauteile:

* der Pfeilerhalle als Verbindung zwischen den Schalterhallen, dem Mittelausgang usw.
* der Kopfbahnsteighalle, in welcher alle Menschenströme des Bahnhofs zusammentreffen; sie ist auch Eingang im Nordwesten
* dem Posttunnel
* dem Umwege ersparenden Verkehrstunnel für das reibungslose Umsteigen von einem Zug in den anderen
* dem Expressguttunnel.

An der Cannstatter Straße kennzeichnen die drei Vorbauten die Lage der drei Tunnels, der Turm diejenige der Kopfbahnsteighalle. Links vom Vorbau III erfolgt die Expressgutannahme, rechts von ihm seine Ausgabe, in ihm seine schriftliche Abwicklung. Am nordwestlichen Ausgang des Post-tunnels erfolgt die Zentralbriefabfertigung in einem gesonderten Trakt. Zur besseren Belichtung der Innenräume des tiefen Baukörpers liegen zwischen verschiedenen Raumgruppen immer wieder große Lichthöfe.

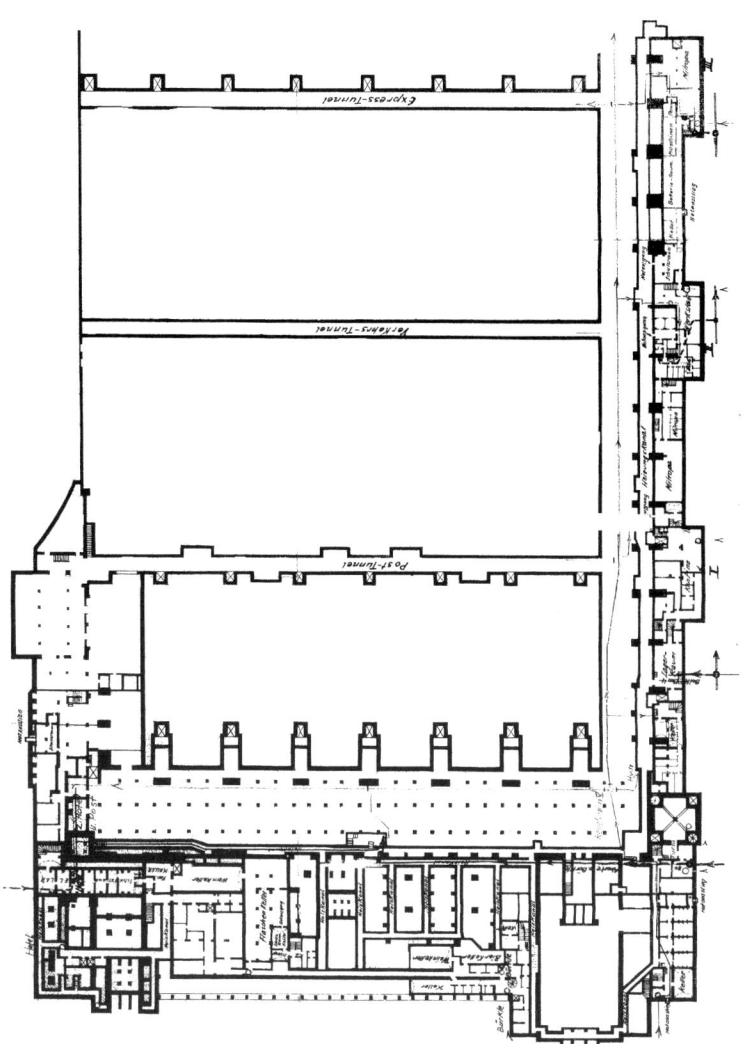

Grundriss im Untergeschoss

Links des Königsbaus das Kronprinzenpalais; rechts des Neuen Schlosses die Hohe Karlsschule, nördlich die Königlichen Gärten mit dem ovalen Anlagensee, gegenüber des Bahnhofs ist das Walmdach des alten Planetariums im Hindenburgbau zu erkennen.

Zusammenfassend lassen sich folgende Entsprechungen im Grundriss feststellen:

- Große Schalterhalle und Schlossgartenflügel an der Cannstatter Straße,
- Kleine Schalterhalle und kurzer Flügel im Nordwesten,
- Pfeilerhalle und Kopfbahnsteighalle,
- Kopfbahnsteighalle und Turm,
- Einbuchtung am einen Ende der Kopfbahnsteighalle, Ausbuchtung durch den Turm am anderen,
- drei Tunnels und drei Vorbauten.

Fassade am Arnulf-Klett-Platz

Betrachtet man das gesamte Bauwerk von oben, so scheint es aus einer Vielzahl von Kuben unterschiedlichen Formats zusammengesetzt zu sein. Daher kommt es für den Betrachter auf Straßenhöhe zu zahlreichen optischen Überschneidungen. Runde Formen werden mit Ausnahme der «Thermenfenster» der Kopfbahnsteighalle im Allgemeinen gemieden und betonen deshalb umso mehr die Haupteingänge. Verzierungen an den Fassaden, wie sie im Historismus üblich sind, spielen eine untergeordnete Rolle.

Oben:
Fußgänger beleben
den Bahnhofsplatz,
nach 1922.

Unten:
Fußgänger, Pferde-
fuhrwerke und Autos
nehmen den Bahn-
hofsplatz allmählich
in Besitz, ca. 1927.

41

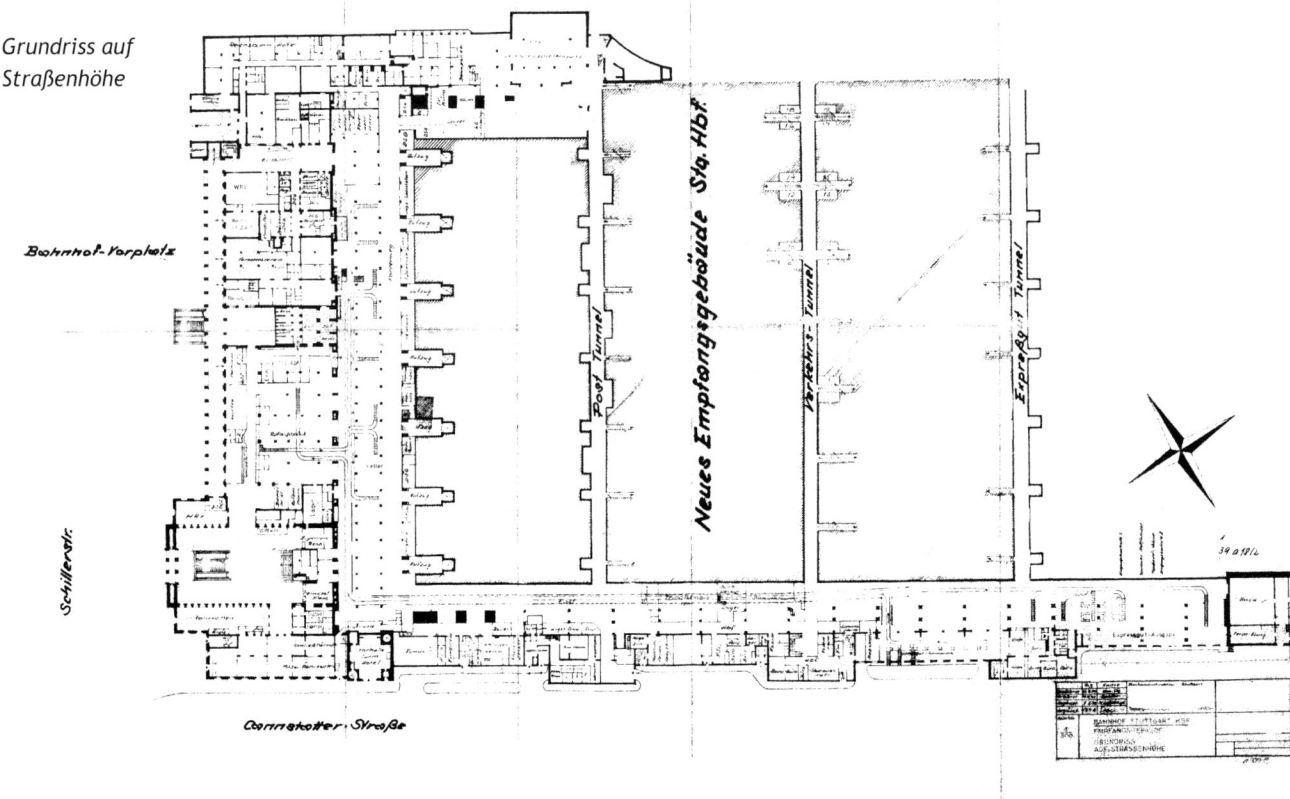

Attikageschoss:
niedriges oberstes
Geschoss, das den
Dachansatz verdeckt.

Beletage:
Hauptgeschoss eines
Gebäudes

Die drei Dimensionen treten in einer für die damalige Zeit neuartigen, «kubistisch» ausformulierten Weise in Erscheinung: die Kopfbahnsteighalle und die Pfeilerhalle — von den Stuttgartern fälschlicherweise «Arkaden» genannt — als Ausdehnung in die Breite, die beiden Schalterhallen und der Schlossgartenflügel als Ausdehnung in die Tiefe, der Turm als Ausdehnung in die Höhe. An der Hauptfassade baut sich die Höhenentwicklung von links nach rechts allmählich auf; je mehr das Gelände abfällt, desto höher wird demgemäß der Baukörper. Dieser wird aus kubischen Massen gebildet, die sich in spannungsgeladenem freien Gleichgewicht befinden und im Turm kulminieren. Er allein bildet das ästhetisch erforderliche Ge-

gengewicht zur Fassade am Arnulf-Klett-Platz und zu dem mit 277 Metern längsten Bauteil des Bauwerks, dem Schlossgartenflügel.

Die rechteckigen Kolossalpfeiler der Vorhalle tragen ein Attikageschoss, welches im Gegenrhythmus über den Keilsteinen kleinere Fenster aufweist. Hinter den Pfeilern werden rechts des unscheinbaren Mittelausgangs im Erdgeschoss breite Fenster und Türen sichtbar. Im ersten Stock folgen Fenster doppelter Höhe, das dadurch als Beletage ausgezeichnet wird. Links des Mittelausgangs findet die Erdgeschossbefensterung zunächst eine Fortsetzung. Die letzte Achse jedoch öffnet sich auf ganzer Breite zu einer rundbogigen Einfahrt mit Prellsteinen. Das Obergeschoss des

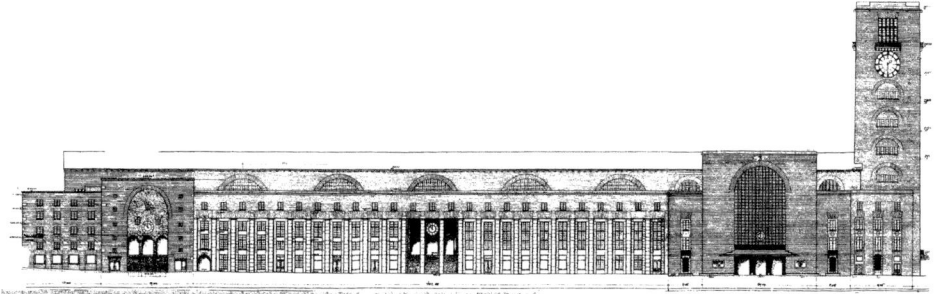

Oben:
Der 277 Meter lange
Schlossgartenflügel

Mitte:
Die Fassade am Ar-
nulf-Klett-Platz misst
191 Meter.

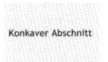
Konkaver Abschnitt   Posttrakt

Unten:
Die Fassade am Nord-
flügel misst 144 Me-
ter.

Reichsbahnhotel und Kleine Schalterhalle kurz vor der Fertigstellung, ca. 1927

Entlastungsbogen:

Mezzanin:
Halb- oder Zwischengeschoss eines mehrstöckigen Gebäudes

Obergaden:
auch Lichtgaden oder Fenstergaden, ursprünglich die obere Wandfläche des Mittelschiffs einer Basilika

Große Schalterhalle mit Gelenkbauten, im Hintergrund die Flucht der Schillerstraße, die den Schlossgarten in zwei Teile trennt.

ersten Bauteils findet keine Fortsetzung. An seine Stelle treten in den ersten sieben Achsen ein Mezzanin mit darüber befindlichem Vollgeschoss. Bei den übrigen vier Achsen ist es umgekehrt: ein Vollgeschoss mit anschließendem Mezzanin. Der elfte Pfeiler von rechts markiert die Baunaht, die sich auf alten Photos aufgrund der unterschiedlichen Verwitterung des Steins gut erkennbar abzeichnet.

Über dem Attikageschoss sind im «Obergaden» der Kopfbahnsteighalle fünf große «Thermenfenster» und das Satteldach erkennbar. Links und rechts der Großen Schalterhalle sitzen zwei kleinere «Thermenfenster», die sich den einachsigen Gelenkbauten darunter anzupassen scheinen.

Die Stirnwand der Großen Schalterhalle reicht mit ihrer Oberkante bis über die Traufe der Kopfbahnsteighalle hinaus, während die Kleine Schalterhalle etwas darunter endet. Drei mehrfach profilierte Portale sitzen unter dem breiten Vordach der Großen Schalterhalle. Links und rechts

befinden sich zwei Gedenksteine an der Wand, die an den Besitzübergang des Bahnhofs von den Königlich Württembergischen Staatseisenbahnen an die Reichsbahn 1920 erinnern.

Vom Vordach aus erstreckt sich über den Großteil der Stirnwand ein riesiges Rundbogenfenster mit senkrechten Pfosten. Der Scheitel weist als Bauschmuck das geflügelte und bekrönte Eisenbahnrad auf, das wie ein Logo den Reisenden und den Betrachtern vor Augen führt, in wessen Auftrag das Gebäude errichtet wird: den Königlich Württembergischen Staatseisenbahnen. Etwas unterhalb der Oberkante verläuft als einzige durchgehende Waagrechte ein Gesims.

Rechts anschließend an den rechten Gelenkbau der Großen Schalterhalle findet die Pfeilerhalle mit ihrem Attikageschoss gleichsam ihre Fortsetzung: Drei nischenartige Vertiefungen nehmen die Fenster dreier Vollgeschosse auf und bilden damit ein «Sakkara-Motiv». Die gleiche Gliederung erscheint an den Gelenkbauten. Im Gegensatz zu

dort sitzt hier in der eigentlichen Wandfläche ein Mezzanin.

Der Kleinen Schalterhalle fehlen jegliche Gelenkbauten. Sie sitzt hart und unvermittelt zwischen Pfeilerhalle und Reichsbahnhotel. Eine mächtige parabolische Bogenöffnung spannt sich vom Boden bis knapp unter die Oberkante der Stirnwand. Stufen führen unmittelbar nach Durchschreiten der Außenhaut auf Bahnsteighöhe. Beidseits der Bogenöffnung gewähren auf Straßenniveau zwei quadratische Portale Zugang ins Innere. Über diesen werden fünf Geschosse durch kleine, fast quadratische Fenster ablesbar.

Das Reichsbahnhotel zeigt eine weitgehend einheitliche Oberflächenbehandlung. Im Erdgeschoss klingt das «Sakkara-Motiv» nochmals an. Es nimmt große liegende Fensterformate auf. Die übrigen Fenster sind gedrungen, von unterschiedlicher Größe und im zweiten Stock von Entlastungsbögen überfangen. Bis auf die auch sonst vorhandenen Fensterbankgesimse sitzen die Fenster des dritten und des fünften Stocks schmucklos in der Wand.

Der Turm schließlich überragt den Dachfirst der Kopfbahnsteighalle um mehr als das Doppelte. Er verklammert sie mit dem Flügel an der Cann-

Gesamtansicht des Hauptbahnhofs, der durch das Pflaster des Bahnhofsplatzes Maßstäblichkeit erhält. Dieser ist weitgehend frei von störendem Zierrat und bringt das Bauwerk wirkungsvoll zur Geltung.

45

1. und 2. Geschoss des Turms mit Vordach und Balkon

Schlossgartenfassade

An die schlichte Expressgutausgabe ganz rechts schließt sich unvermittelt der Vorbau III mit einem Sprung an. Im Gegensatz zu den beiden anderen Vorbauten, die sechsachsig sind, hat er nur fünf Achsen bei gleicher Ausdehnung von 27 Metern. Drei Vollgeschosse werden von einem Mezzanin abgeschlossen. Die drei mittleren Achsen der Vollgeschosse sind etwas vertieft in die Mauer eingelassen und werden von zwei kolossalen Wandpfeilern unterteilt. Zwischen den Fenstern des ersten und des zweiten Stocks befindet sich schlichter Bauschmuck. Wie an der ganzen Fassade bildet das Gesims die einzige durchgehende Waagrechte. Im Zwischenbau III, der Expressgutannahme, befinden sich im Erdgeschoss Schiebetüren, darüber ein Mezzanin. Dieses liegt wie die zwei folgenden Geschosse in einem «Sakkara-Motiv» eingebettet. Zwischen dem zweiten und dem etwas niedrigeren dritten Geschoss ist der schon bekannte Bauschmuck angebracht. Den Abschluss bildet wieder ein Mezzanin.

Die Vorbauten I und II sind annähernd gleich gestaltet. Ein vergittertes Erdgeschoss wird von einem gleich großen ersten und einem etwas bescheideneren zweiten Geschoss gefolgt. Auch hier bildet ein Mezzanin den Abschluss. Die vier mittle-

statter Straße und schafft das notwendige Gleichgewicht gegen die lang gestreckten Fassaden am Bahnhofsplatz mit ihrer gleichmäßig gegliederten Pfeilerhalle und am Schlossgarten. Vier Fünfergruppen kleiner Fenster werden jeweils von einem Entlastungsbogen überfangen. Zwischen der obersten Fenstergruppe und dem letzten Geschoss, das durch eine großzügige Befensterung und einen Balkon ausgezeichnet ist, sitzt eine große Uhr. Über dem abschließenden Gesims wird die Attika an den Ecken etwas eingezogen.

ren Achsen der Vollgeschosse sind wieder etwas in die Mauer vertieft. Sie werden von drei kolossalen Wandpfeilern unterteilt. Zwischen erstem und zweitem Geschoss erfolgt eine Betonung durch Bauschmuck.

Die übrige Fassade weist im Erdgeschoss vergitterte Fenster auf. Darüber folgen zuerst ein gleich großes und dann ein etwas niedrigeres Geschoss, wiederum von Bauschmuck getrennt. Das abschließende Mezzanin sitzt wie stets in der Wandfläche und nicht im «Sakkara-Motiv».

Der Gelenkbau der Großen Schalterhalle unterscheidet sich von der übrigen Schlossgartenfassade durch das Fehlen des abschließenden Mezzanins. Von der schlichten Schalterhalle sind die Obergadenfenster zu sehen.

Hinter dem Turm ragt die Stirnwand der Kopfbahnsteighalle mit ihrem «Fronton», dem Giebeldreieck, teilweise hervor. An dieser Stelle kommt es zu Überschneidungen zwischen Schalterhalle, Kopfbahnsteighalle, Seitenfassade und Turm.

Die Ansicht von der Cannstatter Straße aus offenbart alle neun (in Wirklichkeit sind es acht Geschosse, da der elf hohe Meter Sitzungssaal über zwei Stockwerke geht) Geschosse des Turms und

seinen seitlichen Anlauf von 0,6 %. Im Erdgeschoss befindet sich ein überdachter Eingang, darüber ein mächtiges, mehrteiliges Fenster mit Balkon. Es folgen sechs Fünfergruppen kleinerer Fenster, die von Entlastungsbögen überfangen werden. Im abschließenden neunten (also achten) Stock findet sich wieder ein großes Fenster mit Balkon. Über dem Gesims wird die Attika auch hier an den Ecken etwas eingezogen.

Sowohl die Haupt- als auch die Schlossgartenfassade an der Cannstatter Straße entwickeln sich auf den Turm hin. Die Hauptfassade vielheitlicher, die Fassade am Schlossgarten einheitlicher. Durch die klar erkennbare Große Schalterhalle hindurch scheint sich die Hauptfassade gleichsam ums Eck herumzuziehen. Der rechts von ihr gelegene Gelenkbau unterstützt dies.

Diese vielfältige Verklammerung unterschiedlicher Bauteile soll folgendes Schema verdeutlichen:

- 1 Große Schalterhalle (SH) mit dem Vorbau (VB),

Eine Straßenbahn vor dem «Nordausgang», rechts hinten die 1925–1928 auf den Gleisen des alten Bahnhofs von Postbaurat Max Lang erbaute Oberpostdirektion

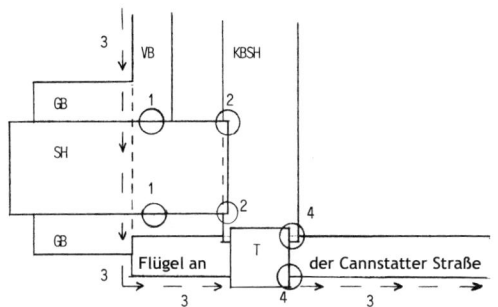

- 2 Große Schalterhalle mit Kopfbahnsteighalle (KBSH), Große Schalterhalle mit Flügel an der Cannstatter Straße (einmal bei Ansicht aus der Cannstatter Straße durch Überschneidung, zum andern Mal durch den scheinbar ums Eck weitergeführten Vorbau der Hauptfassade)
- Turm (T) mit Kopfbahnsteighalle und Schlossgartenflügel

Verglichen damit ist die Verklammerung Kleine Schalterhalle (kSH) – Vorbau (I) und Kopfbahnsteighalle – beide Nordflügel (NF) (II) wesentlich einfacher:

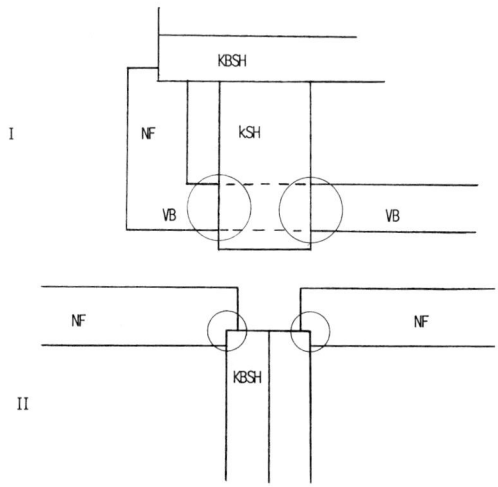

Nordwestfassade

Wie schon an der Fassade am Arnulf-Klett-Platz ist auch hier ein Ansteigen des Geländes festzustellen. Vom Turmeingang an der Cannstatter Straße (242,12 m) bis zum Nordeingang auf Bahnsteighöhe (246,85 m) steigt das Gelände um fast fünf Meter (4,73 m) an. So erklärt sich, warum die beiden Schalterhallen und der Mittelausgang der Hauptfassade aufwendige Treppenanlagen besitzen und hier, am Nordeingang, der Zutritt ebenerdig erfolgen kann. Dieser Geländeanstieg ist am rechten Flügel der Nordwestfassade deutlich ablesbar.

Die Nordwestfassade wird aus fünf Bauteilen gebildet: dem rechten Flügelbau mit dem Reichsbahnhotel, der Kopfbahnsteighalle, die wie der Turm von allen Seiten sichtbar ist, dem linken Flügelbau und dem Posttrakt. Der an diesen anschließende konkave Teil tritt zunächst kaum in Erscheinung und offenbart seine Reize nur beim sich Nähern.

Aus der lagernden Masse der Flügelbauten ragt die Stirnwand der Kopfbahnsteighalle hervor. In ihr spannt sich, wie bei den zwei anderen Eingängen auch, ein riesiges Rundbogenfenster. Drei rechteckige Portale gewähren in seinem unteren Teil Zugang ins Innere des Bahnhofs. Der fünfgeschossige rechte Flügelbau hat am rechten Rand drei Fensterachsen, die sich an die Gestaltung der Hauptfassadenseite des Reichsbahnhotels halten. Sie setzen sich von den übrigen Fensterachsen der Nordwestfassade klar ab. Die anderen Fenster im Erdgeschoss und ersten Stock werden von einem «Sakkara-Motiv» gerahmt. Das dritte Geschoss unterscheidet sich vom zweiten nur durch die Keilsteine im Fenstersturz. Das fünfte Geschoss ist als Mezzanin ausgebildet. An der Bauoberkante bildet ein schlichtes Gesims den Abschluss.

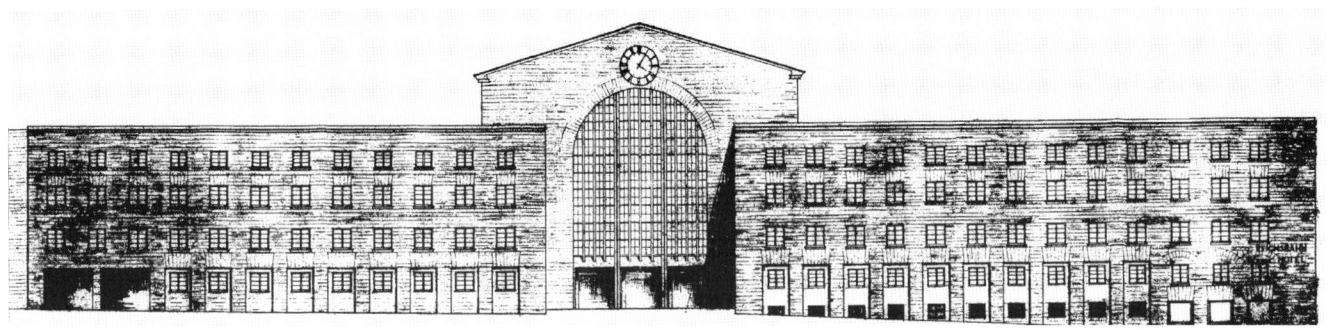

Der fast symmetrische Aufriss der Nordwestfassade offenbart das nach rechts spürbar abfallende Gelände.

Nordwestflügel, Posttrakt und konkaver Bauteil

Links: Der «Nordausgang» nach Fertigstellung mit den ursprünglichen, schönen Eichentüren

Stromlinienförmige Busse in den 1940er Jahren vor dem Nordausgang

Allgemein sind die Fenster der Nordwestfassade gedrungener als jene der Haupt- und Seitenfassade an der Cannstatter Straße. Quadratisch sind nur die Mezzaninfenster im obersten Geschoss.

Da beide Flügelbauten sich der Kopfbahnsteighalle vorlagern, entsteht am Eingang ein geschützter Vorhof, der die Reisenden gleichsam empfängt und zwischen Innen und Außen vermittelt.

Der linke Flügelbau wiederholt im Wesentlichen den rechten. Der Besonderheit des Reichsbahnhotels entsprechen hier am linken Rand zwei Einfahrten in Gestalt liegender Rechtecke.

Stuttgart, Hauptbahnhof

2263

Nach der endgültigen Fertigstellung: Fußgänger, Handkarren, Pferdefuhrwerke, Lastwagen, Taxis, Autos und Straßenbahn beleben einträchtig den Vorplatz am sogenannten «Nordausgang», dessen Zentrum von einem achteckigen Pavillon betont wird. Auf dem Bahnhofsturm und über dem Nordausgang wehen Fahnen.

Luftaufnahme nach der Fertigstellung 1928 von Nordwesten. An Gleis 1 sorgt eine von Rundfenstern gegliederte Mauer für Schutz vor der Witterung. Das konkav geschwungene Bauteil passt sich organisch dem
Straßenverlauf an.

Rechts:
Die hölzernen Gleis-
hallen bei Nacht
(Vorkriegsaufnahme)

Unten, links:
Teilansicht des gleich-
mäßig und reich be-
fensterten Posttrakts.
Die Fensterbankge-
simse im ersten und
zweiten Obergeschoss
bringen Ruhe in die
Fassade und verklam-
mern die elf Fenster-
achsen miteinander.

Unten, rechts:
Konkaver Teil der
Nordwestfassade an
Gleis 1

Oben:
Gleisseitige Ansicht, rechts vorne die beiden S-Bahneinfahrten in den Untergrund

Links:
Gleisseitige Ansicht des ersten Bauteils. Der Schlossgartenflügel weist auch hier eine anspruchsvolle Gestaltung mit aufwändigen, von Rundfenstern und Verdachungen betonten Portalen auf (heute hinter einer vorgesetzten Putzschale verborgen).

Daran anschließend springt die Wand kräftig hervor, um einen elfachsigen Vorbau zu bilden. Im Gegensatz vor allem zu den Vorbauten an der Cannstatter Straße, aber auch zu den Flügelbauten der Nordwestfassade, erfolgt hier eine wesentlich stärkere Befensterung. Es bleiben nur noch schmale Mauerstreifen zwischen den einzelnen deutlich hochrechteckigen Fenstern stehen. Im Erdgeschoss befindet sich eine Rampe zur Be- und Entladung der Postfahrzeuge. Das abschließende Gesims bildet hier unmittelbar die Oberkante des Bauwerks.

Links vom Posttrakt befindet sich die einzige geschwungene, konkave Fassade des Stuttgarter Hauptbahnhofs. Ihre viergeschossige Befensterung fällt wieder in die von den Flügelbauten bekannte Gestaltung zurück.

Gleisseitige Ansicht

Den mit dem Zug Anreisenden empfängt der Stuttgarter Hauptbahnhof theoretisch mit seinem langen, «fangarmartigen» Schlossgartenflügel entlang der Cannstatter Straße zur Linken, der lagernden, mit «Thermenfenstern» durchsetzten Kopfbahnsteighalle — beide gipfeln im Turm — und dem Nordwestflügel. Diese beeindruckende Aussicht wird heute leider von der schweren Konstruktion der Gleishallen verdeckt.

Im Unterschied zur Hauptfassade könnte hier der Obergaden der Kopfbahnsteighalle, «ungestört» von den sich einschiebenden Schalterhallen, seine Wirkung voll entfalten. Gleichmäßig reiht sich ein «Thermenfenster» ans andere und ruft unwillkürlich die Erinnerung an römische Großbauten wie die Thermen wach. Die kleineren «Thermenfenster» links und rechts der großen Schalterhalle werden hier zu einem großen zusammengezogen, so dass eine eindrückliche Geschlossenheit entsteht.

Die gleisseitige Ansicht der Schlossgartenfassade zeigt in gleichmäßiger Abfolge Rücklagen, in denen verdachte Portale von Rundfenstern überhöht werden. Beidseits gesäumt werden sie von Fenstern in Rücklagen.

Gleis 16 heute

Große Schalterhalle

Die Erwartung, die das große Rundbogenfenster außen erweckt, erfährt beim Eintreten ihre Bestätigung: ein kubischer, flach gedeckter Längsraum bedeutender Höhe empfängt den Abreisenden, der durch eine großzügige Treppenanlage mit Podest zum Durchschreiten aufgefordert wird. Das Treppengeländer ergießt sich gleichsam vom höher gelegenen Raum hinunter und läuft sich schneckenartig einrollend aus. Daher fallen die zwei untersten Stufen breiter aus als die übrigen und verstärken so die suggestive Wirkung.

Ein Großteil des «Obergadens» wird von tief in die Mauer eingeschnittenen, hochrechteckigen Fenstern eingenommen. Sie lassen ein mildes Licht einströmen. Links und rechts darunter befinden sich Fahrkartenschalter. Daran anschließend rahmen zwei flache Rundbogennischen — etwas zueinander versetzt — breite Rechtecköffnungen, die zu Post und Auskunft rechterhand und Gepäckannahme linkerhand Zugang gewähren.

Wie hineingeschoben wirkend, begleiten zwei Kuben, etwas zurückgesetzt, die Treppenanlage. Jeweils drei schmale Rechtecköffnungen gestatten Zugang zu zwei Geschäften und den Blick auf deren Auslagen.

Am oberen Ende der Treppe bildet eine mächtige, flache Rundbogennische das Echo des größeren Rundbogenfensters der gegenüberliegenden Außenwand. Unten sind drei Portale in die Wand eingelassen. Über dem mittleren erinnert eine Uhr den Reisenden an die Abfahrtszeit seines Zugs. Ein darüberliegendes Mittelfeld nimmt reichen Bauschmuck mit Inschrift auf. Der eigentliche Bogen öffnet sich als «Thermenfenster». Über seinem Scheitel thront der aufgemalte Reichsadler, begleitet von einer weiteren Inschrift. Dieser große Rundbogen wird unten zu beiden Seiten von bedeutend kleineren Rundbogennischen begleitet.

Kleine Schalterhalle

Die Kleine Schalterhalle unterscheidet sich von der Großen schon allein dadurch, dass eine Bestimmung von Innen und Außen sich nicht von selbst versteht. Verschiedene Bezeichnungen wie «innere Schalterhalle» bzw. «äußere Schalterhalle» oder «Halle» und «Vorhalle» erscheinen möglich.

Nach dem Durchschreiten der parabolischen Bogenöffnung beginnt eine Treppe an der Stelle, wo die Außenmauer endet. Auf halber Höhe stößt von rechts der Ausläufer der Pfeilerhalle auf das Treppenpodest. Die Stelle, an welcher der aus der Pfeilerhalle Kommende nach rechts biegt (nach links erscheint abwegig, oder warum sollten sonst Stufen erklommen werden?), ist sinnfällig durch eine kleine Hängekuppel überhöht. Nach dem zweiten Teil der Treppe bildet eine parabolische Schildwand die Außenseite der inneren Schalterhalle. In ihr sitzen drei gleichfalls parabolische Portale, deren mittleres von einer Uhr überhöht ist, sowie drei Stichbogenfenster in Dreiecksanordnung. Den vier Raumabschnitten der äußeren Schalterhalle, Treppe-Podest-Treppe-Podest (auf Bahnsteighöhe), entsprechen oben vier mächtige parabolische Bögen.

In der inneren Kleinen Schalterhalle waltet ein sachlicherer Anspruch als in der Großen Schalterhalle. Sie ist ebenfalls flach gedeckt. Ähnliche «Obergadenfenster» lassen beidseits ihr mildes Licht einfallen. Nur einseitig, auf der Linken, befinden sich Fahrkartenschalter. Ganz im linken Eck ist der Inneneingang zum Reichsbahnhotel untergebracht, der durch eine kleine, gekonnt hineinkomponierte Treppenanlage auffällt. Er wird von vier kleinen Stichbogenfenstern überhöht.

Blick aus der Pfeilerhalle auf das mittlere Treppenpodest der Kleinen Schalterhalle

Seite 54
links, oben:
Treppe der Großen Schalterhalle

Links, mitte:
Eingang zur Großen Schalterhalle

Links, unten:
Kassettierte Decke im Windfang der Großen Schalterhalle

Rechts:
Das von Süden einfallende Sonnenlicht belebt den Raum stimmungsvoll.

Große Schalterhalle kurz vor der Fertigstellung. Blick in Richtung Königstraße und Stadtmitte. Der Sandstein belebt mit seinen Farbnuancen die großen Wandflächen.

Pfeilerhalle am Bahn-hofsplatz nach der Fertigstellung

Blick aus der Kleinen Schalterhalle in Richtung Kopfbahnsteighalle. Heute ohne die ursprünglichen verglasten Schwingtüren aus Eiche.

Kleine Schalterhalle nach der Fertigstellung

Zugang zur Kleinen Schalterhalle von der Kopfbahnsteighalle aus. Das mittlere Portal ist verbaut durch den Aufzug zur S-Bahn.

In der Wand zur Kopfbahnsteighalle sitzen aus der Mittelachse nach rechts verschoben, wie die parabolischen Portale zwischen innerer und äußerer Schalterhalle auch, drei Rechtecköffnungen. Die Mittelachse der Portale, nicht des Raums, wird durch ein großes Rundfenster in «Obergadenhöhe» betont. Dies wiederholt sich an der gegenüberliegenden Trennwand zur äußeren Schalterhalle. Hier sitzen knapp unter der Decke und gleichmäßig drei Stichbogenfensterchen teilweise in Verlängerung der Portalachsen.

Mittelausgang

Eine ähnliche Frage wie in der Kleinen Schalterhalle stellt sich auch beim Mittelausgang dem Betrachter: Handelt es sich um einen «Innen-

Raum» oder um eine höhlenartige Einbuchtung in den Baukörper?

Durch drei rechteckige Portale tritt der Anreisende aus der Kopfbahnsteighalle in den Mittelausgang hinein. Der kubische Raum vertieft sich stufenweise und erreicht nach gut der Hälfte seiner Ausdehnung das Niveau der Pfeilerhalle. Einzelne Pfeiler von ihr werden teilweise von zwei zum Mittelausgang gehörenden verdeckt. Diese stehen in einer Reihe mit den Wandpfeilern der Pfeilerhalle. Ausschnittweise wird der Bahnhofsvorplatz erkennbar. Der flach gedeckte Raum erhält von jeweils drei «Obergaden-Rundfenstern, zusätzliches Licht. Das Treppengeländer, das die zwei Podeste verdeutlicht, schmiegt sich an die Längswände an und läuft unten rund aus.

58

*Blick aus dem Mittel-
ausgang auf den Ar-
nulf-Klett-Platz*

*Links:
Mittelausgang von au-
ßen*

*Mitte:
Mittelausgang in der
Kopfbahnsteighalle*

Kopfbahnsteighalle

Dem vom Nordeingang Eintretenden bietet sich ein
großartiger Blick: In großer Ruhe laufen links acht,
rechts neun Rundbogennischen auf eine in der gegenüberliegenden Stirnwand befindliche einzelne
Rundbogennische zu. Diese rahmt ein rechteckiges
Portal, welches von einem Balkon überhöht wird.
Dazwischen findet eine Uhr ihren Platz. Eine flache
Holzdecke bringt durch ihre Binder einen im Vergleich zu den Bogennischen schnelleren Rhythmus
in den Raum.

Die Bogenfelder der Nischen nehmen «Thermenfenster» auf, die ein mildes Licht einfallen lassen. Zusätzliche Helligkeit gelangt vom Rundbogenfenster des Nordausgangs und den rechteckigen
Öffnungen zu den Bahnsteigen in die Halle.

Während die Bahnsteigseite einheitlich und
zweigeschossig gestaltet ist, bietet ihr Gegenüber
ein vielschichtigeres Bild: Hier wechseln sich

Zwei- und Dreigeschossigkeit ab. Außerdem zeigt
schon die erste Bogennische nach dem Eintritt
eine besondere Gestaltung: Über den drei Rechtecköffnungen zur Kleinen Schalterhalle befinden
sich drei etwas kleinere Fenster, deren mittleres
von einem großen Rundfenster überhöht wird. Das
Mauerwerk ist hier gleich gestaltet wie in der inneren Kleinen Schalterhalle.

Die vierte Bogennische weist hart in die Mauer
geschnittene hochrechteckige Öffnungen auf, die
nach einem kleinen Zwischenraum von drei niedrigeren Portalen gefolgt werden: dem Mittelausgang. Beidseits der Nische tragen zwei hohe Podeste «Spolien», Reste des ehemaligen Königstors, dessen Wappen über dem Mittelportal ange-

*Spolie:
wiederverwendetes
Bauteil eines anderen
abgebrochenen
Bauwerks*

Kopfbahnsteighalle nach Fertigstellung

Kragstein:
auskragender Stein zur Aufnahme einer Last

bracht ist. Die achte Bogennische ist gemessen an der ersten und der vierten einfacher: Drei Rechtecköffnungen, hier allerdings gerahmt, gewähren Zugang zur Großen Schalterhalle und lassen gleichzeitig von dort Licht einfallen. Am oberen Rand des Mittelfelds sind sechs Kragsteine eingelassen, die, wie eine alte Aufnahme belegt, bei besonderen Anlässen wie Staatsbesuchen u.ä. Schmuckgirlanden aufnehmen sollen. Links und

rechts wird diese Bogennische von wesentlich schmaleren begleitet.

Die übrigen Bogennischen wie auch die Wand nehmen gerahmte Türen zu Wirtschaften, Wartesälen usw. und darüber liegende Fenster auf. Die Stirnwand mit dem Balkon weist beidseits der Bogennische zwei Portale und kleine Öffnungen auf.

Turm

Der Turm, der nach dem Krieg jahrzehntelang von der Deutschen Schlafwagen-Gesellschaft genutzt wird, lässt seine ursprüngliche Struktur im Inneren kaum mehr erahnen. Sie kann jedoch nach Plänen, einer Zeichnung und wenigen Fotos rekonstruiert werden.

Im Erdgeschoss befindet sich die «Eingangshalle» des Königlichen Hofs, die freilich nie so genutzt wird, weil der Bahnhof erst 1922, nach dem Ende der Monarchie, in Betrieb geht. Dieses Foyer erfährt durch Säulen eine Gliederung, die dem Raum etwas Repräsentatives verleiht. Die Aufnahme des Turmrestaurants im obersten Geschoss gibt eine Vorstellung vom ursprünglichen Raumeindruck.

Im zweiten Geschoss ist auf Gleishöhe ursprünglich der Königliche Warteraum vorgesehen, mit Balkon und Blick in den Schlossgarten. Im Grundriss erkennbar ist die Kreuzform, die sich aus den in den Ecken eingebauten Wendeltreppen und Aufzügen ergibt. Sie hat Bonatz so beeindruckt, dass er hiervon ausgehend weitere Studien betreibt.

Die Betonträger der Decke bringen eine wohltuende Gliederung in den Raum, welche dem Tiefenzug der Kreuzarme entgegenwirkt. Sinnigerweise durchdringen sie sich im Mittelfeld der Decke rechtwinklig. Die Deckenkonstruktion trägt hier zur Ästhetik des Raums wesentlich bei und wird nicht versteckt.

Das Portal zur Kopfbahnsteighalle mit der Kassettentüre wird von zwei dünnen, expressionistischen «Pfeilern» gerahmt. Diese tragen einen dreifach sich verbreiternden Aufsatz, an dessen Enden, in Verlängerung der «Pfeilerachsen», zwei fialen- oder obeliskenartige Verzierungen (vgl. Abb. S. 65 ul) sitzen.

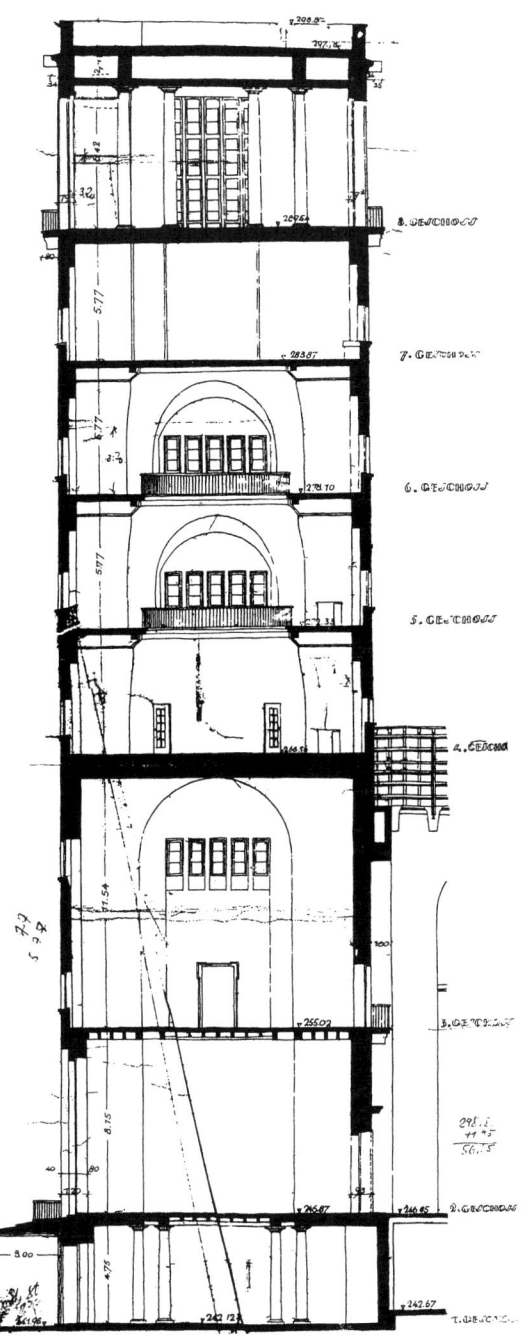

Schnitt durch den Bahnhofsturm

Sechs von insgesamt acht Turmgeschossgrundrissen

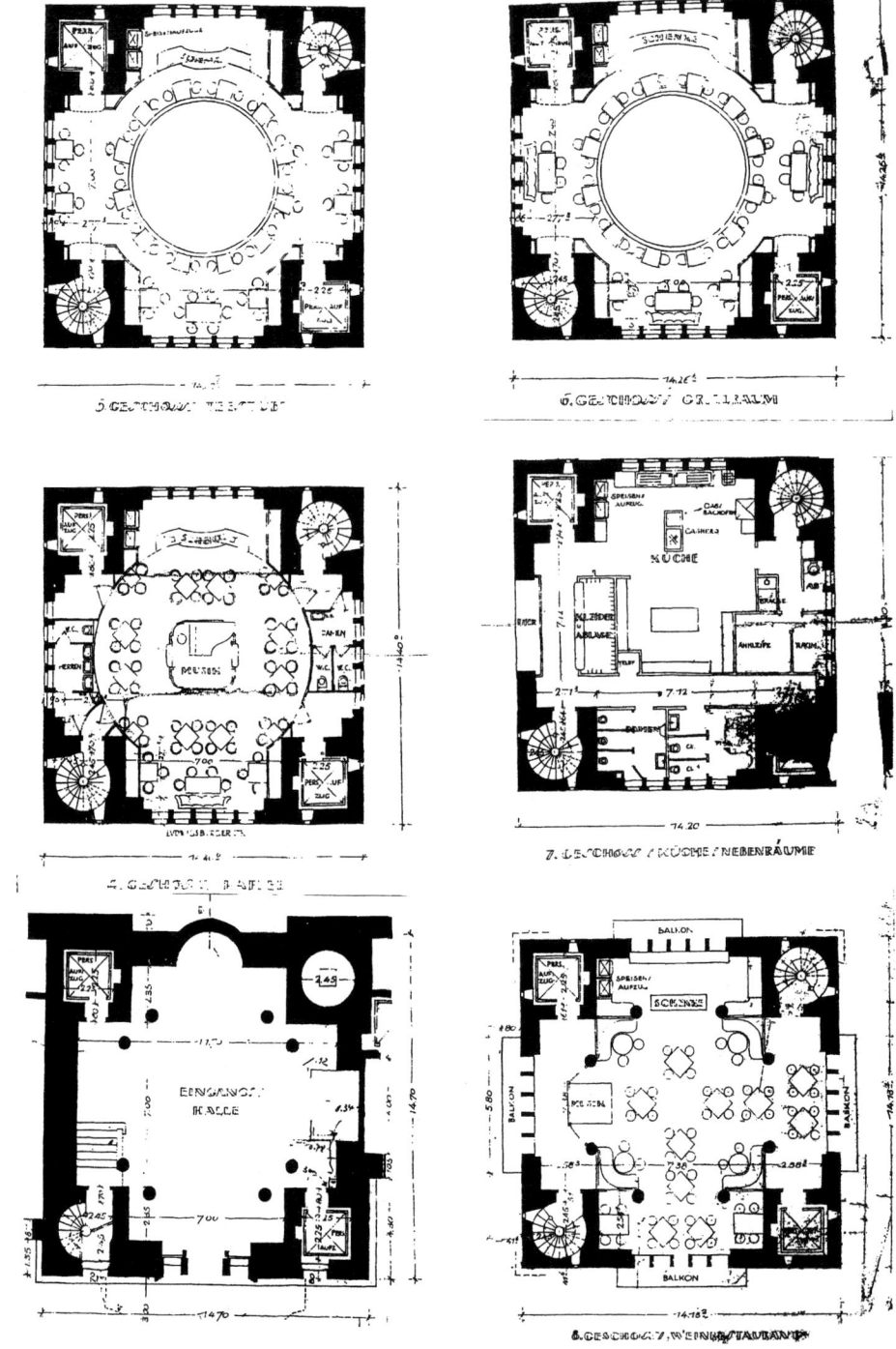

Kopfbahnsteighalle: Die am Dachstuhl aufgehängte Holzbalkendecke bewirkt eine Gliederung der großen Fläche. Die große Rundbogennische verklammert den von einer Verdachung betonten Eingang zum Warte-saal des Königlichen Hofs im Turm mit dem darüberliegenden Innenbalkon. Über dem Zugang zur Großen Schalterhalle nehmen Kragsteine eine Schmuckgirlande auf. Die Kioske sind organisch eingebunden. Am Zugang zur Großen Schalterhalle machen bereits damals unverzichtbare Werbeflächen, im Unterschied zu heute dezent in die Umgebung eingepasst, Reklame für Waldorf-Astoria-Zigaretten.

2. Turmgeschoss im Rohbaustadium

Rippendecke aus Stahlbeton über dem 2. Turmgeschoss

Wartesaal im 2. Turmgeschoss, nach dem Ende der Monarchie für die Allgemeinheit zugänglich

Das dritte Turmgeschoss — auf Grund seiner Befensterung werden von außen zwei Geschosse vermutet — birgt den kreuzgratgewölbten, elf Meter hohen Sitzungssaal mit Platz für einhundert Personen. Durch eine Tür gelangt man auf einen Innenbalkon an der Stirnwand der Kopfbahnsteighalle. Auf diesen Innenbalkon treffen verschiedene Beobachtungen des Kunsthistorikers Reinle zu: «Verkündigungskanzel im weltlichen Bereich» nennt er einen an italienischen Rathäusern anzutreffenden Balkon. Ein anderes Beispiel ist die «Huldigungskanzel» des Ulmer Rathauses für den Kaiser. Bekannt sind vor allem jener Balkon im Va-

tikan, von dem der Papst alljährlich an Ostern seinen Segen «urbi et orbi» spricht oder die Balkone von Schlössern und Präsidentenpalästen, auf denen sich weltweit Staatsoberhäupter der Bevölkerung zeigen.

Viertes, fünftes und sechstes Geschoss sind durch zwei kreisrunde Fußbodenöffnungen mit einem Durchmesser von 6,40 Meter miteinander verbunden, so dass ein Gesamtraum von 17 Meter Höhe entsteht. Vorgesehen sind ein «Kaffee», eine «Teestube» und ein «Grillraum». Zur Unterhaltung der Gäste befindet sich im vierten Geschoss auf einem kleinen Podium ein Konzertflü-

Blick vom Turmrestaurant in die Königstraße

3. Turmgeschoss: elf Meter hohes Kreuzgratgewölbe; Sitzungssaal mit Zugang zum Innenbalkon in der Kopfbahnsteighalle

4. Turmgeschoss: Gastronomie

5. oder 6. Turmgeschoss: Gastronomie

8. Turmgeschoss: Weinrestaurant

2. Turmgeschoss: ursprünglich für den Kgl. Hof und für Staatsbesuche vorgesehener Wartesaal

gel. In der Werbung wirbt der Gastronom daher auch mit «Täglichen Künstlerkonzerten».

Das siebte Geschoss nimmt Küche, Garderobe, Gästetoiletten und einen öffentlichen «Fernsprecher» auf.

Ein «Weinrestaurant» befindet sich schließlich im achten Geschoss, von wo aus sich durch die großen Fenster ein herrlicher Blick über weite Teile der Stadt darbietet. In ihm gliedern, wie schon im Erdgeschoss, Säulen den Raum und verleihen ihm etwas Repräsentatives. Auch hier findet ein kleines Podium für Musiker Platz.

Das Dach schließlich ist für die Allgemeinheit zugänglich, und somit dient der Turm als begehrter Aussichtspunkt. Im Sommer ist die Plattform sogar bewirtschaftet.

*Speisesaal des Reichs-
bahnhotels*

Bahnhofswirtschaft

*Mitte:
Foyer des Reichsbahn-
hotels*

*Rechts, oben:
Die Fensterbrüstung
wird durch einen
«Clipeus» (Rund-
schild) betont.*

*Rechts, unten:
Geflügeltes und be-
kröntes Eisenbahnrad
der Kgl. Württem-
bergischen Staatseisen-
bahnen im Scheitel
der Großen Schalter-
halle*

Reichsbahnhotel, Bahnhofswirtschaften und andere Räume

Das Reichsbahnhotel zeigt eine anspruchsvollere Einrichtung als die Bahnhofswirtschaften, sie ist aber keineswegs avantgardistisch, sondern fügt sich in den damals üblichen, traditionalistischen Stilwillen ein.

Bauschmuck und Kunst am Bau

Der Bauschmuck am Stuttgarter Hauptbahnhof ist nicht überall augenfällig. Steinbearbeitung und Schmiedeeisenarbeiten sind derart sorgfältig, dass sie auch als Bauschmuck verstanden werden könnten. Trotzdem handelt es sich um zweierlei. Unter Bauschmuck ist hier alles Aufgelegte, Aufgesetzte oder Aufgemalte, das keinen eigentlichen Zweck erfüllt, also für das Funktionieren eines Bahnhofs nicht unerlässlich ist, zusammengefasst.

Im ersten Bauteil befindet sich zwischen den zweiten und dritten Geschossen des «Sakkara-Motivs» eine als «Clipeus», Rundschild, bezeichenbare Schmuckform. Am Rand weisen diese Schilde einen Wulst auf, in der Mitte einen vertieften Knauf. Stets werden sie aus zwei Steinen zusammengesetzt, deren Lagerfuge in der Mittelachse

liegt. Über dem Scheitel des Rundbogenfensters der Großen Schalterhalle ist das geflügelte und bekrönte Eisenbahnrad der Königlich Württembergischen Eisenbahnen angebracht. Es ist Ausdruck für die große Schnelligkeit der Eisenbahn in Anlehnung an den Götterboten Merkur mit dem geflügelten Helm.

Links des Eingangs zur Großen Schalterhalle erinnert eine Gedenktafel mit der Inschrift «Württembergische Staatsbahn bis 1920» und dem

Die Treppenanlage in der Großen Schalterhalle mit den für Bonatz so typischen, sich einrollenden Antrittspfosten

Rechts des Eingangs hält ein Gegenstück mit der Inschrift «Reichsbahn seit 1920» und dem Reichsadler fest, welcher Besitzer die Vollendung ermöglicht hat.

Diese mächtigen Steintafeln, als Längsrechtecke auf zwei schlichten Kragsteinen ruhend, zeigen als versenktes Relief die Wappen Württembergs und des Reichs. Die Inschriften dagegen sind erhaben gearbeitet.

Die Große Schalterhalle ist mehrfach hervorgehoben. Ins Auge sticht im Mittelfeld der mächtigen Rundbogennische die Gruppe mit der überlebensgroßen Wandstatue eines breitbeinig stehenden schwäbischen Ritters. Zwei schlichte Krag-

Gedenktafeln am Eingang zur Großen Schalterhalle

württembergischen Wappen daran, in wessen Auftrag der Bau dieses Bahnhofs begonnen wurde.

Der «schwäbische Ritter» von Jakob Brüllmann. Auffallend das Fehlen eines Schwerts und der an einen Philosophen erinnernde Kopf. Mitten im Krieg offenbart sich hier eine Friedfertigkeit, die die eher pazifistische Haltung König Wilhelms II. von Württemberg widerzuspiegeln scheint

steine tragen eine dreifach profilierte Konsole mit ebenfalls schlichter Deckplatte. Die wulstartigen Profilierungen muten pflanzlich an. Die Wandstatue ruht mit ihrer Standplatte fest auf der Konsole. Der bartlose Kopf blickt aufrecht zum gegenüberbefindlichen Rundbogenfenster. Die Haartracht erinnert an römische Statuen. Der Ritter, dessen Oberkörper weitgehend entblößt ist, legt seinen linken Unterarm ruhig auf den die übrige Gestalt teilweise verdeckenden Phantasieschild.

Dieser ist gespalten und zeigt das Königlich Württembergische Wappen: heraldisch links die altwürttembergischen drei Hirschstangen, rechts die drei staufischen Löwen. Ungefähr auf halber Höhe des Schilds werden die Beine des Ritters sichtbar. Die Fußstellung trägt wesentlich zum Eindruck der Breitbeinigkeit bei. Mit dem rechten, gerade herunterhängenden Arm entsteht eine gewisse Asymmetrie. Seine Hand hält das um die rechte Schulter und den linken Unterarm herumgeführte

tunikaartige Gewand. In Beziehung zum Wappenschild vertauscht und gegenständig angeordnet
liegt jeweils ein Wappentier auf einer schmalen
Platte neben dem Ritter. Vier nur angedeutete
Konsolen pflanzlicher Art tragen diese Hochre-
liefs, welche einen gewissen Hang zum Ornamen-
talen aufweisen; so die Vorderläufe des Hirschs
und die Mähne des Löwen. Unterhalb der Köpfe
der Wappentiere ragen als unterer Abschluss dieser plastischen Gruppe zwei Widderköpfe aus der
Wand hervor. Schöpfer dieser Arbeit ist der bekannte Schweizer Bildhauer Jakob Brüllmann
(1872–1938), der im Stuttgarter Raum unter anderem im Weißenburgpark und an den Pfullinger
Hallen von Theodor Fischer mitarbeitet.

Folgende erhabene Majuskelinschrift umrahmt
erläuternd:
«UNTER KÖNIG WILHELM II WÄHREND DES KRIEGES
ERBAUT IN DEN JAHREN 1914–1917».

Zwischen den Tierhälsen und dem Ritter ist jeweils ein kleiner Fünfstern als Relief angebracht.
Die gesamte plastische Gruppe lässt sich von einem Fünfeck umschreiben.

Vom Scheitel der Rundbogennische bis zur Decke erstreckt sich ein gemalter schwarzer Reichsadler, der heraldisch nach rechts blickt. Links und
rechts des Kopfs ist in Majuskelschrift aufgemalt:
«VOLLENDET IM JAHR 1922».

Schöpfer dieser Arbeit ist der bekannte Dekorationsmaler und Architekt Sigmund von Weech
(1888–1982), der ein außergewöhnlich reiches
und vielfältiges Schaffen hinterlässt, von der
Arbeit als Dozent für Architektur über verschiedene kunsthandwerkliche Aktivitäten bis zur Gestaltung von Dekorationsstoffen, u.a. für die Pausa
AG, Firmenlogos, Briefmarken, Münzen etc.

Die einzelnen Balken der Holzdecke zeigen
abwechselnd die drei württembergischen Hirschstangen und den schreitenden staufischen Löwen.
Beide sind in Beziehung zur Mittelachse der Decke

Seite 69:
Die heraldisch mehr-
fach ausgezeichnete
Große Schalterhalle.

Das 1810 erbaute klassizistische Königstor mit Wappenschild und Löwen von außen gesehen

Das vom Königstor stammende Wappenschild des Königreichs Württemberg, das sich bis heute erhalten hat.

Die «Trophäen» mit den Löwen stammen aus dem Barock und sind im II. Weltkrieg zerstört worden.

gegenständig angeordnet. Dort stoßen zwei Löwen aufeinander, welche eine Krone in ihre Mitte nehmen. Die übrige Decke ist zickzackförmig in den Reichsfarben von 1871, schwarz-weiß-rot, gemustert. Der Stuttgarter Dekorationsmaler Karl König hat sie geschaffen. Ein weiterer Stuttgarter Dekorationsmaler, Rudolf Brekle, hat nachweislich im Bahnhof gearbeitet, allerdings ist nicht bekannt, was er ausführt. Möglicherweise ist er für die Ausmalung der Turmgastronomie oder des Speisesaals verantwortlich.

Einziger Bauschmuck der Kopfbahnsteighalle sind die «Spolien» des 1922 abgebrochenen ehemaligen Königstors in der unteren Königstraße, ungefähr an der Stelle des heutigen Abgangs zur Klett-Passage. Dieses errichtet zu Beginn des 19. Jahrhunderts Nikolaus von Thouret (1767–1845) unter Verwendung älterer Teile.

Auf zwei hohen Podesten befinden sich so genannte «Trophäen». Es sind dies zwei gegenständige barocke, halb aufgerichtete Löwen. Die eine Vorderpranke ruht auf einer Rüstung, zu der sich noch andere Gegenstände des Kriegswesens gesellen. Der Blick der Löwen ist auf den Betrachter gerichtet. Das klassizistische Königlich Württembergische Wappen zeigt in einem für die napoleonische Zeit üblichen Schild rechts die drei Hirschstangen, links die drei schreitenden Löwen. Überhöht wird der Schild von einer Krone. Wiederum vertauscht angeordnet sind Löwe und Hirsch als Schildhalter. Sie sind wie das ganze Wappen hochreliefartig gearbeitet. Unterfangen wird der Schild von einem Gebinde mit Malteserkreuz. Eine verzierte «Kollane», eine prächtige Zeremonienhalskette, ebenfalls mit einem Malteserkreuz, bildet eine zweite Unterfangung. Hinterlegt und gerahmt wird das ganze Wappen von einem Wappen-

Das «neue Königstor» am Mittelausgang des Hauptbahnhofs

mantel. Diese «Spolien» begrüßen hier den Ankommenden wie zuvor am Königstor. Die Trophäen werden im Krieg zerstört; das Wappen ist heute noch zu sehen.

Interessant ist in diesem Zusammenhang noch ein weiterer Name: der des am Bau beteiligten Schweizer Architekten Rudolf Christ (1895–1975). Mit ihm errichtet Bonatz später das Kunstmuseum Basel. 1922 ist er im Büro von Bonatz und Scholer für den Hauptbahnhof tätig. Christ liebt es nachweislich, alte Bauteile in Neubauten zu verbauen: «Um den unorganischen Historismus zu überwinden und die Geschichte doch nicht an die Moderne zu verraten, achtete Christ bei privaten wie öffentlichen Bauten darauf, die gewachsene Traditi-

on in die neue Architektur zu integrieren. Er liebte es, Spolien einzubauen…». So Nikolaus Meier im
Architektenlexikon der Schweiz. Die Wiederver-
wendung des Bauschmucks vom Königstor könnte
also auf eine Anregung Christs zurückgehen.

Materialwahl und dessen Anwendung
Insgesamt findet eine Vielzahl von Materialien am
Stuttgarter Hauptbahnhof Verwendung. Einen Begriff davon vermitteln die Anzeigen der am Bau
beteiligten Firmen in der Sonderbeilage des
«Stuttgarter Neuen Tagblatts» anlässlich der Eröffnung 1922. Oftmals werden darin sogar die ausgeführten Arbeiten genannt.

Die wichtigsten Materialien sind Muschelkalkstein, Sandstein, Süßwassertuff, Backstein, Stahlbeton, Holz, Stahl, Eisen und Glas.

Den rötlichen Sandstein liefert die Firma Albert Burrer, Maulbronn, der gelbliche Sandstein
stammt aus Dettenhausen bei Tübingen.

Der Muschelkalkstein stammt aus dem hohen-
lohischen Steinbruch der heute noch bestehenden
Firma Schön & Hippelein, Crailsheim. Die gesamte
Außenhaut ist damit gemauert. Zu dieser Wahl
sagt Bonatz:
«Mit der Platzwahl war auch der Charakter des
Baues bestimmt. Man kann einen Bahnhof als ein
vorübergehendes Gebilde betrachten und wird ihn

Balkon am Vorbau III

Handwerklich gekonnt ausgeführter Randschlag auf einer Länge von 17 Metern

Bossen mit Randschlag

Bosse:
Nur roh zugerichtete buckelige Vorderseite eines Werksteins

dann in der Art eines Industriebaues in leichtester Konstruktion bauen. Hier ist der Bahnhof vermöge seiner Lage und Bedeutung das Tor der Hauptstadt und der Nabel Schwabens. Der Bau mußte als Dauerbau aufgefaßt werden und damit wurde er zum

Kapitel eines Wandpfeilers an einem der drei Vorbauten

Massivbau ... Er ist gemauert, nicht verkleidet. Auch der 56 m hohe Turm ist ohne Skelett gemauert. Mit den Muschelkalkbossen wurde die Auffassung als Massivbau deutlich betont. Der rauhe Bossen hat in sich und in der Flächenwirkung viel Leben und weist damit auf die einfachste Formge-

bung im einzelnen hin. Nur das dünne obere Abschlußgesims springt über das Bossenwerk vor. Die gesamte übrige Gliederung entsteht durch Einschnitte, die im Gegensatz zu der rauhen Haut des Ganzen, möglichst scharfkantig detailliert werden mußten. Der Gegensatz der scharfkantigen Einschnitte und Rücklagen zu der bossierten Außenfläche ist das Grundmotiv, das am ganzen Bau durchgeführt wurde.»

Bonatz' Mitarbeiter Tamms ergänzt: «Die Außenflächen bestehen aus in Backstein vermauerten Muschelkalksteinbossen, die den ganzen Bau mit einer einheitlichen rauhen Haut umspannen. Im Gegensatz dazu ist alles, was zurückliegt oder eingeschnitten ist, glatt gearbeitet und in Beziehung gebracht zu den Menschen, die hiermit in unmittelbare Berührung kommen.»

Es ist hier in Erinnerung zu rufen, dass in den Wettbewerbsunterlagen «weiße bis gelbgrüne Werksteine» bevorzugt werden. Bei der Außenhaut handelt es sich um ein unregelmäßiges mittelgroßes Bossenmauerwerk. Im Gegensatz zu den «stauferzeitlichen» Buckelquadern weisen sie keinen umlaufenden Randschlag auf. Andererseits unterscheiden sie sich von den ebenfalls randschlaglosen Bossenquadern der italienischen Renaissance (Palazzo Pitti). Weder haben die Buckelquader des Bahnhofs am Rand die starke Abrundung, durch welche die Mauerfugen im Schatten «versteckt» liegen, noch das übertrieben unterschiedliche, gewollte Hervortreten aus der Wandfläche. Es handelt sich vielmehr um eine rauh-lebendige Oberfläche, die durch einfaches Behauen entsteht. Am Rand zum «Sakkara-Motiv», den Fensterlaibungen und Gebäudeecken tritt jedoch ein Randschlag auf. Alle hinter der ei-

Originaltürdrücker an der Schlossgartenfassade

gentlichen Außenhaut zurückliegenden Teile, also das «Sakkara-Motiv», die Laibungen und die Pfeilerhalle, erst recht in der Kleinen Schalterhalle, sind geglättet. Neben den zurückliegenden Teilen erfahren auch die hervortretenden, so die Fensterbänke und Gesimse, diese auszeichnende Behandlung.

Im Mauerverband fallen Entlastungsbögen auf. Sie erscheinen zum einen am Turm, zum anderen am Reichsbahnhotel und tragen ästhetisch gesehen zur Belebung der Fassade bei.

Am «Sakkara-Motiv», der Pfeilerhalle und dem dritten Obergeschoss des Reichsbahnhotels sind im Sturz Keilsteine anzutreffen. Sie sind oft im Wechsel zweigeteilt und ungeteilt. Weniger ins Auge stechend sind die mit besonders langen Quadern gemauerten Fensterstürze am Nordwest-Flügel.

Je nach Beleuchtungsverhältnissen zeigt die Außenhaut ein vielfältig schimmerndes Spiel von Licht und Schatten mit starken Abstufungen. Aus Dettenhauser Sandstein sind die Große Schalterhalle und der Mittelausgang aufgemauert. Hier handelt es sich um durchwegs glatt behauene Steine, die zu einem unregelmäßigen mittelgroßen Quadermauerwerk zusammengefügt sind. Ein verlebendigendes Hell-dunkel-Spiel zeigen die Flächen durch die unterschiedliche natürliche Färbung des Sandsteins. Bewusst im Wechsel eingesetzt wird dies beim Mauern der Bögen, wodurch das Radiale betont wird. Ein anderes, feineres Spiel ergeben die hellen Stoß- und Lagerfugen, die ein grobmaschiges Netz bilden.

Die Anwendung Muschelkalkstein außen, Sandstein innen entspricht den Eigenschaften beider Steine. In den rund siebzig Jahren hat die Witterung trotz des unablässig am Bahnhof vorbeiflutenden Autoverkehrs dem Muschelkalk wenig anhaben können. Anders sähe es mit einer Sandsteinaußen-

Die bossierten Muschelkalksteine werden mit den Backsteinen fest vermauert, nicht vorgeblendet.

73

haut aus. In der Großen Schalterhalle lassen sich kaum Spuren von Verwitterung finden. Dafür zeigt die südöstliche Wand des offenen Mittelausgangs deutliche Spuren der Zeit. Einzelne Steine sind bereits so stark verwittert, dass der Mörtel ihrer Fugen ihnen gegenüber erhaben ist. Da solche Schäden nur an dieser Wand und auch hier nur an bestimmten Stellen auftreten, hat möglicherweise die Zeit um 1922, als sie vor Errichtung des zweiten Bauteils Außenwand war, eine gewisse «Vorarbeit» geleistet. Eine weitere Schädigung mag durch die Kriegszerstörungen erfolgt sein.

Süßwassertuff findet nur in der Kleinen Schalterhalle gemeinsam mit Muschelkalkstein und Backstein Anwendung. Ecksteine und Fensterschrägen sind aus Muschelkalkstein, Tuff und Backstein bilden eine unregelmäßige, belebende Bänderung der Flächen. Die Öffnungen zu den Fahrkartenschaltern sind gefasst, die Stürze darüber aus Keilsteinen, Backstein und Tuff im Wechsel gebildet. Stürze gleicher Art weisen die «Obergadenfenster» auf.

Backstein findet in der inneren und der äußeren Kleinen Schalterhalle sowie der Kopfbahnsteighalle sichtbare Verwendung. Unsichtbar steckt er allerdings im ganzen Bau unter den Muschelkalksteinbossen. Dabei kann von einer Doppelwandigkeit oder einer Außen- bzw. Innenhaut gesprochen werden. Die Muschelkalksteinbossen sind nicht vorgeblendet, sondern «in Backsteinen vermauert». Eine Vorstellung davon geben Baustellenaufnahmen und Pläne. Die Kopfbahnsteighalle besteht zum größten Teil aus Backsteinen, die im Kreuzverband gemauert sind. Verschiedene Aufnahmen zeigen die Lehrgerüste von zu mauernden Bögen.

Die äußere Kleine Schalterhalle offenbart erst bei einer gewissen Entfernung ihren Reiz durch die fischgratartig gemauerten Backsteinwände. Ein besonders schöner Gegensatz ergibt sich bei Frontalansicht: die Schildbogenwand im Hintergrund, unten nebeneinander drei Bögen aus zwei Backsteinschichten gemauert, oben drei aus drei Schichten gemauerte Bögen hintereinander.

Zwischen äußerer Kleiner Schalterhalle und Pfeilerhalle befindet sich die bereits erwähnte, aus behauenen Backsteinen gemauerte kleine Hängekuppel. Ihre etwas unregelmäßigen Fugen stellen sie abseits der sonst so genauen Backsteinmauern, verleihen ihr aber vielleicht gerade deshalb etwas «Handwerkliches».

In der inneren Kleinen Schalterhalle erscheint der Backstein im Verband mit Süßwassertuff und Muschelkalkstein. Besonders in Augenschein tritt er an den Bögen der Portale und Fensterchen.

Ohne Beton ist der Stuttgarter Hauptbahnhof in seiner ausgeführten Gestalt nicht denkbar. Der Grundriss auf Bahnsteighöhe und eine historische Aufnahme helfen dies zu veranschaulichen. Jeweils zwei Gleise enden vor dem zwei Bögen aufnehmenden Pfeiler der Kopfbahnsteighalle. Im Falle eines Bremsversagens oder anderer unglücklicher Umstände, die das rechtzeitige Abbremsen und Anhalten eines Zugs verhindern, kann diese beschleunigte Masse zweifellos den Pfeiler und anschließend den Boden der Kopfbahnsteighalle durchschlagen. Dass diese Befürchtung nicht grundlos ist, belegt ein damals allgemein bekannter Unfall am Bahnhof Montparnasse in Paris. Wegen Bremsversagens durchschlägt eine Lokomotive die Fassade und stürzt vom ersten Stock auf die Straße. Auch in Stuttgart ereignet sich ein solcher Unfall im alten Bahnhof, wenngleich weniger spektakulär. Um dieser realistischen Gefahr zu begegnen, werden von Bonatz mächtige Betonträger

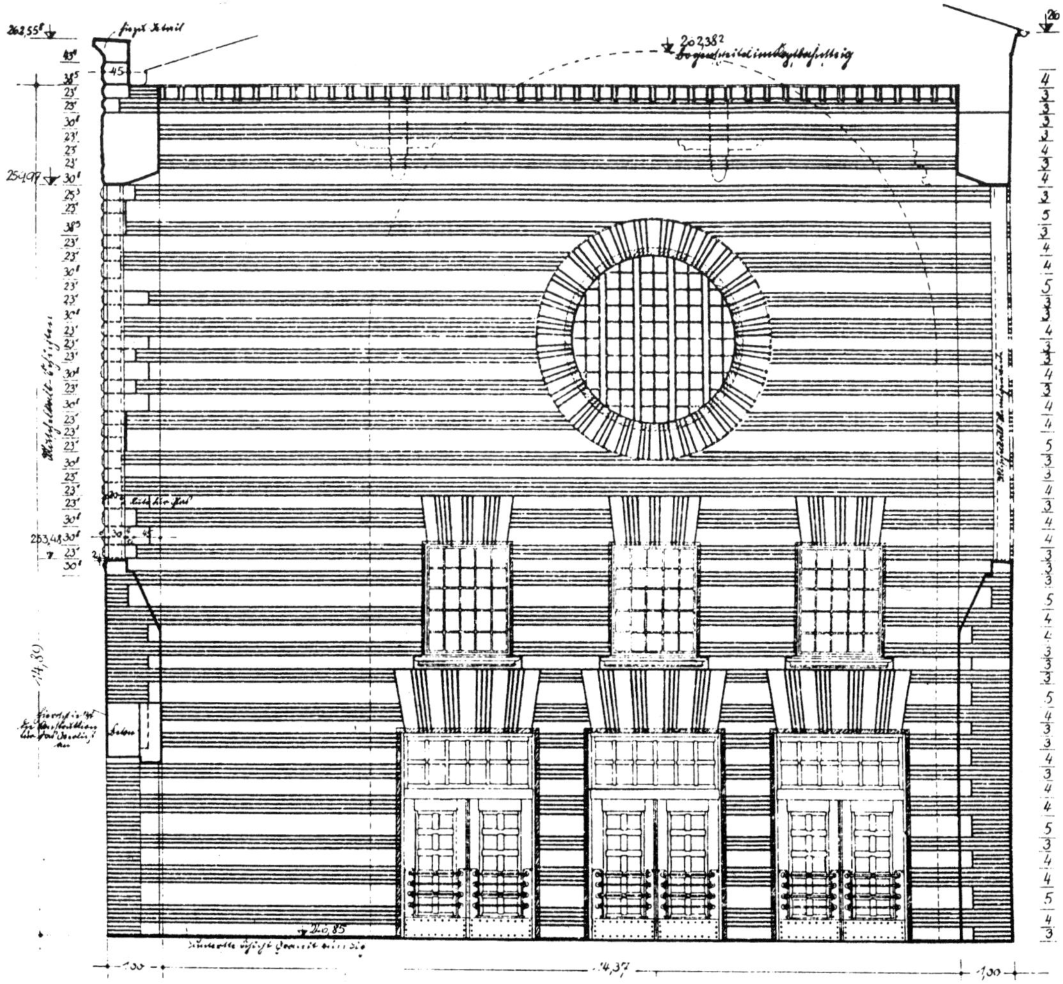

Aufriss der Kleinen
Schalterhalle auf der
Seite zur Kopfbahn-
steighalle.
Die unterschiedlich
hohen Steinlagen be-
leben die Wandflä-
che.

Hängekuppel über
dem Durchgang von
der Pfeilerhalle zur
äußeren Kleinen
Schalterhalle

**Form follows
function:**
Von dem amerikani-
schen Architekten
Louis Sullivan (1836–
1924) stammt der
meist verkürzt zitier-
te Gedanke «form
follows function», der
allerdings auf den
französischen Archi-
tekten Henri La-
brouste (1801–1875)
zurückgeht, der als
einer der Ersten die
Möglichkeiten des
Stahlbaus aufgegrif-
fen hat.

ersonnen, die miteinander verbunden sind. Erst auf der so geschaffenen Waagrechte sitzt die Backsteinmauer wie auf einem Fundament auf. Die seitlich und in den Pfeilern sichtbaren Backsteine besitzen keine statische Aufgabe, sondern nehmen eine ästhetische Rolle ein. Es ist hierbei besonders beachtenswert, dass Bonatz die Betonkonstruktion nicht vollständig ummauert, sondern sie auf überraschend moderne Weise gegenüber den Backsteinen sichtbar lässt. Man könnte auch in Abwandlung von «form follows function» «form follows construction» sagen.

Auch die vollkommen unterkellerte Kopfbahnsteighalle ist ohne die Verwendung von Stahlbeton so nicht denkbar. Die Dächer von Kleiner Schalterhalle und Mittelausgang werden ebenso wie einzelne Dächer, beispielsweise über den Vorbauten des Schlossgartenflügels, in Beton ausgeführt.

75

Die flexible Bauwand schützt die unfertige Kopfbahnsteighalle vor der Witterung. Rechts ist die
Stahlbetonkonstruktion zu erkennen, die Bonatz in
der Skizze erläutert.

Links: Gleis 16

Eisen erfährt künstlerisch bedeutsame Verwendung bei der Vergitterung der Erdgeschossfenster des ersten Bauteils. Jeweils sechs waagrechte, bügelförmige Rundeisen werden in regel-
mäßigen Abständen von neun senkrechten an den
Schnittpunkten durchbohrt. Während die waagrechten aus der Mauer kommen und auch wieder
in ihr verschwinden, nehmen die senkrechten nur
unten ihren Anfang in der Mauer. Oben stoßen sie
unterschiedlich weit durch den abschließenden
runden Obergurt, um zwei gegenständige, liegende «Voluten» (Schnecken) aufzunehmen. Diese
berühren mit ihrer größeren Schnecke die mittlere Senkrechte, welche sich als höchster Punkt des
Gitters von der Fassade nach außen einrollt. Ein
Eisenband fasst Schnecken und Senkrechte zusammen.

An den zwei Gelenkbauten der Großen Schalterhalle befinden sich unmittelbar über den Fenstergittern auf kubisch ausgebildeten Konsolen ru-
hende Balkone. Ihre Geländer stellen einen gewissen Kontrast zu den Fenstergittern dar. Zwischen
rechteckigem Unter- und Obergurt eingespannt
reiht sich ein senkrechtes Rundeisen ans andere.
Vier knaufartige Auflagen unten und ein, im Gegensatz zu den Hauptpfosten, einfach profilierter
Handlauf nehmen etwas von der Härte.

Der in der Kopfbahnsteighalle an der Stirnwand
befindliche Innenbalkon ist vergleichbar gestaltet.

Aufgrund des abfallenden Geländes ist Gleis 16
im ganzen Bahnhof als 270 Meter lange Stahlbrücke ausgebildet, die den betrieblichen Ablauf auf
Straßenhöhe erleichtert.

Holz erscheint an zahlreichen Türen, Spros-
senfenstern, der Inneneinrichtung (Reichsbahnhotel usw.), aber auch in der Großen Schalterhalle
und der Kopfbahnsteighalle als Decke. Beide Räu-

*Expressguthalle unter Gleis 15 und 16 auf Straßen-
höhe*

Ausgeführtes Fenstergitter

*Detailplan eines Fens-
tergitters*

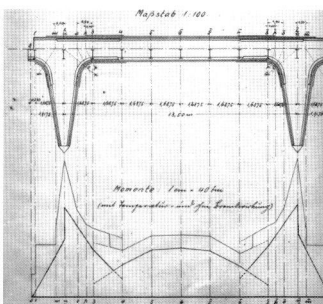

*Statische Berechnung
von Gleis 16*

me haben am Dachstuhl aufgehängte Flachde-
cken. Von diesen wird der Raumeindruck ganz wesentlich mitgeprägt. Der Balkenrhythmus bildet
zum Tiefenzug, vor allem dem enormen der Kopfbahnsteighalle, ein wohltuendes Gegengewicht.

Glas erscheint in erster Linie an jedem Fenster
der Fassade, aber auch bei Türen. Große Glasflächen zeigen die mächtigen Rundbogenfenster am
Nordausgang und der Großen Schalterhalle, ferner
die «Thermenfenster» und die «Obergadenfenster» der beiden Schalterhallen. Kennzeichnend
für den Stuttgarter Hauptbahnhof ist jedoch die
Unterteilung auch kleiner Fenster in mehrere Felder: Die Fassadenfenster sind gesprosst, die

«Obergadenfenster» der Schalterhallen wie die
Rundfenster des Mittelausgangs mehrteilig gegliedert. Auch die Türen haben Sprossenfensterchen.
Die mächtigen Rundbogenfenster und die «Thermenfenster» schließlich werden von mehreren
plattenartigen Pfosten in schmale Felder unterteilt. Bei den Letztgenannten überlagert von außen betrachtet der Eindruck «Stein» fast den Eindruck «Glas». Die Gebäudehülle erhält dadurch
den Eindruck der Geschlossenheit.

Die Fenster geben sich aber auch im Inneren
nur «widerstrebend» als solche zu erkennen.
Kopfbahnsteighalle, Große und Kleine Schalterhalle erhalten ihr Licht überwiegend von der obe-

*Die mit ca. 210 m Länge
auch als «liegender Eif-
felturm» bezeichnete
Eisenbrücke ist schon
für sich allein genom-
men ein herausragendes
Denkmal. Ursprünglich
war die Konstruktion
nicht durch Wände un-
terteilt, sondern voll-
ständig offen und ge-
stattete einen reibungs-
losen betriebsinternen
Verkehr.*

Gleisseitige Ansicht des Zugangs zur Kopfbahnsteighalle. Beachtenswert ist die große handwerkliche Sorgfalt der Maurer- und Schreinerarbeiten.

ren Wandhälfte. Dort liegen die Fenster der Längswände tief in der Mauer, während die großen Rundbogenfenster der Stirnwände von außen gesehen tief in ihr liegen. Es ist also gerade umgekehrt.

Die Pfosten der «Thermenfenster» in der Kopfbahnsteighalle sind so tief, dass sie bei gewöhnlicher Betrachtung dem Durchschreitenden, also im spitzen Winkel, das Glas fast nicht zu erkennen geben. Dieses «Glasverstecken» wird durch die bedeutende Mauerstärke noch begünstigt. Das auf der Bogenlaibung auftreffende Licht lässt diese hell aufscheinen. Unklar bleibt zunächst, woher es kommt.

Etwas anders sieht es in den Schalterhallen aus. Hier sind die Fenster so schmal und hochgele-

gen, die Mauer so dick, dass die «versteckenden» Fensterpfosten gar nicht «notwendig» werden. Wie in der Kopfbahnsteighalle sieht der Reisende, ohne sich darum zu bemühen, kaum Glasflächen. Blendung wird so weitgehend vermieden. Im Gegensatz zu dort sieht er vor allem in der Großen Schalterhalle nicht einmal ohne Weiteres die im Licht aufscheinenden Mauern. In der Kopfbahnsteighalle können sie fast nicht übersehen werden aufgrund der großen Länge des Raums.

Damit verglichen mutet die niedrige Bahnsteighalle fast wie ein Glashaus an. Sie wird nach dem Darmstädter Vorbild gestaltet: Ihr betriebstechnischer Vorteil liegt in den offenen Rauchschlitzen. Auf diese Weise entfällt das mühselige und aufwändige Reinigen der Glasscheiben vom

Ruß, wie es beispielsweise in Leipzig erforderlich ist. Ein anderer Vorteil liegt in der geringeren Rauchbelästigung für die Reisenden und die Bahnangestellten. Über den Bahnsteigen spannen sich flache Satteldächer, von denen zu beiden Seiten schürzenartig Glasscheiben in jeweils zwei waagrechten Zonen so weit herunterhängen, dass Rauch und Regen weitgehend abgehalten werden. Die Gesamtkonstruktion, die auf Pfeilern der Gepäckbahnsteige ruht, erfordert einen hohen Holzanteil, der dem Eindruck «Glashaus» entgegentritt. Die Ausführung in Holz entspricht nicht dem Willen des Architekten: In der Nachkriegszeit, als Stahl für Reparationsleistungen benötigt wurde, ist einfach nichts anderes verfügbar.

Die beiden großen Innenräume weisen, wie gesagt, flache Holzdecken auf. Durch die Balken erfahren sie eine Gliederung. Die hoch sitzenden Fenster in der Kopfbahnsteighalle und den beiden Schalterhallen sind tief in den Mauern eingelassen und verbreiten ein gedämpftes Licht. Historische Fotos zeigen den ursprünglichen Gesamteindruck, der heute bis zur Unkenntlichkeit verändert ist. Dadurch, dass der Stuttgarter Hauptbahnhof das Werk eines traditionalistisch denkenden Architekten ist, erhält der Stein als Baumaterial eine lange nicht mehr gekannte Bedeutung zurück, zu Lasten des Stahls. Im Bauprogramm wird die Verwendung von Werksteinen nur nahegelegt. Bonatz nutzt diese Maßgabe und steigert die Wirkung des Massivbaus durch die Wahl von rauhen Kalksteinbossen für die Fassade. Dieses Mauerwerk, «Rustika» genannt, betont nicht nur, wie Bonatz sagt, «die Auffassung als Dauerbau», sondern ist auch «Ausdruck von Kraft, Macht und Tradition in geballter Wucht», so der schweizer Kunsthistoriker Adolf Reinle.

Durch verschiedene, unverputzte Steinarten differenziert Bonatz im Inneren: Backstein in der Kopfbahnsteighalle, Sandstein in der Großen Schalterhalle, Tuff, Muschelkalk und Backstein in der Kleinen Schalterhalle. Der Architekt legt, wie erwähnt, dabei großen Wert auf die Feststellung, dass der Hauptbahnhof keine vorgeblendete Fassade besitzt, sondern dass der Kalkstein und die innen verwendeten Materialien ineinander vermauert werden.

Funktionalität

Eine wesentliche Begründung für die hohe architektonische Qualität des Stuttgarter Hauptbahnhofs liegt in seiner unbestrittenen Funktionalität. Im Mittelpunkt stehen schon damals das Wohl der Reisenden und das Bemühen um möglichst kurze Wege. Der Vorortverkehr wird deshalb vom Fernverkehr getrennt. Die Große Schalterhalle bietet den Fernreisenden die Fahrkarten- und Auskunftschalter, Zeitungen, Zeitschriften, Tabakwaren und Reiseproviant. Zwischen ihr und dem Mittelausgang befinden sich, parallel zur Pfeilerhalle und auf Straßenhöhe, die Gepäckschalter, so dass die Abreisenden ihr Gepäck aufgeben und die Anreisenden ihres bequem abholen können. Der Transport von hier zu den Bahnsteigen erfolgt unterirdisch. Es ist auch das Bemühen zu erkennen, die Wege der Fahrgäste überwiegend auf Bahnsteighöhe und diejenigen der Angestellten auf Straßenhöhe zu legen, um diese Verkehrsströme voneinander zu trennen.

Während die Große Schalterhalle die Fernreisenden direkt zu den Ferngleisen (Nummer 7 bis 16) beziehungsweise zu den Wartesälen und Restaurants führt, leitet die Kleine Schalterhalle unmittelbar zu den Vorortbahnsteigen. Der breit di-

Einfahrt für Versorgungsfahrzeuge in der Pfeiler-halle

mensionierte Mittelausgang führt die Ankommenden direkt zu den Taxistandplätzen und zur Straßenbahn; ähnlich der Nordausgang, der, weil der Zugang ebenerdig ist, auch Versorgungsfahrzeugen die Zufahrt zur Kopfbahnsteighalle ermöglicht. Das Gelände steigt, wie erwähnt, vom Turm bis hier um fast fünf Meter an; die Ebenerdigkeit entspricht also den natürlichen Gegebenheiten. Auf der linken Seite der Pfeilerhalle befindet sich eine unauffällige Einfahrt für Versorgungsfahrzeuge, die in die große Betriebshalle unter der Kopfbahnsteighalle gelangen wollen. Die Infrastruktur für die Reisenden konzentriert sich in Gleisnähe in und um die Kopfbahnsteighalle. Von der Bahnhofsmission über das Restaurant und den Friseur bis zum Schuhputzer werden hier alle erforderlichen Dienstleistungen angeboten. Das Reichsbahnhotel, heute Intercity-Hotel, liegt an der stadtnahen, damals noch ruhigen Seite. Es ist übrigens das erste im Empfangsgebäude selbst untergebrachte Bahnhofshotel Deutschlands. Diese Verbindung gibt es zuvor schon in England und Frankreich.

Die Infrastruktur im weiteren Sinn, etwa das Briefabgangspostamt oder die Expressgutannahme und -ausgabe, sind in den Seitenflügeln untergebracht, so dass der Zubringerverkehr entflochten wird. Besonders hervorzuheben sind die drei Tunnels unter den Bahnsteigen, die dem Post- und Expressguttransport dienen sowie den Reisenden beim Umsteigen zeitraubende Umwege ersparen. Auch diese Verkehrsströme sind voneinander getrennt.

Diese beispielhafte hohe Funktionalität hat sich in ihren Grundzügen bis heute erhalten, wenngleich an zahlreichen Stellen Änderungen erfolgt sind oder sich die Gewohnheiten der Reisenden geändert haben. Als Beispiel sei genannt, dass wir heute unser normales Reisegepäck nicht mehr aufgeben, sondern eigenhändig in den Zug mitnehmen und damit Zeit sparen. Zu Beginn des 20. Jahrhunderts hingegen entspricht die Gepäckaufgabe den üblichen Vorstellungen eines guten Services.

Monumental und modernes Stadttor

Die großen Rundbogen über den Eingängen zu den Schalterhallen und zur Kopfbahnsteighalle greifen das Motiv des Stadttors wieder auf, besonders augenfällig beim Betrachten aus der Lautenschlagerstraße. Die Beziehung zwischen Bahnhof und Stadttor hat der Kunsthistoriker Adolf Reinle untersucht. Er kommt zu dem Schluss: «Das Stadttor ist zu allen Zeiten und in allen Ländern das gebaute Sinnbild und Zeichen eines Ortes ... Das Bahnhofsgebäude war ... eine völlig neue Art von Tor zur Stadt, mit einem anders gearteten Grundaspekt: Die Außenseite dieses Tores blickte gegen die Stadt und war für den, der die Stadt verließ, zugleich auch die Innenseite sowie natürlich auch

Portal eines palastähnlichen Bauwerkes. Es ist daher leicht begreiflich, wenn in der Gestaltung des Haupteinganges oder mehrerer Haupteingänge von Bahnhöfen das uralte Motiv des Stadttores aufgegriffen wurde.»

Bonatz selbst sagt in seiner Autobiographie: «... damals waren alle Beteiligten sich darüber einig, daß dieser Bau, der mehr bedeutet als früher ein Stadttor, mehr als alle Tore einer Stadt zusammen, der wirklich der Nabel des Landes und im Stadtorganismus ein wichtigstes Glied ist, wohl einen höheren Rang und Ausdruck verdiene.»

Es sei daran erinnert, dass Bonatz als Kennwort für seinen Wettbewerbsentwurf «umbilicus sueviae», der Nabel Schwabens, wählt. Mit dieser Auffassung hängt zusammen, dass ein Merkmal des Hauptbahnhofs seine Monumentalität ist.

Neben den großen, klaren Kuben des Baukörpers mit den Rundbogenöffnungen trägt unter anderem die mächtige Pfeilerhalle zum Eindruck der Monumentalität bei. Sie stößt bei manchen Kritikern auf Ablehnung. So bei Franz Roh 1958: «Sein Hauptbahnhof ist klar gegliedert, wirkt hingegen zu monumental. Nachdem man diesen Bau bewundert hat, zumal er mit seinem Turm einen Haltepunkt für das Stadtbild bedeutet, muß zugegeben werden, daß ein Bahnhof keiner so metaphysisch strotzenden Eingangshallen bedarf, außen keiner so fortifikatorischen Hausteinwucht und innen keines so hohen Schiffes, das an einen romanischen Dom erinnert.»

Helene Rahms in der Frankfurter Allgemeinen Zeitung 1977: «In den schmucklosen Formen dieses Steinbaus, mit dem wahrzeichenhaft in die Achsen der Stadt gesetzten kantigen Turm, mit den hart ausgeschälten hochbogigen Pforten und Fenstern, den breiten, sanft abfallenden Trep-

pen, dem strengen Takt seiner Pfeilerhalle drückt sich mehr Pathos aus als in den verbrauchten Stilschablonen der Gründerjahre.»

Dass Bonatz diese Monumentalität will, verweist ins 19. Jahrhundert. Wie er sie aber erreicht, ist neu. Erst eine Rückbesinnung auf das Wesen antiker Baukunst in Verbindung mit einem in seinem Wert wiedererkannten Steinmetzhandwerk ermöglichen eine solche Formgebung, wie sie die Bogenöffnung der Kleinen Schalterhalle vorführt. Sie zitiert keinen römischen Triumphbogen wie etwa der historische Bahnhof Gare du Midi in Brüssel (erbaut 1863–1869), sondern lässt die Form an sich sprechen. Hier setzt sich der Stuttgarter Hauptbahnhof offensichtlich von dem oft als «Schematismus» mißverstandenen Historismus des 19. Jahrhunderts ab.

Für den Benutzer ist die Monumentalität aber gemindert: Wo immer der Reisende den Bahnhof betritt oder verlässt, geht er durch quer und längs gelagerte Baukörper; so wird dem wuchtigen Eindruck entgegengewirkt. Kommt er beispielsweise von den Schalterhallen, ist es die rechtwinklig gelagerte Kopfbahnsteighalle; verlässt er den Bahnhof durch den Mittelausgang, stößt er auf die ebenfalls rechtwinklig gelagerte Pfeilerhalle. Bonatz erreicht also, trotz der enormen Dimensionen, eine am Menschen orientierte Maßstäblichkeit. Wichtig in diesem Zusammenhang sind auch die unverputzten Steinmauern, durch die eine wohltuende Gliederung großer Flächen erfolgt.

Die kategorische Ablehnung der Monumentalität nach dem Zweiten Weltkrieg ist verständlich durch die, so Theodor Heuss (1884–1963), Verwechslung des «Monumentalen» mit dem «Monströsen» im Dritten Reich und anderswo. Der Hauptbahnhof entsteht aber zu einer Zeit, in der

Württemberg noch Königreich ist — und zwar ein liberales. Von der hohlen Monumentalität in Preußen trennen den Stuttgarter Hauptbahnhof daher auch Welten. Der entscheidende Satz des Bauprogramms lautet: «Die Architektur des Gebäudes soll seiner Bedeutung und seinem Zweck Rechnung tragen.»

Bezeichnend ist hierbei, dass zu jener Zeit die «Bedeutung» vor dem «Zweck» genannt wird. Betrachten wir das Bauwerk heute im Vergleich mit seiner unmittelbaren Nachbarschaft, so stellen wir fest, dass die Sehnsucht nach Monumentalität sich heute wieder großer Beliebtheit erfreut. Manches moderne Bauwerk aus den letzten Jahren im Umfeld des Kulturdenkmals verfällt wieder in eine sinnentleerte Monumentalität und er-

drückt sogar mit seiner oberflächlich-protzigen Maßlosigkeit den Bahnhof.

Beziehung zum Stadtorganismus

Wenn viele heute mit der Monumentalität des Hauptbahnhofs unmittelbar auch nichts mehr anfangen können, so zeigt sich bei genauem Hinsehen auch an anderer Stelle, dass sie keinesfalls eine leere preußisch-wilhelminische Gebärde ist. Die Beziehung des Baukörpers zu seiner Umgebung ist nämlich gerade dort besonders augenfällig, wo die Monumentalität im Vordergrund steht. Im Gegensatz zu Bahnhöfen des Historismus herrscht beim Stuttgarter Hauptbahnhof eine so enge Beziehung zwischen Bauwerk und Stadtgefüge, dass er nur in dieser Stadt und an dieser Stelle ste-

hen kann. Diese Stadtbezogenheit bescheinigte die Jury bereits dem Wettbewerbsentwurf. Worin besteht sie?

An erster Stelle zu nennen ist der Turm. Er bildet den optischen Abschluss der Königstraße, dem städtebaulichen Rückgrat und der Hauptader Stuttgarts. Mit dem Bau des Hauptbahnhofs erreicht sie und damit die Innenstadt ihre endgültige Ostausdehnung. Zuvor wird diese vom Königstor markiert. Bis in die siebziger Jahre ist der Turm von deren entgegengesetztem Ende aus erkennbar. Die heutige Begrünung der zur Fußgängerzone umgestalte-

ten Königstraße schränkt diesen Blick ein. Dem Ortsfremden ist der Turm aber immer noch eine Orientierungshilfe an vielen Stellen der Innenstadt und im Schlossgarten. Der Abreisende erblickt aus der unteren Königstraße das mächtige Rundbogenfenster der Großen Schalterhalle. Die Kleine Schalterhalle wird ursprünglich ja für den Vorortverkehr geplant. Nach längeren Auseinandersetzungen über die Gestaltung des Gebiets zwischen Hauptbahnhof und Königsbau fällt, wie erwähnt, die Entscheidung gegen eine Straße, die mitten auf das Empfangsgebäude zuführt. An ihre Stelle tritt die

Die von Bonatz geschaffene Lautenschlagerstraße mit dem ebenfalls von ihm entworfenen Zeppelinbau und der Kleinen Schalterhalle im Hintergrund

Friedliches Nebeneinader von Fußgängern, Autos und Straßenbahnen

Blick aus dem Restaurant im Obergeschoss des Zeppelinbaus auf den Bahnhofsvorplatz

von Bonatz geplante heutige Lautenschlagerstraße. Sie lenkt einen Großteil der Berufspendler unmittelbar auf die Kleine Schalterhalle. Im Einzugsgebiet der Lautenschlagerstraße befinden sich zahlreiche Arbeitsplätze, die Technische Hochschule, die Staatsbauschule, das Katharinenhospital und so weiter. Da im Bahnhofsinneren die Vorortverkehrsgleise 1 bis 4 in Verlängerung der Kleinen Schalterhalle liegen, entsteht hier nicht nur eine ästhetische Beziehung zwischen Stadt und Bahnhof, sondern auch eine funktionale. Die Sogwirkung der Kleinen Schalterhalle ist für den Betrachter aus der Lautenschlagerstraße heute noch

spürbar, trotz der städtebaulichen Veränderungen. Die Dimensionen der beiden Schalterhallen entsprechen nicht nur ihrer jeweiligen Aufgabe und ihrem Rang, sondern auch der unterschiedlichen Größe und Bedeutung der König- und der Lautenschlagerstraße.

Wie sehr der Hauptbahnhof Stadtbild prägend ist, zeigt ein Blick auf die beiden Vorgängerbahnhöfe. Während diese unscheinbar in einer Häuserzeile liegen und höchstens wegen ihrer Arkaden auffallen, bildet sich mit dem Hauptbahnhof von Bonatz über das Bahnhofsgemäße hinaus ein regelrechtes zweites Stadtzentrum. Die Tatsache, dass dieses Bauwerk mit dem Stadtorganismus eine Symbiose eingeht, lässt sich noch weiterverfolgen. An den «Vorhöfen» — als solche seien hier zur Verdeutlichung der Rücksprung am Nordausgang und der von beiden Schalterhallen begrenzte Teil des Bahnhofsplatzes angesehen — vollzieht sich eine Verklammerung mit dem umgebenden Raum. Der Baukörper dringt in den umgebenden Stadtraum und dieser in den Bahnhof ein. Etwas Vergleichbares geschieht an der im vorderen Teil offenen Kleinen Schalterhalle. Auch die Pfeilerhalle kann so gesehen werden. Die allerfeinste Beziehung zwischen Bauwerk und Umgebung, zwischen Menschenwerk und Natur, findet an der gesamten Fassade durch die von Menschenhand behauene Oberfläche der Rustika statt. Neben vielem anderen unterscheidet diese Lebendigkeit des Materials den Stuttgarter Hauptbahnhof einerseits vom Historismus und andererseits von der Bauhaus-Architektur.

Gemeinsam mit Schillerplatz, Marktplatz und Schlossplatz bildet der Bahnhofsplatz in der ursprünglichen Konzeption den vierten bedeutenden Platz der Innenstadt. Verkörpern jene in ihrer Anlage das Mittelalter, die Renaissance und den Barock bzw. das Empire, so steht er für das «neue» Stuttgart, den Aufbruch ins 20. Jahrhundert. Der Bahnhof bildet gemeinsam mit Hindenburgbau, Bahndirektion, Königstraße, Lautenschlagerstraße, Schillerstraße und dem Schlossgarten ein harmonisch und funktional gekonnt in den Stadtorganismus eingebundenes großstädtisches und lebendiges Ensemble. Dieses ehemals funktionierende System gibt es heute nicht mehr. Stück für Stück sind seine Bestandteile ohne ein städtebaulich überlegtes Gesamtkonzept durch hässliche Abgänge in den Untergrund und durch rücksichtslose Straßenführungen aus dem Gesamtzusammenhang herausgelöst worden. Ergebnis davon ist, dass heute jedes Glied ein Einzelleben führt und mit den anderen und dem gesamten Stadtorganismus in keiner Verbindung mehr steht.

Lebendigkeit

Aber auch aus anderen Gründen wird der Bahnhof als «lebendig» empfunden: Das Empfangsgebäude passt sich als Ganzes dem stark ansteigenden Gelände besser an als irgendein anderer Wettbewerbsentwurf. Die Pfeilerhalle gleicht diese Bewegung fast unmerklich aus, indem die Höhe der einzelnen Pfeiler insgesamt um mehr als einen halben Meter voneinander abweicht. In der Umschreibung, der Bahnhof setze sich aus Kuben zusammen, die sich in freiem Gleichgewicht befinden, wird ein weiterer Grund für das «Lebendige» genannt. Zwischen den einzelnen Bauteilen herrscht eine Kohärenz schaffende Spannung. Sie sind so zueinander gesetzt, dass sie sich gegenseitig halb anziehen und halb abstoßen, eben in einem empfindlichen Gleichgewicht befinden. Der Turm sitzt so, dass er das nötige Gegengewicht zu den langen Fassaden am Arnulf-Klett-Platz und am Schlossgarten bildet. Entnimmt man diesem sensiblen Puzzle eine Komponente, so bricht die Gesamtkomposition auseinander und gerät ins Ungleichgewicht. Der Turm zeigt auch in sich das «Lebendige». Auf einem quadratischen Grundriss von 14,7 x 14,7 Metern und mit einer Höhe von 56,92 Metern hat er einen seitlichen Anlauf von 0,6 Prozent. Das heißt, dass er sich an seiner Oberkante allseits um 44 Zentimeter verjüngt. Kaum merklich wirkt dies der optischen Verzerrung entgegen, der schon beim griechischen Tempel ähnlich begegnet wurde. Und: An der Turm-

Rustika:
Mauerwerk aus Bruch-
oder Buckelsteinen
mit rauher Oberflä-
che. Entsteht diese
durch Behauen, han-
delt es sich um Bos-
sen.

Rechts: Königlicher Wartesaal am Schlossgarten

oberkante wird die Attika an den Ecken zusätzlich noch eingezogen — darauf hat Bonatz seine Studenten immer wieder hingewiesen. Im Inneren sieht sich Bonatz der Schwierigkeit gegenüber, dem starken Tiefenzug der 167 Meter langen Kopfbahnsteighalle zu begegnen. Er löst dieses Problem durch den gleichmäßigen Rhythmus der großen Rundbogennischen an den Seitenwänden und der Balken der Holzdecke.

Verkehrsbau und Staatsgebäude

Der Stuttgarter Hauptbahnhof ist stark von der Zeit geprägt, als Württemberg noch Monarchie ist. Er wirkt wie die Stein gewordene Huldigung an ein liberales Königreich, das sich im Aufbruch in die moderne und demokratische Industriegesellschaft befindet, in der allgemeiner Wohlstand, Bildung und kulturelle Blüte erklärte Staatsziele sind. Wie zum Beweis tagt 1907 in der Residenzstadt erstmals auf deutschem Boden der internationale Sozialistenkongress mit Clara Zetkin, Rosa Luxemburg und Jean Jaurès. Der König versteht sich als erster Diener des Staats, nicht als Verhinderer.

Im Turm befinden sich die Königlichen Gemächer — damit die offiziellen Staatsgemächer — auf drei Geschossen. So ist für Staatsbesucher auch Gleis 16 am Turm reserviert. Und von Wartesaal und Sitzungssaal aus kann sich Staatsbesuch der Öffentlichkeit zeigen. Dass die architektonische Komposition mit ihren beiden langen Flügeln ebenso wie die städtebaulichen Bezüge im Turm kulminieren, wirkt wie der baukünstlerische Ausdruck dieses Sachverhalts.

Der Wettbewerb 1910 wird von den früheren Königlich Württembergischen Staatseisenbahnen ausgeschrieben. Die Reichsbahn entsteht erst 1920,

Relief der Königlich Württembergischen Staatseisenbahnen

Die Große Schalterhalle als «Empfangshalle» des Königreichs Württemberg geplant

woran die erwähnten Gedenktafeln beidseits des Eingangs zur Großen Schalterhalle erinnern. Der Wettbewerbsentwurf von Bonatz zeigt eine monumentale Krone über dem im Bauprogramm geforderten Königlichen Wartesaal. Noch heute ziert das geflügelte und bekrönte Eisenbahnrad der Königlich Württembergischen Staatseisenbahnen den Scheitel des Rundbogens der Großen Schalterhalle. In der Halle selbst herrscht ein umfangreiches heraldisches Programm. Fritz Tamms liefert als enger ehemaliger Mitarbeiter dafür in seinem Buch über Bonatz eine Begründung: «Die Halle ist bewußt über das nur Nützliche und Profane hinaus gesteigert als Empfangshalle der Hauptstadt Württembergs. Das Wappen über dem Eingang zur Kopfbahnsteighalle deutet darauf hin. Der Schildhalter trägt das Württembergische Wappen, daneben die Wappentiere, Hirsch und Löwe.»

Folgende Indizien unterstreichen die Doppelfunktion als Verkehrsbau und Staatsgebäude:
Aus der Monarchie:

- Der Innenbalkon in der Kopfbahnsteighalle
- Die Kragsteine zur Aufnahme von Schmuckgirlanden
- Die Inschrift «Unter König Wilhelm II. während des Krieges erbaut in den Jahren 1914—1917»
- Die hölzerne Decke in den Reichsfarben von 1871 schwarz-weiß-rot

- Die heraldisch bemalten Balken der Decke in der Großen Schalterhalle
- Der königliche Wartesaal mit Eingangshalle und Sitzungssaal.

Aus der Weimarer Republik:

- Der schwarze Reichsadler mit der Überschrift: «Vollendet im Jahr 1922».

Erstes Bauwerk der Moderne?

Wird der Hauptbahnhof auch in wilhelminischer Zeit geplant, so kann er doch mit gewissen Einschränkungen als das erste Bauwerk der Moderne in Stuttgart bezeichnet werden. Er verleiht dem neuen Selbstbewusstsein der aufstrebenden Industriemetropole — Unternehmen wie Daimler-Benz oder Bosch stecken in ihren Anfängen — seinen Ausdruck und bildet als Stadtraum beherrschender Verkehrsbau ästhetisch gesehen ein Widerlager zur alten Residenzstadt mit ihren Schlössern und Kirchen. In ihm werden erstmals in Stuttgart die Konsequenzen aus den veränderten großstädtischen Lebensgewohnheiten gezogen.

Eine neue Art, Architektur zu denken

Der Stuttgarter Hauptbahnhof, 1911 geplant, ist in Deutschland ein frühes Beispiel für diese neue Auffassung von Architektur. Die alte Unterteilung in Haupt- und Seitenfassade ist hier, wie bereits erwähnt, aufgehoben zugunsten einer skulpturalen Allansichtigkeit. Keiner der Standpunkte hat mehr «absolute Priorität».

Geht man um das Gebäude herum, dann scheinen die Kuben, aus denen sich der Bau zusammensetzt, in ständiger Bewegung zueinander zu sein. Nichts ist statisch, Überraschungen sind möglich. So scheint die Nordfassade bei einer Betrachtung aus spitzem Winkel aus zwei vollkommen voneinander unabhängigen Baublöcken zu bestehen, zwischen denen eine Straße durchführt. Erst wenn der Betrachtungswinkel etwas größer wird, tritt allmählich das Satteldach der Kopfbahnsteighalle in Erscheinung.

Zahlreiche Vorbilder für den Stuttgarter Hauptbahnhof, die von Kritikern angeführt werden, scheiden als wörtliche Zitate aus. Dagegen liegt es nahe, dass eine Ägyptenreise, die Bonatz 1913 unternimmt, anregend und reinigend wirkt. Er selbst sagt darüber in seinen Lebenserinnerungen «Leben und Bauen»:

«Hier wurde mir klar — und das kann man nirgends besser lernen als in Ägypten —, wie sehr es nötig ist, jedes Problem zunächst einmal auf seine einfachsten Elemente, auf seine Wurzel zurückzuführen. Nur damit konnte man der Krankheit der Zeit Herr werden, daß man an alle Aufgaben mit vorgefaßten Formvorstellungen heranging, daß die gewollten Formen, also der ‹Formalismus›, vor den Erkundungen über die Notwendigkeiten lag. Erst wenn es gelingt, durch viele Nebelschalen zum Kern vorzudringen, der immer sehr einfach und klar ist — und wenn man sich dann beherrscht —, dann erst kann man das Bleibende sagen, das nicht mehr vom Formalen abhängig ist — man möchte beinahe sagen: es ablehnt. Es ist so, als fiele dem auf diese Weise Suchenden die Frucht der Schönheit von selbst in den Schoß: ‹vom Wahren durchs Gute zum Schönen›.»

Die Jahre vor dem Ersten Weltkrieg sind in Deutschland von einer tiefgreifenden Umbruchsituation geprägt. Das Interesse gilt mehr und mehr dem Inneren und dem Wesen der Dinge. Die vorurteilsfreie Zerlegung und Reduzierung der Objekte auf ihre Grundelemente führt zu einer Abkehr vom

Totentempel der Pharaonin Hatschepsut um 1490 v. Chr.

Pfeilerhalle des Hauptbahnhofs

Grabanlage des Pharaos Djoser in Sakkara um 2800 v. Chr.

Vorbau III an der Cannstatter Straße

Anschaulichen und hin zur Abstraktion. Am Anfang dieser Entwicklung steht vielleicht die Naturwissenschaft, insbesondere die Physik. Max Planck entwickelt im Jahr 1900 die Quantentheorie, Albert Einstein 1905 die Relativitätstheorie. Die expressionistische Literatur spiegelt, beginnend um 1910, nicht nur das hektisch-rasende Großstadtleben wider, sondern bemüht sich auch, in die Psyche einzudringen und den überindividuellen Triebkräften und Seelenmächten Ausdruck zu verleihen; ebenso das expressionistische Theater. Die 1908 von Schönberg und Webern entwickelte Atonalität befreit die Musik aus ihren hergebrachten Klangbindungen. Die expressionistische Malerei versucht, das «Universum des Inneren» (Ernst Ludwig Kirchner) darzustellen. Der 1907 von Picasso und Braque «erfundene» Kubismus erfasst die Gegenstände «von verschiedenen Standpunkten aus, von denen keiner absolute Autorität über die anderen hatte. Indem er [der kubistische Künstler] Objekte zerlegte, transparent sah, erfasst er sie gleichzeitig von allen Seiten, von oben und unten, von innen und außen. Er ging um die Objekte herum und drang in sie ein» (Siegfried Giedion). So wird die Zeit als neue Dimension in die bildende Kunst eingeführt. 1910 malt Wassily Kandinsky sein erstes abstraktes Aquarell.

Auch in der Baukunst ändern sich die Vorstellungen allmählich. Die Architekten wenden sich von Äußerlichkeiten, vom überkommenen Fassadendenken ab und wenden sich dem Wesen des Bauwerks zu, seiner Funktion. Die Folge ist zunächst ein neu erwachendes Interesse am Raum, an der Dreidimensionalität, und eine Reduzierung des Baukörpers auf geometrische Grundformen, also eine Abstraktion. Vorläufer dieser Entwicklung sind bezeichnenderweise reine Ingenieur-

bauten, etwa der Eiffelturm. Wie in der Malerei des Kubismus wird die vierte Dimension, die Zeit, als Mittel in der Baukunst erkannt. Das statische wird vom dynamischen Raumempfinden abgelöst.

Bonatz' Schilderung der Entstehung des Hauptbahnhofs in seinen Lebenserinnerungen klingt sehr einfach. Die zahlreichen Pläne, Zeichnungen und Abänderungen im zweiten Bauteil verraten, wie viel Ringen in Wirklichkeit dahintersteckt. Es sei an dieser Stelle nochmals betont, dass auch aufgrund der hier genannten Entwicklungen der Stuttgarter Hauptbahnhof «allansichtig» ist und keine Hauptfassade im herkömmlichen Sinn hat. Sie ist eher ein «Primus inter pares». Im Gegensatz zu Bahnhöfen des Historismus wird der Gesamteindruck nicht allein von der Fassade am Bahnhofsplatz, dem Arnulf-Klett-Platz, geprägt. Die beiden anderen Fassaden spielen eine überaus wichtige Rolle. Bezeichnend ist beispielsweise die Lage des Bahnhofturms an der Schloßgartenfassade, die durch ihn zusätzliches Gewicht erhält. Durch die rechts anschließenden drei Vorbauten erhält die Fassadenabwicklung eine an den Schlossbau erinnernde Gliederung, wie sie beispielsweise in Versailles vorliegt. Dass diese Risalite funktionale Knotenpunkte beherbergen, ist ihre innere Begründung.

Sinngemäß dasselbe gilt für die Bedeutung des Nordwestflügels gegenüber der Bahndirektion. Der symmetrisch flankierte Nordausgang mit seinem großen Rundbogen an der Kopfbahnsteighalle, die gleichmäßig ruhige Fassade des ehemaligen Reichsbahnhotels, der durch zahlreiche große Fenster mit durchgehenden Fensterbänken sehr modern wirkende Posttrakt und schließlich der konkav ausschwingende Teil machen auch aus diesem Gebäudeteil eine vollwertige Fassade.

Risalit:
Vorbau eines Gebäudes in ganzer Gebäudehöhe

Zusammenfassend ist festzustellen, dass der Stuttgarter Hauptbahnhof durch seine Allansichtigkeit charakterisiert wird, was ihn aus den meisten zeitgenössischen Großbauten heraushebt und in Verbindung mit seiner Gesamtkomposition zu einem Vorreiter der Moderne macht.

Die Architektur des Stuttgarter Hauptbahnhofs erschließt sich zu einem Großteil durch die Beobachtungen von Peter Behrens in dem Aufsatz «Einfluß von Zeit- und Raumausnutzung auf moderne Formentwicklung» im Jahrbuch des deutschen Werkbundes, 1914:

«Wir empfinden einen anderen Rhythmus in unserer Zeit als in einer der vergangenen Zeiten. So ist es auch eine rhythmische Auffassung, wenn wir sagen, daß unsere Zeit schneller dahin eilt als die unserer Väter.

Eine Eile hat sich unserer bemächtigt, die keine Muße gewährt, sich in Einzelheiten zu vertiefen. Wenn wir im überschnellen Gefährt durch die Straßen unserer Großstädte jagen, können wir nicht mehr die Einzelheiten der Gebäude gewahren. Ebensowenig können vom Schnellzug aus Städtebilder, die wir im schnellen Vorbeifahren streifen, anders wirken als nur durch ihre Silhouette. Die einzelnen Gebäude sprechen nicht mehr für sich. Einer solchen Betrachtungsweise unserer Aussenwelt, die uns in jeder Lage bereits zur steten Gewohnheit geworden ist, kommt nur eine Architektur entgegen, die möglichst geschlossene, ruhige Flächen zeigt, die durch ihre Bündigkeit keine Hindernisse bietet. Wenn etwas Besonderes hervorgerufen werden soll, so ist dieser Teil an das Ziel unserer Bewegungsrichtung zu setzen. Ein übersichtliches Kontrastieren von hervorragenden Merkmalen zu breit ausgedehnten Flächen, oder ein gleichmäßiges Reihen von notwendigen Einzel-heiten, wodurch diese wieder zu gemeinsamer Einheitlichkeit gelangen, ist notwendig.

Die Neuanlage einer Stadt oder eines Stadtteiles hat, im Gegensatz zum mittelalterlichen Prinzip der unregelmäßig geführten gewundenen Straßen und der idyllisch winkligen Platzausbildungen, nach vorgefaßtem, großzügigem Plane mit breiten, weithin durchgeführten geraden Straßen zu geschehen. Nicht das mittelalterliche malerische Idyll wird uns als erstrebenswertes Schönheitsbeispiel dienen, sondern eher die axialen Anlagen des Barockzeitalters werden der Baukunst unserer Tage verwandt erscheinen. So werden auch nicht Brücken, die einen ungehinderten Verkehr über einen breiten Strom vermitteln sollen, an beiden Seiten durch Vertikalbauten abzuschließen sein, vielmehr haben wir das Bedürfnis, die Brückenenden als Ausfahrt- und Anfahrtstraßen platzartig zu erweitern.

Und wenn eine nach diesen Grundsätzen behandelte Architektur städtebaulich die stärkste Wirkung verspricht, so kommt sie auch den neuzeitlichen Gebäuden selbst und vor allem ihrer inneren Anordnung am besten entgegen. Handelt es sich doch bei den umfangreichen Geschäftshäusern der Großstädte auch im Innern um Verkehr, auch hier um Zeit- und Raumausnutzung. Wird der Zweck eines solchen Hauses, der durch die Hauptbedingungen (größte Helligkeit der inneren Räume, die fortdauernde Änderungsmöglichkeit ihrer Größe und ihres Formats, ungehinderte Kommunikation und volle Ausnutzung der bebauten Flächen durch Arbeitsplätze) bestimmt wird, als künstlerisches Motiv genommen, so wird auch hier das rhythmische Prinzip zu dem edelsten Formausdruck führen, der durch die abgewogene Proportion geschaffen wird. Gleichzeitig aber wird durch Erkennen dieser rhythmischen Grundbedin-

te Zeugnis ist eine Radierung des bekannten Stuttgarter Malers Reinhold Nägele vom Oktober 1926. Auf ihr ist vor der Kleinen Schalterhalle ein Bauzaun zu erkennen. Zumindest im Rohbau scheint sie fertig zu sein.

Darf in diesen parabolischen Bogen eine Reaktion auf die Schöpfungen der Avantgarde gesehen werden? Sind sie Reaktion auf Rationalismus? Passt hier das Zitat des Architekten Hans Poelzig (1869–1936): «Es ist immer noch besser, man vergewaltigt den Zweck und schafft ein wirkliches Kunstwerk, als daß man den Zweck, d.h. den kalten Verstand triumphieren läßt?»

Bonatz wird den, wie er sagt, «Himmelsschrei des Expressionismus» also nicht nur im Stumm-Hochhaus los, sondern auch im zweiten Bauteil seines Stuttgarter Hauptbahnhofs mit den parabolischen Bogen der Kleinen Schalterhalle.

Eine andere Frage ist: Wäre die Errichtung des Stuttgarter Hauptbahnhofs in der gebauten Art überall im Deutschen Reich von 1870/71 denkbar oder sind die Voraussetzungen im Königreich Württemberg besondere?

Diese Frage stellt sich aus zwei Gründen: Der Denkmalpfleger Ulrich Krings hat die Verhältnisse in Preußen untersucht (der Staat Preußen umfasst damals 65 % der Fläche im Reich, selbständig sind vor allem Baden, Bayern, Hessen, Sachsen und Württemberg) und kommt zu dem Ergebnis, dass die Planung von Bahnhöfen im Bereich der preußischen Eisenbahnverwaltung zentralistisch erfolgt und im Wesentlichen «mit einer weitgehenden Kontinuität hinsichtlich des beteiligten Personenkreises» zu rechnen ist. Daraus ergibt sich laut Krings «eine gewisse Verwandtschaft der grundsätzlichen Dispositionen ... eine Verwandtschaft

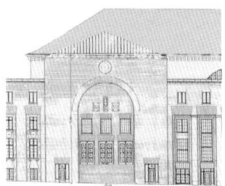

Erst im Lauf der langen Planungs- und Bauzeit wird aus dem Rundbogen im Plan ein Parabelbogen und aus dem Walmdach der Kopfbahnsteighalle ein Satteldach.

gungen typische Architektur entstehen. Den Typus zu finden, ist doch in aller Kunst, und nicht zuletzt in der Architektur, ein hohes Ziel. Nicht nur das einzelne Haus wird eine typische Gestalt annehmen, sondern die Stadtteile und Städte selbst.»

Verschiedene Beobachtungen

Der erst im Verlauf der Ausführung erscheinende parabolische Bogen an der kleinen Schalterhalle verdient eine gesonderte Erwähnung. Ein noch 1924 veröffentlichter Plan, er ist möglicherweise älter, zeigt einen Rundbogen. Das nächste bekann-

90

auch hinsichtlich der Gestaltung der Fassaden oder anderer Details der wichtigsten Bauteile, und zwar unabhängig von der jeweils gewählten Stilfassung». Es wird also eine weitgehende historistische Einheitlichkeit über ganz Preußen ausgebreitet.

Bonatz beschreibt die Verhältnisse in der Königlich Württembergischen Generaldirektion hingegen in «Leben und Bauen» völlig anders. Im liberalen Königreich Württemberg scheint für individuelle Vorstöße der Boden günstiger zu sein. Ein Ausspruch wie der vom Chef des Hochbaus der Eisenbahnen, Neuffer, «s'wird immer wüschter, aber's paßt zum andre, — meinetwege, machet Sie's» oder auch die Schilderung Bonatz', man habe es dem Präsidenten Stieler immer angemerkt, wenn dessen Kollegen aus dem Reich ihn mit misstrauischen Fragen wegen des neuen Bahnhofs verunsichert hätten, gewährt einen kleinen Einblick in die Intimität dieser Verwaltung und in die Sonderstellung.

Der Hauptbahnhof Leipzig wird von der Sächsischen und der Preußischen Eisenbahnverwaltung gemeinsam erbaut. Es wäre in diesem Zusammenhang interessant, welche Linien die beiden Verwaltungen verfolgt haben und ob vielleicht der Leipziger Bahnhof als ein Kompromiss zwischen einer fortschrittlicheren und einer klar historischen Einstellung entstanden ist. Berger macht in seiner Untersuchung «Historische Bahnhofsbauten Sachsens, Preußens, Mecklenburgs und Thüringens» diesbezüglich leider keine Angaben.

Tatsache ist, dass zu Beginn des 20. Jahrhunderts in Hessen (Darmstadt), Baden (Badischer Bahnhof Basel und Karlsruhe) und Württemberg (Stuttgart) Bahnhöfe in einem neuen Geist entstehen. Dass dies auf die kleineren und beweglicheren Verwaltungen zurückzuführen ist, kann hier nur vermutet werden.

Der Einfluss des Stuttgarter Hauptbahnhofs auf die Bahnhöfe in Düsseldorf, Oberhausen, Beuthen, Friedrichshafen und teilweise Rom liegt nahe. Aber die ungewöhnlich intensive Auseinandersetzung mit dem Bau in der Fachpresse lässt ahnen, dass die Einflüsse, die von diesem Bauwerk ausgehen, wohl noch wesentlich weitreichender sein dürften. Bonatz selbst lässt sich von ihm 1915 zu einem Ehrenmal anregen, 1916 entstehen der Entwurf für einen kreuzförmigen Versammlungs- und Ausstellungsraum, der sich vom Turmgrundriss herleitet, und der Wettbewerbsentwurf für das deutsch-türkische «Haus der Freundschaft», der das Motiv der Rücklagen anklingen lässt. Ein weiterer Wettbewerbsentwurf von Bonatz, derjenige für das Berliner Funkhaus von 1928, erinnert an die Fassade am Arnulf-Klett-Platz.

Stichwortartig umrissen kennzeichnen den Stuttgarter Hauptbahnhof neben der Stellung zwischen dem 19. und 20. Jahrhundert seine Stadtbezogenheit, das freie Gleichgewicht der kubischen Massen, «Vierdimensionalität» — also Raum und Zeit — sowie seine Dauerhaftigkeit.

VII Zerstörungen im Zweiten Weltkrieg und Wiederaufbau

Nach dem Luftangriff am 22. November 1942

Die Bauzeit des Hauptbahnhofs beträgt 17 Jahre. Elf Jahre nach der endgültigen Fertigstellung bricht der Zweite Weltkrieg aus. Am 16. Mai 1942 wird der Hauptbahnhof als «wertvoll» und damit schützenswert eingestuft.

Nach einem Luftangriff brennen am 22. November 1942 die hölzernen Bahnsteighallen ab. Am 2. März 1944 fügen Bomben der Fassade am Bahnhofsplatz und am Schlossgarten Schäden zu. Weiteren Luftangriffen fallen die Dächer der Kopfbahn-

steighalle (am 25. Juli 1944) und der beiden Schalterhallen (am 12. September 1944) zum Opfer. Dabei wird das Mauerwerk in der Kopfbahnsteighalle stark in Mitleidenschaft gezogen. Aber auch in beiden Schalterhallen leidet das Mauerwerk neben der mechanischen Beschädigung durch die Hitzeeinwirkung. Wie die gesamte Stadt, bietet auch der Bahnhof am Kriegsende ein trostloses Bild der Zerstörung. Paul Bonatz, der zu dieser Zeit noch immer in Istanbul lebt, ist es ein großes Anliegen,

«ein wenig bei der Wiederherstellung des Stuttgarter Bahnhofs zu helfen». In einem Brief an die Reichsbahndirektion Stuttgart vom 19. Juni 1949 schreibt er: «Um gewissen Einwendungen von vornherein zu begegnen, bin ich gerne bereit, diese Beratung ohne Honorar zu übernehmen. Für mich handelt es sich um eine bestmögliche Wiederherstellung der wichtigsten Bauaufgabe meines Lebens.»

Bei seiner Beratung beharrt Bonatz nicht grundsätzlich auf dem ursprünglichen Zustand, versucht aber mit Engagement und Pragmatismus aus den Gegebenheiten der Nachkriegsjahre das Beste zu machen.

Dem Brief Bonatz' sind handschriftliche Gedanken mit Skizzen beigelegt, die unter dem Titel stehen: «Die Überdachung der Schalterhalle und der Kopfbahnsteighalle des Stuttgarter Bahnhofs».

Hier führt Bonatz für die Überdachung als Material unter anderem zwar Holz an, sieht aber die Nachteile des zu großen Holzverbrauchs und der Brandgefahr. Stahlbeton verbrauche viel Scha-

lungsholz und für vorgefertigte Binder sei die Spannweite von zwanzig Metern so groß, dass diese «sehr schwer» würden.

An einer anderen Stelle sagt er etwas Erstaunliches: «Ästhetisch gefiele mir eine derartige Lösung, wie sie die Perspektive zeigt, besser als die frühere Holzdecke. WESENTLICH IST DER KONTRAST DER DECKENKONSTRUKTION GEGEN DIE EINFACHHEIT DER GROSSEN WANDFLÄCHEN, also

Links: Skizze von der zerstörten Großen Schalterhalle, Paul Bonatz

Rechts: Die Kopfbahnsteighalle ohne Dach, Teile des Obergadens sind zerstört, im Vordergrund der provisorische Stand einer Bäckerei

Der Hauptbahnhof ohne die im Krieg großteils zerstörten Dächer

Die Farbgebung sähe hier so aus: die Eisenteile dunkel, die Betonkassetten hell. Er fügt hinzu: «Also auch hier völlig ohne Holz (Brandgefahr).»

Die mehrmalige Erwähnung des Holzverzichts («verbraucht ungeheuer viel Schalungsholz», «wenn es genug Holz gäbe») erklärt ein Brief der Reichsbahndirektion an Bonatz vom 7. Juli 1949, in welchem es heißt: «Als Baustoff kommt nur Stahl oder Spannbeton in Frage. Die Verwendung von Holz scheidet aus, da dieser Baustoff in Deutschland den größten Engpaß darstellt.»

Es mutet wie eine Ironie des Schicksals an, wenn nach dem Ersten Weltkrieg die in Stahl geplanten Gleishallen in Holz ausgeführt werden müssen und nach dem Zweiten Weltkrieg die in Holz geplanten und ausgeführten Dächer aus vorgefertigten Stahlbetonbindern.

Zur Dachdeckung bemerkt Bonatz: «Kupfer ideal, aber nicht zu bekommen? Zink sehr hell blendend von den Höhen gesehen? für Ziegel die Neigung zu gering, Gewicht zu groß? also doch nur eine Art Ruberoid, das dauernde Reparaturen benötigt?»

Die Aufsicht von den Höhen aus ist jedenfalls bis heute noch genauso unerfreulich wie nach der Fertigstellung.

Zur Schalterhalle heißt es: «Übrigens könnte ich mir für die Schalterhalle allein eine schöne Holzbinderform, völlig sichtbar, mit engliegenden Sparren denken. Darüber muß ich aber erst Ihre Meinung und Vorschläge hören.»

Aus diesem Satz und dem oben Zitierten spricht zwar keine Ablehnung einer Holzkonstruktion, aber auch keine Begeisterung dafür. Auf Seite 2 seiner Notizen sagt Bonatz deutlich, dass ein offener Dachstuhl mit seiner Konstruktion in Kontrast treten soll zu der Einfachheit der großen

GLIEDERUNG. Deutlichstes Herausheben des Binderrhythmus in seiner vollen Höhe.

Das hat gleichzeitig den Vorteil, daß eine zweite, angehängte Decke nicht nötig ist.»

Der Architekt will also nicht unbedingt am Vorkriegszustand festhalten. Im ersten Satz setzt er sich sogar von diesem ab.

Zur Farbgebung sagt er: «Man kann eine derartige Decke farbig denken: Binder und Pfetten in natürlichem Betonton, die Kasettenfelder (sic) durch Beimischung von Ziegelrot oder braun tieftonig.»

Weiter heißt es, das Sichtbarmachen eiserner Zugstangen lasse nach Überwinden des ersten Schreckens erkennen, «daß dieser zarte Schleier den Vorteil hat: den Giebelpunkt jedes Binders bis ans Ende frei sichtbar zu lassen, also viel schöner als eine hohe Lamellenteilung.»

In einer Stahlkonstruktion sieht Bonatz den Vorteil, dass «alles leichter, eleganter» würde.

94

Wandflächen. Auf der gleichen Seite unten wird betont, jeder Giebelpunkt solle bis ans Ende sichtbar sein. In dieser Richtung ist auch die Bemerkung auf Seite 5 unten zu verstehen, «nicht Walm».

Aus all dem geht hervor, dass Paul Bonatz beim Wiederaufbau eine pragmatische Haltung einnimmt – er beharrt nicht auf der genauen Wiederherstellung des Vorkriegszustands –, ohne ästhetische Überlegungen zu vernachlässigen. So besteht er eben auf dem Satteldach anstelle eines möglichen Walmdachs, um die Raumwirkung nicht zu beeinträchtigen.

Veränderungen sind an unzähligen Stellen erfolgt; sie prägen heute den Eindruck maßgeblich. Die Kopfbahnsteighalle erhält, wie erwähnt, statt der flachen Holzdecke einen offenen Dachstuhl aus vorgefertigten Stahlbetonteilen, und die Backsteinmauern werden verputzt. Die Wiederherstellung als Sichtmauerwerk aus Backstein war nicht möglich, da sich das Format geändert hatte und an eine Sonderanfertigung nach dem Krieg nicht zu denken war. Im Turm werden die kreisrunden Öffnungen in der Mitte des Bodens im fünften und sechsten Stock geschlossen und im 3., 6. und 8. Stock Zwischendecken eingezogen, so dass der ursprüngliche Charakter völlig verloren geht.

Vermutlich aus derselben Zeit stammt eine unauffällige Veränderung an den beiden Gelenkbauten neben der großen Schalterhalle: die ursprünglichen Balkone sind durch das nachträgliche Aufmauern von Fensterbrüstungen zu Scheinbalkonen geworden.

Am 2. Juni 1954 wird das schwer beschädigte Reichsbahnhotel wieder in Betrieb genommen.

Am 29. Juli 1954 wird in Anwesenheit von Bonatz das Richtfest des Wiederaufbaus gefeiert;

erst 1960, vier Jahre nach dem Tod des Erbauers, findet er seinen Abschluss. Am 6. September desselben Jahrs folgt die Eröffnung eines «Turmhotels» mit einundfünfzig Betten.

Vereinzelt zeigt der Bahnhof auch heute noch unscheinbare Spuren der Zerstörung, so am linken Portal des Nordausgangs.

VIII   Veränderungen nach dem Wiederaufbau

Unpassend: modische Leichtmetalltür

Gedankenlos: Kunststofffenster

Im Jahr 1975 findet zum ersten Mal nach dem Wiederaufbau eine Restaurierung der Bahnhofsfassade statt. Dazu wird der ganze Bau eingerüstet. Nach der Reinigung der Steinoberfläche erfolgt eine Silicon-Imprägnierung, um die dadurch erst anfällig gewordene Außenhaut zu schützen. Im Zuge dieser Arbeiten erhält die Kopfbahnsteighalle ihre jetzige Farbgebung. Die Sprossenfenster im Reichsbahnhotelflügel werden im August 1976 durch moderne, pflegeleichte und sprossenlose Fenster ausgewechselt — ein Sturm der Entrüstung wird dadurch entfesselt, der sich in zahlreichen Leserbriefen und Zeitungsartikeln niederschlägt. In der Fachzeitschrift «Denkmalpflege in Baden-Württemberg» erscheint ein Aufsatz mit dem Titel, »Die neuen Fenster am Stuttgarter Hauptbahnhof — Fehlentscheidung oder Präzedenzfall». Darin heißt es unter anderem: «Den Zweiten Weltkrieg hatte der Hauptbahnhof nicht ohne Schäden überstanden, doch konnten diese weitgehend ausgebessert werden, so daß der Bau bis vor kurzem wie zur Entstehungszeit im Stadtbild stand. Im August 1976 wurden nun in rascher Folge die alten Sprossenfenster am Reichsbahnhotel-Flügel gegen moderne Großflächen-

Fenster ausgetauscht. Der Wunsch nach verbessertem Wärme- und Schallschutz sowie die besseren Lüftungsmöglichkeiten waren der Anlaß, an neue Fenster zu denken. Billigere Herstellungs- und Reinigungskosten ... waren für die Stadt Stuttgart — untere Denkmalschutzbehörde — und für das Regierungspräsidium — höhere Denkmalschutzbehörde — ausschlaggebend, dem Verlangen der Bundesbahn ... nachzugeben — und das, obwohl das Landesdenkmalamt wie auch der Architekturhistoriker Prof. Dr. Hernandez dringend von einer sprossenlosen Verglasung abgeraten hatten. ... Ausgerechnet an einem Gebäude, das dem Staat gehört, dürfen nun mit Genehmigung des Regierungspräsidiums die Fenster entsproßt werden.

Neben den rein wirtschaftlichen Argumenten wurde von seiten der Bundesbahn noch ein ästhetisches vorgebracht: Die Großflächenfenster würden den monumentalen Kuben des Bahnhofs besser entsprechen und seien daher eine Verbesserung der Architektur. Diese Auffassung ist absolut unakzeptabel. Es kann nicht darum gehen, daß aus dem jeweiligen Zeitgeschmack heraus nach subjektiven Gesichtspunkten versucht wird, unsere Kulturdenkmale zu ‹verbessern›. Der Stuttgarter Hauptbahnhof ... konnte ... gar nicht verbessert, sondern nur verändert und verfälscht werden.

Der Argumentation der Bundesbahn liegt der weitverbreitete Irrtum zugrunde, man habe zur Bauzeit keine Großflächenscheiben herstellen können und selbstverständlich hätte damals jeder Architekt Großflächenscheiben verwendet, wenn er sie bekommen hätte. Diese Auffassung ist falsch ... Die Fenster am Reichsbahnhotel-Flügel waren Doppelfenster, bei denen die vorderen Flügel je drei Sprossen hatten, während die hinteren nur eine Sprosse und entsprechend größere Glasflächen zeigten ... Die von außen sichtbaren Sprossen an den vorderen Flügeln waren also vom Architekten bewußt um der Gestaltung willen angebracht worden, sie sind ein wichtiges Element in der Fassade.»

Zu diesem Zeitpunkt ist laut dem Verfasser des Artikels, Rainer Hussendörfer, zu befürchten, dass nach und nach alle Fenster des Bahnhofs entsprosst werden. Bis heute sind keine weiteren Schritte in dieser Richtung erfolgt. Dafür erhalten die Eingänge bei der Restaurierung neue Türen. Ein Vergleich mit historischen Aufnahmen verdeutlicht die Auswirkung dieser unüberlegten Maßnahme.

Der Bahnhofsplatz verschwindet
Zeigen historische Fotos noch die Schönheit der Lage an einen gepflasterten Platz, auf dem sich umgeben von wenigen Autos und Pferdefuhrwerken die Fußgänger dem Bauwerk Schritt für Schritt nähern können, so ist dies schon bald nach Kriegsende wegen des rasch anwachsenden Autover-

Grob: Am Nordausgang raubt der stillose Abgang in die Klettpassage dem Hauptbahnhof sein Vorfeld

Warum?
Zugemauertes Fenster

Gesichtslos: Sprossenloses Fenster

Schäbig: Neues Vordach

kehrs kaum noch möglich. Vollends «umgekippt» ist die heutige Situation. Nach vierjähriger Bauzeit wird 1976 die Klettpassage unter dem Bahnhofsplatz eingeweiht, benannt nach dem ehemaligen Stuttgarter Oberbürgermeister Arnulf Klett (1905—1974). Es handelt sich um eine unter dem Arnulf-Klett-Platz gelegene, dreigeschossige und multifunktionale Erweiterung des Hauptbahnhofs. Verschiedene Treppen bzw. Rolltreppen stellen die Verbindung zwischen den beiden Bauwerken her. Zu diesem Zweck wird in den Boden der Großen Schalterhalle eine rießige Öffnung gebrochen. Im ersten Untergeschoss befinden sich zahlreiche Geschäfte und Dienstleistungen. Die Geschäfte haben damals bereits als bundesweit einmaliges Pilotprojekt bis 22.00 Uhr geöffnet und bilden dadurch eine urbane Bereicherung. Eine Vielzahl von Ein- bzw. Ausgängen bindet die «Klettpassage» auch an wichtige Straßen, den Arnulf-Klett-Platz und den Schlossgarten an.

Über Rolltreppen gelangt man weiter ins zweite Untergeschoss, wo die «U-Bahn», die im Innen-

Ramschig: Die möblierte Pfeilerhalle

Trotz guter Absicht nicht gelungen: Aufzug in der Kleinen Schalterhalle

Nicht denkmalgerecht: Öffnung des ursprünglich Königlichen Wartesaals zu einem Durchgangsbereich

stadtbereich unterirdisch geführte Straßenbahn, den lokalen Verkehr aufnimmt. Andere Rolltreppen führen, ebenfalls vom ersten Untergeschoss, ins dritte Untergeschoss. Durch diese Maßnahmen und durch die neue Straßenführung am Bahnhofsturm verliert das Bauwerk ganz wesentlich von seiner ursprünglichen Einbindung in den Stadtorganismus, es wird gleichsam ästhetisch abgeschnitten und fristet seitdem ein isoliertes Dasein.

Im Untergrund fährt rechtwinklig zur «U-Bahn» und parallel zu den Zügen die «S-Bahn» , die den regionalen Verkehr im Großraum Stuttgart erschließt. Die «S-Bahn» wird 1978 eingeweiht und macht den Hauptbahnhof teilweise zum Durchgangsbahnhof.

Die S-Bahn bedingt u.a. folgende Umbauten am Empfangsgebäude: Einen behindertengerechten Aufzug, der eine unmittelbare Verbindung zwischen «S-Bahn» und Kopfbahnsteighalle herstellt, und eine Treppe vor den dafür gekürzten Gleisen 2 und 3.

Aus den Jahren 1984–1985 stammt eine andere Veränderung. An der Stelle, wo früher eine Türe zum Turmwartesaal führte, gähnt heute eine breite Öffnung. Eine Treppe führt von hier zum Turmausgang im Erdgeschoss. Mit diesem Umbau hat die Kopfbahnsteighalle jetzt an beiden Stirnseiten Eingänge; insgesamt sind es nun fünf. Der Neugeschaffene stellt eine wesentlich bessere Verbindung zu dem südöstlich des Bahnhofs gelegenen «Zentralen Omnibus-Bahnhof» (ZOB) her. Im Zuge der Erschließung des Turms als Ausstellungsforum für das Projekt «Stuttgart 21» wird der Abgang abermals umgestaltet, um einerseits den Abgang zum ZOB und andererseits den Zugang zu den oberen Stockwerken des Turms mit den Ausstellungsräumen zu ermöglichen.

Fußgängerfeindlich: Vom Platz zur Straßenkreuzung

Zerstückelt: Abgang in die Klettpassage und ungehemmte Werbung zerstören die Raumwirkung.

Der Nahverkehr spielt sich nun fast ausschließlich unterirdisch ab; der Hauptbahnhof ist nicht mehr wie früher das bedeutendste Umsteigezen-

Ausrangiert: Kleine Schalterhalle mit modischen Türen und neuer Treppe zum InterCity-Hotel

Autogerecht: Der Schlossgartenflügel liegt nicht mehr am Park sondern an einer Verkehrsachse.

Schlecht bedacht: Ein nachträgliches Vordach raubt der Fassade des Posttrakts seine Einheitlichkeit und ragt hässlich in die Erdgeschossfenster.

In die Quere gekommen: Das Vordach schneidet gefühllos in die Fensteröffnungen ein.

Würdelos: Das ursprünglich als Zugang für den Kgl. Hof und Staatsbesuch geplante Portal ist zum unansehnlichen Hinterhof verkommen.

Verrostet: Die Wanne der Eisenbahnbrücke von Gleis 16 ist verrostet.

trum. Die Kleine Schalterhalle wird durch die genannte Entwicklung überflüssig; sie liegt seither im Abseits, ist zum funktionslosen Korridor geworden.

Im Lauf der Jahre nimmt die ästhetische Geschlossenheit des Hauptbahnhofs durch Krieg, Wiederaufbau, Renovierung, Klettpassage und S-Bahn bis zur Unkenntlichkeit ab. Der ursprüngliche Fahnenmast auf dem Turm weicht nach dem Krieg 1952 einem großen drehbaren «Mercedes-Stern». Würden wir hier nicht, wenn schon Werbung, eher das Logo der Deutschen Bahn erwar-

ten? Die Pfeilerhalle hat durch eine ungezügelte Möblierung ihre klassische Ausstrahlung verloren. Und innen beherrschen die Kioske und Werbeflächen in der Kopfbahnsteighalle und der Großen Schalterhalle das Gesamtbild und lassen den ursprünglichen Raumeindruck selbst für den Eingeweihten kaum mehr erahnen.

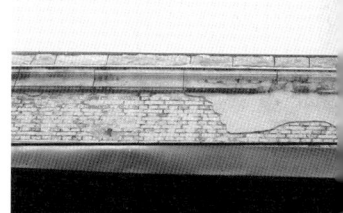

Ruinös: Unterlassen der normalen Unterhaltsmaßnahmen führt zum Verfalls der Bausubstanz an Gleis 16.

IX   Einordnung in Baugeschichte und Œuvre

Der Stuttgarter Hauptbahnhof hat von Anfang an die Menschen nicht gleichgültig gelassen, er hat vielmehr, und das bis heute, Fachleute wie Laien in hohem Maß angesprochen und polarisiert. Dies findet seinen Niederschlag in ungewöhnlich zahlreichen Veröffentlichungen und Stellungnahmen unterschiedlicher Art über alle Jahrzehnte hinweg und über die Landesgrenzen hinaus. Sie spiegeln als authentische Zeitzeugnisse die verschiedenen Strömungen im Lauf des 20. Jahrhunderts. Sie gewähren direkte Einblicke in die widerstreitenden Architekturauffassungen im 20. Jahrhundert. Im Anhang können daher eine Reihe von Beispielen chronologisch geordnet und teilweise stark gekürzt studiert werden.

Auffallend ist, dass dem Stuttgarter Hauptbahnhof Gegensätzliches nachgesagt wird. Die einen verstehen ihn als Ausdruck einer modernen, zukunftweisenden Architekturauffassung (z.B. Klopfer, G.K., Stahl, Müller, Kubinszky), die anderen als leere monumentale Geste (z.B. Curjel, Meyer, Hamann, Roh, Pehnt, Pevsner). Wieder andere bringen ihn sogar mit «Nazi-Architektur avant la lettre» (Meeks) in Verbindung. Interessant und bezeichnend an dieser Stelle ist, dass es

wohl keine Äußerung von Architekten oder Politikern des Dritten Reichs gibt, die sich positiv auf den Stuttgarter Hauptbahnhof beziehen und ihn als vorbildlich betrachten. Dies gilt auch für den systemnahen Architekten Paul Schultze-Naumburg, der 1933 in seinem Aufsatz «Dürfen wir noch in Stein bauen?» den Bonatz-Bau mit keinem Wort erwähnt. Es sei an dieser Stelle daran erinnert, dass Bonatz wegen «unüberbrückbarer Meinungsverschiedenheiten» mit Schultze-Naumburg die Architektenvereinigung «Der Ring» verlässt.

Diese Ablehnung oder doch zumindest Gleichgültigkeit seitens der Nationalsozialisten ist bei näherem Hinsehen keineswegs überraschend. Ein Hauptgrund dürfte in der damals avantgardistischen Gesamtkomposition des Bauwerks liegen. Diese baut sich, wie gezeigt, aus Kuben unterschiedlicher Größe und Ausrichtung in einem freien, asymmetrischen Spiel der Kräfte auf, um im asymmetrisch gesetzten Turm zu kulminieren, der die Fassaden am Arnulf-Klett-Platz und am Schlossgarten gleichsam miteinander verklammert und städtebaulich sehr beherrschend liegt: als Blickfang der Königstraße, aber leicht aus der Mitte versetzt als organisch wirkender «Point de vue» und als Aufforderung, den Blick weiter in die Tiefe des Schlossgartens schweifen zu lassen. Stehen die Offiziellen des Dritten Reichs diesem Bau gleichgültig gegenüber, so erkennt Fuchs in der Architektur des Hauptbahnhofs sogar Merkmale, die «dem deutschen Wesen diametral» zuwiderlaufen, die «für die Entwicklung einer nationalen, germanischen Architektur nie eine Bedeutung erlangen».

Als Fazit bleibt die Erkenntnis, dass der Stuttgarter Hauptbahnhof wie kein anderes Bauwerk der Stadt und des Landes die Geschichte des 20. Jahrhunderts spiegelt: entworfen und begonnen in der liberalen württembergischen Monarchie, fertiggestellt in der Weimarer Republik, teilweise zerstört im Dritten Reich, wiederaufgebaut in den Jahren des Wirtschaftswunders, lieblos behandelt in den letzten Jahrzehnten und jetzt vom Teilabriss bedroht. Offensichtlich fehlt auch den heutigen Verantwortlichen das Verständnis für die Eigenart und die tatsächliche Bedeutung dieses Bauwerks, das in einer Phase des Übergangs und des Neubeginns vor knapp 100 Jahren entworfen wird, eines Neubeginns, der mit dem Ausbruch des Ersten Weltkriegs ein jähes Ende nimmt.

Die Aussagen der letzten Jahre zeigen die Kurzlebigkeit von Aussagen der Verantwortlichen aus Politik und von der Bahn, die sich eben trotz ihrer Lippenbekenntnisse leider nicht der Bedeutung dieses Bauwerks bewusst sind und seine Zerstörung betreiben.

Der Bahnhof Crown Street in Liverpool, 1829–1830 erbaut, besteht aus einem zweigeschossigen kubischen Bau in schlichten Formen, von dem aus sich ein breites Satteldach in Holzkonstruktion über drei Gleispaare spannt, um in einer freistehenden Mauer ein Widerlager zu finden.

Schon hier treten einmal Architekt und Ingenieur nebeneinander auf. Federführend scheint der Architekt zu sein. Dies ändert sich im Lauf des 19. Jahrhunderts. Mit diesem Thema setzt sich Bonatz am 12. März 1936 in seinem Vortrag «Das Zusammenwirken von Ingenieur und Architekt» auseinander. In der ersten Hälfte des 19. Jahrhunderts sieht er eine Zeit, in der noch «Baukultur» herrscht. Darunter versteht er: «... eine geistige Ausrichtung, das Streben nach Würde und Haltung. Es bedeutet den gemeinsamen Willen einer Epoche zu einem Ethos, das über dem nur Zweckmäßigen und nur Richtigen steht. Diese Männer hatten noch eine umfassende Bildung über das ganze Gebiet des Bauschaffens, sie waren noch keine Spezialisten. Neben der Sorge um die gute Form ging die Gewissenhaftigkeit für das Detail, den Maßstab, das Handwerk, die Einfügung in die Landschaft und vieles mehr.»

Um 1870 sei diese «Baukultur» dem Ingenieur und dem Architekten abhanden gekommen. Die Spaltung des «Baumeisters» in Ingenieur und Architekt hat sich in den Augen von Bonatz nur deshalb nachteilig ausgewirkt, weil die Statik und Konstruktion den Ingenieur ganz in Anspruch nehmen und er seine Aufgabe nur darin sieht, «das statisch, technisch und wirtschaftlich beste Konstruktionssystem» zu finden. Zwar anerkennt Bonatz die «Eigenschönheit» von Ingenieurbauten grundsätzlich, aber sie sei noch die Ausnahme. In «Leben und Bauen» stellt er fest: «Unter Schönheit verstehen wir heute nicht mehr das Beigefügte, sondern die Reinheit und Verständlichkeit der Form, das Sinnfällige des Kräftespiels, das Unterscheiden von schwer und leicht, von Lastendem oder Schwebendem, kurz die Ausdrucksstärke.»

Gottfried Sempers (1803–1879) Entwurf für den Leipziger Bahnhof aus dem Jahr 1838 zeigt

Dass sich Albert Speer (1905–1981) für seine Haupttribüne des Zeppelinfelds in Nürnberg, 1935–1937 erbaut, von der Pfeilerhalle des Hauptbahnhofs anregen lässt, ist offensichtlich. Das Kompositionsprinzip aber — hier strenge Symmetrie und einschüchternde Höhenlage, dort asymmetrischfreier Rhythmus auf Straßenniveau — unterscheidet beide Bauwerke grundsätzlich voneinander.

Hauptbahnhof
Leipzig, 1902—1915
von William Lessow
(1852—1914) erbaut

Hauptbahnhof
Helsinki, 1904—1919
von Eliel Saarinen
(1873—1950) erbaut

Hauptbahnhof
Mailand, 1913—1931
von Ulisse Stacchini
(1871—1947) erbaut

mit zum ersten Mal Gleishalle und Empfangsge-bäude räumlich und in der Erscheinung miteinan-der verklammert. In den 1840er Jahren werden große Anlagen errichtet mit einem Eingangsraum für die Reisenden, Warteräumen, Räumen für Ge-päck und Güter. Der Abreisende durchschreitet die Eingangshalle bis zum Fahrkartenschalter und erreicht anschließend durch die Warteräume den Bahnsteig. Eine unmittelbare Verbindung von Ein-gangshalle und Bahnsteig bildet sich erst im wei-teren Verlauf des 19. Jahrhunderts heraus.

In seiner Erscheinung lehnt sich das Empfangs-gebäude mehr oder weniger deutlich an bereits bestehende Bautypen an. In Frage kommen dafür das Schloss und der italienische Palazzo mit ihrer Symmetrie oder die «Burg». Gemäß dem gerade beliebten Stilgewand erscheinen Bahnhöfe in An-lehnung an gotische Formen, die Renaissance usw.

In der Zeit um 1870 vollzieht sich also die er-wähnte strikte Arbeitsteilung zwischen Ingenieur und Architekt. Jetzt wird der Ingenieur federfüh-rend und der Architekt versieht die gegebenen Strukturen mit dem gewünschten Stilgewand.

Schadendorf bemerkt dazu: «Es ist kennzeich-nend für das Verhalten einer Eisenbahnverwal-tung, daß dem Wettbewerb um die künstlerische Durchbildung ... nur minimaler Raum im gesam-ten Planungsablauf zugestanden wurde.»

Um die Jahrhundertwende erfährt das Ange-bot in Großbahnhöfen durch Kioske, Buchläden, Friseure und Ähnliches eine Erweiterung, die für die Grundrissgestaltung eine neue Herausforde-rung bringt. Stutz sieht darin eine Annäherung des Bahnhofs an die Passage.

Im Gegensatz zu den Bahnhöfen Leipzig oder Mailand setzen sich die Bahnhöfe Helsinki und Stuttgart von der «Janusköpfigkeit» des ausge-henden 19. Jahrhunderts klar ab. Der Ingenieur ist auf seinen Rang verwiesen, der Architekt begnügt sich nicht mehr damit, bereits festgelegte Struk-turen in ein x-beliebiges Stilmäntelchen zu ste-cken. Die hartnäckig gestellte Forderung der Ar-chitektenvereine nach Wettbewerben zeigt gegen Ende des Jahrhunderts ihre Wirkung. Zumindest für größere Bahnhöfe werden «Concurrenzen» durchgeführt. «Hierdurch war der großstädtische Bahnhofsbau endlich dem ‹niederen› Bereich des ‹Nutz- oder Zweckbaus› entwachsen und in den ‹hohen› Architektur-Bereich des ‹Monumental-baus› aufgestiegen ...» Es kann also von einer «Emanzipation der Bauaufgabe Bahnhof» gespro-chen werden.

1914 stellt Waldner anerkennend fest, dass die Gleishallen in Stuttgart «mehr als üblich, von dem Empfangsgebäude isoliert» seien. Der Reisende nimmt in der abgeschlossenen Kopfbahnsteighalle nicht mehr «eine gewaltige, mehrschiffige Halle» wahr. Andererseits bedauert Waldner, dass je-weils noch vier Gleispaare von einer Halle über-wölbt werden, anstatt jeweils zwei Gleispaare ei-nes Bahnsteigs unter einer niedrigen Halle zusam-menzufassen. «Diese letzte Konsequenz ist nun in Stuttgart noch nicht gezogen, wohl deshalb, weil dann die Gleishallen zu niedrig wären.»

Im Lauf der Planung werden die Gleishallen des Bonatz-Scholerschen Entwurfs in drei Stufen immer bescheidener. Die Ausführung zeigt schließ-lich gemäß Waldners Kritik eine Gleishalle für ei-nen Bahnsteig mit zwei Gleispaaren. Der Ingeni-eur wird hier also stufenweise zurückgedrängt vom Architekten, der die Bahnsteighallen der Ge-samterscheinung des Bahnhofsgebäudes unter-ordnet. In den Wettbewerbsbedingungen heißt es nur: «Eine schematische Bearbeitung der Gleishallen ist freigestellt und nur verlangt, falls von der im Vorentwurf angenommenen Achsenteilung abgewichen wird.» Bonatz jedenfalls gelingt es, sie dem Gesamtkonzept unterzuordnen.

Diese Entwicklung könnte als eine «Entindustrialisierung» des Bahnhofsbaus bezeichnet werden, im Gegensatz zu den das 19. Jahrhundert so kennzeichnenden riesigen Hallen aus vorgefertigten Stahlteilen. Die erwähnte Notlage nach dem Ersten Weltkrieg bedingt eine Ausführung in Holz, wodurch das Absetzen von den «janusköpfigen» Bahnhöfen noch deutlicher ausfällt. Schadendorf lässt den Bahnhofsbau des 19. Jahrhunderts um 1830 mit dem Bahnhof Crown Street in Liverpool beginnen und «1911 mit dem Baubeginn des Stuttgarter Hauptbahnhofes» enden. Treffend dürfte vielmehr die Umschreibung sein, dass er an der Nahtstelle sitzt und trotz seiner ins 19. Jahrhundert verweisenden Monumentalität diese mit modernen Mitteln erreicht und vor allem seine Gesamtkomposition und seine städtebauliche Rolle ihn als Markstein in der Architekturgeschichte des 20. Jahrhunderts erscheinen lassen.

Wichtig für das Verständnis von Bonatz' Architektur ist auch seine stete Forderung, der Architekt habe sich als Individuum zurückzunehmen und ganz in den Dienst der Aufgabe zu stellen. Bonatz spricht in diesem Zusammenhang vom «Einordnen in einen Gesamtwillen».

Er denkt dabei an vergangene Blütezeiten wie die Antike, in der sich der Einzelne nicht darstellen wollte. Dieser in seinem Vortrag «Repräsentative Bauten des Volkes» 1935 ausgeführte Gedanke verbindet ihn im Übrigen mit Peter Behrens.

Nach der Vollendung des Stuttgarter Hauptbahnhofs folgen weitere herausragende Bahnhöfe wie etwa Florenz im Internationalen Stil und Rom,

dessen geschwungenes Dach Dynamik und Lebensfreude ausdrückt. Beide sind unmissverständlich Bauten des 20. Jahrhunderts und haben sich in jeder Beziehung vom 19. Jahrhundert freigeschwommen. Auch in jüngster Zeit sind eine Reihe herausragender Bahnhöfe entstanden, so beispielsweise der 1994 eröffnete TGV Bahnhof Lyon-Saint-Exupéry von Santiago Calatrava, der mit seinen 500 m Länge machtvoll in der Ebene liegt oder der 2001 eröffnete TGV Bahnhof in Avignon von den Architekten Jean-Marie Duthilleul und Jean-Francois Blassel, der an einen umgedrehten Schiffsrumpf erinnert und aufgrund seiner Eleganz zu den bemerkenswerten neuen Bahnhöfen zu zählen ist.

Schon in der Zwischenkriegszeit nimmt der Kraftfahrzeugbestand bedeutend zu und schafft dadurch neue Bauaufgaben. Der Flugverkehr ist zwar noch unbedeutend, regt aber gleichwohl Victor Bourgeois (1897–1962) zum Entwurf eines multifunktionalen Verkehrszentrums an, auf welches die Bezeichnung «Bahnhof» nicht mehr so recht passen will. Und drängt das Auto die Eisenbahn ab den 1960er Jahren in die Defensive, so erleben wir heute ihre Renaissance. TGV und ICE gelingt in Teilsegmenten sogar die Verdrängung des Flugzeugs. Von großer Bedeutung sind nach wie vor der Güter- und der Nahverkehr.

Letzterer spielt sich vor allem in der S-Bahn ab. 1928 wirft Bonatz in seinem Aufsatz in «Wasmuths Monatsheften» einen Blick in die Zukunft: «Für jede denkbare Steigerung des Fernverkehrs reicht der heutige Bahnhof aus. Der Nahverkehr sucht sich, falls er überwältigende Ausmaße annimmt, andere Wege, Autobus und Untergrundbahnen, die verzweigten Bedürfnissen besser entsprechen.»

In der Tat hat der Verkehr ungeheuer stark zugenommen. In den Wettbewerbsunterlagen wird

Bahnhof Santa Maria Novella, Florenz, 1932—1936 von der Architektengruppe «grupo Toscano» unter Leitung von Giovanni Michelucci (1891—1990) erbaut

Bahnhof Rom Termini, 1939—1950 von Angiolo Mazzoni (1894—1979) begonnen und von weiteren Architekten nach dem Krieg beendet

von 100.000 Fahrgästen täglich ausgegangen, heute sind es mehr als doppelt so viel. Um dies zu bewältigen, führen unter der Kleinen Schalterhalle vier Stockwerke tiefer die Gleise der S-Bahn durch. Damit hat der Hauptbahnhof achtzehn Gleise. Im Untergrund erinnert nur noch der Name der Haltestelle an den alten Bahnhof. Ergänzt wird dieses Angebot durch die einen Stock über der S-Bahn in dichter Folge verkehrende U-Bahn, den südöstlich des Turms gelegenen Zentralen Omnibusbahnhof, «ZOB» (Regionalverkehr und Ausland), die Buslinien am Bahnhofsplatz, die Taxis, den Individualverkehr. So gesehen hat sich der Stuttgarter Hauptbahnhof der wohl nicht voraussehbaren Entwicklung auf dem von Paul Bonatz beschriebenen Weg anpassen lassen. Sogar die Verkehrsprognosen für die nächsten Jahre lassen sich mit dem bestehenden Hauptbahnhof bewältigen, vorausgesetzt der seit Jahrzehnten verhängte Investitionsstopp wird aufgehoben.

Mit dem «Sieg» des Architekten über den Ingenieur erhält der Stein eine lange nicht mehr gekannte Bedeutung zurück zu Lasten des Stahls. Diese Wiederaufwertung des Handwerklichen dem Industriellen gegenüber stellt eine Verbindung zu John Ruskin (1819–1900), William Morris (1834–1896), «Arts and Crafts»-Bewegung, Jugendstil und Henry van de Velde (1863–1957) her. Teilweise gibt es auch Berührungspunkte mit Hermann Muthesius (1861–1927).

Das Haus am Michaeler Platz von Adolf Loos (1870–1933) zeigt Verbindendes und Trennendes: die klassizistischen Säulen im Eingangsbereich und die Pfeilerhalle des Bahnhofs einerseits, das «entmaterialisierende» Weiß und die betonte «Steinigkeit» andererseits. Theodor Heuss, zeitweise Geschäftsführer des Deutschen Werkbunds, schreibt über den Stein: «Naumann ... hat einmal das sehr kühne Wort gebraucht, die Formen des Steines seien ‹erschöpft›, wer in Stein denke, gerate in das Historische. So ist es nicht. Alle Kunstgestaltung ist nicht vom Stofflichen her bestimmt, sondern ist Überwältigung des Materiellen vom Geistigen.»

Die Rustika betont nicht nur, wie Bonatz sagt, «die Auffassung als Massivbau», als «Dauerbau», sondern sie ist auch «der Ausdruck von Kraft, Macht und Tradition in geballter Wucht».

1914 wird in Berlin die Staatsbibliothek von Ernst von Ihne (1848–1917), einem Hauptvertreter des Historismus, als Betonkonstruktion errichtet; vorgeblendet wird eine Sandsteinfassade.

Eine Gegenüberstellung Haus Steiner / Loos — Hauptbahnhof / Bonatz — Staatsbibliothek / Ihne, macht trotz aller Unterschiedlichkeit eines deutlich: Sie weist dem Hauptbahnhof einen Platz zwischen den «Fronten» zu: Das neutrale Weiß und die kaum zu übertreffende Schlichtheit am Haus Steiner auf der einen Seite, die «mit Gewalt historisierte» Staatsbibliothek auf der anderen. Sie ist deshalb «mit Gewalt historisiert», weil trotz der fortschrittlichen Technik Beton am Alten festgehalten und nicht der Versuch unternommen wird, die in ihm liegenden Möglichkeiten gestalterisch auszunutzen. Dazwischen steht der aus Innen- (Backstein) und Außenhaut (Muschelkalkstein) bestehende Bahnhof. In ihm findet Beton ganz gezielt Anwendung, z.B. für die Sicherheitskonstruktion der Kopfbahnsteighalle oder deren Bodens; charakteristisch sind jeweils die vollkommene Ornamentlosigkeit Loos', die historistische Einstellung Ihnes, die im Handwerklichen liegende Gliederung Bonatz' (Gesimse, Entlastungsbögen, Keilsteine).

Sind die «Clipei» im ersten Bauteil als ein «horror vacui», also die Angst vor der Leere und vor der ungestalteten Fläche, als ein Nachwirken des Historismus zu verstehen? Im zweiten Bauteil jedenfalls tauchen sie nicht mehr auf. Auch das «Sakkara-Motiv» ist dort stark zurückgedrängt, die Außenhaut hat weitgehend die Herrschaft über die Fassaden errungen, die Fenster werden breiter oder liegend, das Abschlussgesims härter usw. Je länger am Bahnhof gebaut wird, desto mehr schwimmt er sich frei von den Bindungen an die vorausgegangene Epoche und nähert er sich behutsam der Avantgarde.

Wenn die Frage gestellt wird, wo der Hauptbahnhof aus heutiger Sicht «Überflüssiges» aufweist, so kann neben den «Clipei» kaum etwas genannt werden. Eine andere Frage ist, wo erscheint «Sinnloses»? Die Balkone an den Gelenkbauten der Großen Schalterhalle und im achten Turmgeschoss sind zu rechtfertigen: Die ersteren zeichnen das erste Obergeschoss wie an einem Schloss als Beletage aus. Die zweiten erfüllen zwei Aufgaben: die ästhetische des Abschlusses und die, den Gästen des Restaurants einen besseren Blick über die Innenstadt zu erlauben. In ihrer Schmalheit von nur 80 Zentimetern erinnern sie an französische Fenstertüren. Und der Innenbalkon an der Rundbogennische der Kopfbahnsteighalle besitzt, wie bereits erwähnt, in der ursprünglichen Planung ebenfall seine Funktion.

Ganz allgemein gesehen besteht kein Zweifel, dass die bereits von Eugène Viollet-le-Duc (1814–1879) ausgesprochene moderne Forderung, die Form habe den Bedürfnissen und der Bauweise zu entsprechen, im Falle des Stuttgarter Hauptbahnhofs in hohem Maß erfüllt ist.

Die teilweise heftigen Widerspruch hervorrufende Monumentalität des Hauptbahnhofs ist gewollt. Dass sie gewollt wird, verweist ins 19. Jahr-

hundert. Wie sie erreicht wird, ist aber neu. Erst eine Rückbesinnung auf das Wesen — das Sein, nicht den Schein — der antiken Baukunst Roms und Ägyptens in Verbindung mit einem wieder zu Ehren gekommenen Steinmetzhandwerk ermöglichen eine solche Formgebung, wie sie beispielsweise die parabolische Bogenöffnung der Kleinen Schalterhalle vorführt. Hier setzt sich der Stuttgarter Hauptbahnhof ganz offensichtlich von dem oft als «Schematismus» bezeichneten und missverstandenen Historismus des 19. Jahrhunderts ab.

Dass Monumentalität im 20. Jahrhundert als verzichtbar oder sogar «gefährlich» angesehen wird, hat vor allem zwei Gründe: die als Reaktion auf den Historismus überhaupt erst so denkbare Einstellung von Vertretern der Moderne (ist diese Reaktion nicht auch teilweise eine Überreaktion?) und, wie Theodor Heuss (1884–1963) sich ausdrückt, die Verwechslung des «Monumentalen» mit dem «Monströsen» im Dritten Reich und anderswo.

Frank Werner gesteht, dass einer «abschließenden Zuordnung des Gesamtœuvres von Paul Bonatz ... nach wie vor relativ enge Grenzen gesetzt» seien. Ähnliche «Schwierigkeiten» bereitet der Bahnhof. Guten Gewissens kann er dem Historismus nicht zugerechnet werden, denn: Wo hat er in dessen Sinn «Fassade»? Wo herrscht Beliebigkeit? Wo weist er Imitation auf? Wo erinnert er deutlich an eine andere Bauaufgabe wie Schloss, Tempel, Burg?

Die letzte Frage lässt sich nicht mit «nirgends» beantworten. Von allen drei genannten Bauaufgaben steckt etwas in ihm: die bis auf zwei Balkone verschwundene Auszeichnung des ersten Obergeschosses als Beletage, die Pfeilerhalle, der Turm und die Außenhaut. Dies ist aber nicht zu vergleichen beispielsweise mit dem Potsdamer Bahnhof in Berlin, einem Neurenaissance-Palazzo, der Pennsylvania Station in New York, einem «griechischen» Tempel, oder der St. Louis Union Station, einer «hochmittelalterlichen» Burg.

Von vergangenen Stilen ist vor allem der Klassizismus im Bahnhof wirksam (Pfeilerhalle, Flächigkeit, Flachdach). Insofern besteht eine gewisse Parallele zu Peter Behrens. Dieser Hang zum Klassizismus scheint vom Wesen her dem Verhältnis von Henry Hobson Richardson (1838—1886) und Hendrik Petrus Berlage (1856—1934) zur Romanik zu ähneln. Giedion spricht in diesem Zusammenhang davon, es herrsche eine «innere Affinität».

Die kolossalen Rundbogennischen der Kopfbahnsteighalle nehmen im Bogenfeld ein Fenster auf, das einem «Thermenfenster» ähnelt. Die zwölf senkrechten Pfosten könnten andererseits als «gotisierend» aufgefasst werden. Datierte Zeichnungen scheinen einer solchen Etikettierung zuwiderzulaufen. Sie legen vielmehr nahe, in diesen Pfosten den letzten Rest der «Lisenengliederung» der ganzen Außenhaut zu sehen.

Das Rundbogenfenster der Großen Schalterhalle wird 1912 davon überlagert. Die Kleine Schalterhalle ist bis auf drei Rechteckportale geschlossen. Die Innenansicht der Kopfbahnsteighalle zeigt in den Fenstern bündig mit der Wandfläche Pfosten. Eine Außenansicht von 1913 zeigt die Senkrechten am Fenster der Schalterhalle dergestalt verkürzt, dass sie in die Tiefe der Mauer zurücktreten können und sich dem Bogen in ihrer Länge anpassen. Der Wettbewerbsentwurf bringt allerdings auch schon senkrechte Pfosten. Über ihre genaue Beschaffenheit lässt sich aber keine verlässliche Aussage machen. So bleibt die Frage offen, welchen Ursprungs die Pfosten der Fenster sind. «Gotisierend» wirken sie vielleicht, dass sie

es ihrer Herkunft nach sind, lässt sich nicht beweisen.

Für das Verständnis der Architektur des Stuttgarter Hauptbahnhofs bietet ein Aufsatz von Peter Behrens aus dem Jahr 1914 ganz wesentliche Hinweise. Darin heißt es unter anderem: «Eine Eile hat sich unserer bemächtigt, die keine Muße gewährt, sich in Einzelheiten zu vertiefen. Wenn wir im überschnellen Gefährt durch die Straßen unserer Großstädte jagen, können wir nicht mehr die Einzelheiten der Gebäude gewahren ... Einer solchen Betrachtungsweise unserer Außenwelt ... kommt nur eine Architektur entgegen, die möglichst geschlossene, ruhige Flächen zeigt, die durch ihre Bündigkeit keine Hindernisse bietet ... Ein übersichtliches Kontrastieren von hervorragenden Merkmalen zu breit ausgedehnten Flächen, oder ein gleichmäßiges Reihen von notwendigen Einzelheiten, wodurch diese wieder zu gemeinsamer Einheitlichkeit gelangen, ist notwendig...»

Giedion erläutert eine andere Seite. Um 1910 seien sich die Maler bewusst geworden, «daß die Ausdrucksmittel ... den Kontakt mit dem modernen Leben verloren hatten». Die Kubisten betrachteten die Erscheinungen nicht mehr nur von einem Standpunkt, sondern «von verschiedenen Standpunkten aus, von denen keiner absolute Autorität über die andern hatte. Indem er Objekte zerlegte, transparent sah, erfasste er sie gleichzeitig von allen Seiten, von oben und unten, von innen und außen. Er ging um die Objekte herum und drang in sie ein.» Durch dieses Vorgehen sei die Zeit als vierte Dimension hinzugekommen.

Insofern ist die «deutlich ausgesprochene Dreidimensionalität» als Umschreibung unvollständig. Petsch drückt dies so aus: «Der neue raum-zeitliche Ausdruck der Architektur ist Zeichen für die

Lisene:
senkrechtes Element
zur Gliederung großer
Wandflächen

Ablösung des statischen durch das dynamische Raumempfinden.» Es muss daher von einer Vierdimensionalität gesprochen werden.

Gleichzeitig erfolge eine Rückbesinnung auf die Grundlagen; stereometrische Grundformen wie der Kubus tauchten auf. Die alte Unterteilung in Haupt- und Seitenfassade verschwinde gemeinsam mit der Symmetrie.

Wenn eine Mehransichtigkeit möglich sein soll, hat die Hauptfassade im herkömmlichen Sinn keine Berechtigung mehr. Keiner der verschiedenen Standpunkte habe «absolute Autorität», sagt Giedion. Demnach wird also eine «Vielfassadigkeit» erstrebt.

Das Zusammenspiel der im freien Gleichgewicht befindlichen, wie zusammengeschobenen Kuben des Hauptbahnhofs ermöglicht für den um das Gebäude laufenden Betrachter eine ständige, scheinbare «Bewegung» der Bauteile zueinander. Nichts ist statisch und Überraschungen sind möglich. So scheint die Nordwestfassade bei einer Betrachtung aus spitzem Winkel aus zwei vollkommen voneinander unabhängigen Baublöcken zu bestehen, zwischen denen eine Straße durchführt. Erst wenn der Betrachtungswinkel etwas größer wird, tritt allmählich das Satteldach der Kopfbahnsteighalle wie von Zauberhand in Erscheinung. Die «richtigen» Verhältnisse — in Wirklichkeit sind sie die falschen, da sie von einer statischen Betrachtungsweise ausgehen — offenbaren sich dem um das Gebäude Herumlaufenden nur ganz kurz: so lange, wie er sich im rechten Winkel zur Nordwestfassade befindet. Aus der symmetrischen Erstarrung eines fest geschlossenen Baukörpers mit ganz betonter Hauptfassade (z.B. Potsdamer Bahnhof, Berlin) wird in Stuttgart ein freies Gleichgewicht, eines sich in vier Richtungen auf verschiedenen Achsen

asymmetrisch ausdehnenden Organismus'. Seine einzelnen Teile treffen rechtwinklig aufeinander.

Wie sehr sich der Hauptbahnhof vom Historismus entfernt hat, zeigt nicht nur der allererste Augenschein — es herrscht eben kein Nebeneinander verschiedener Stile —, sondern auch die oben erwähnte Mehransichtigkeit. Zwar besitzt die Fassade am Arnulf-Klett-Platz einen gewissen Vorrang vor den anderen, diese sind aber unabdingbarer Bestandteil der Gesamtfassade.

Ein anderes Merkmal, das den Stuttgarter Hauptbahnhof vom 19. Jahrhundert abhebt, ist seine «Stadtbezogenheit». Hans Curjel scheint der einzige Kritiker zu sein, der ihm das abspricht. Fuchs, G.K., Grohmann, Joedicke, Mehrtens, Müller, Mueller-Wulckow, Platz, Roh, Sembach, Stahl, Tamms, Tiedje und Werner sind der Ansicht, dass, so Sembach, «ein Bahnhof genau und sehr gerecht IN und FÜR diese Stadt» entstanden sei. Bei vielen Bahnhöfen des 19. Jahrhunderts hingegen herrscht insofern «Beliebigkeit», als sie, zumindest in Preußen, zentral von Ingenieuren und Architekten geplant werden. Aufgabe der Architekten ist die «ornamentale Fassung», eine städtebauliche Einfügung ist dort jedoch nicht erstrebt.

Aus diesem Vorgehen ergibt sich dahingehend eine «Beliebigkeit», dass die Gebäude oft wie beziehungslos hineingestellt wirken. Sie könnten theoretisch jederzeit an einem anderen Ort wieder gebaut werden, ohne deshalb sich besser oder schlechter auf den umgebenden Stadtorganismus zu beziehen.

Im Werk von Paul Bonatz nimmt der Stuttgarter Hauptbahnhof eine Sonderstellung ein. Er ist nicht nur sein größtes Einzelbauwerk, sein bekanntestes, sondern auch das, wie er sagt, für seine Entwicklung wichtigste.

Das Befreien vom Einfluss Theodor Fischers setzt zwar schon früher ein (Spitalerweiterung in Straßburg, Sektkellerei Henkell, Universitätsbibliothek Tübingen), der Hauptbahnhof jedoch zeigt nicht das Bemühen, den eigenen Weg zu finden, sondern er ist etwas Neues, Eigenes. Er ist dies in höherem Maß als etwa der «Zeppelin-Bau» gegenüber dem Bahnhof. Dieser Bau fügt sich «glatt» ins Bild der Zeit um 1930, der Hauptbahnhof hingegen ragt aus seiner Epoche weit heraus, trotz aller «Belastung mit der Vergangenheit» und seiner Monumentalität.

Es trifft auch auf Paul Bonatz' Bahnhof zu, wenn Petsch im Zusammenhang mit dem «Neo-Klassizismus» sagt, die Lösung der «Bedürfnisfrage» und der «Zweckerfüllung» seien nur die Grundlage für die erstrebte Monumentalität. Die Sachlichkeit dürfe nicht zu sachlich werden. Bonatz ist bemüht, jeder Bauaufgabe ihrem Wesen gemäß gerecht zu werden. Sein architektonisches Kredo formuliert er in «Leben und Bauen» wie folgt: «Ich habe mich nie einer Richtung verschrieben. Es hat mich nie gereizt, zu denen zu gehören, die sagen: ‹Seh'n Sie, ich bin derjenige, der immer diese gleiche Linie macht, daran erkennt man mich.› Ich fand das im Gegenteil langweilig, und die Welt ist so reich und die Aufgaben sind so verschieden. Warum Scheuklappen? Mir schien es zu genügen, wenn die Einheitlichkeit innerhalb des Einzelwerkes oder der Gruppen von Werken gewahrt blieb. Unbekümmert um »Richtung« heißt doch nichts anderes, als jeder Art ihr Recht geben: dem Wohnhaus Wärme und Ruhe und Heimatgefühl, dem Juwelierladen alte Kultur, dem Bürohaus straffe Ordnung und Klarheit, dem Ehrenmal Heilbronn Ernst und Würde, den Bauten am Neckar Zweckerfüllung in Harmonie mit der Landschaft, dem Steinbau die Monu-

mentalität der Dauer und der Stahlbrücke die knappste sachliche Schönheit – Die spätere Zeit wird uns nicht nach ‹Richtung› beurteilen, dies ist ja kein Gradmesser. Sie wird auf den inneren Gehalt sehen, wird suchen, ob Leben und Spannung und Rang da ist. Laßt also jeden diese Werte in seiner Richtung suchen.»

Bei dieser Einstellung ist es nur verständlich, dass so Unterschiedliches entsteht wie beispielsweise seine Villen und der Zeppelin-Bau. Der Bahnhof liegt also gewissermaßen zwischen dem Wohnhaus und der Stahlbrücke in Bonatz' Verständnis, und er hat Gemeinsamkeiten mit den Bauten der Neckarregulierung und dem Bürohaus. Vor allem aber soll er «Monumentalität der Dauer» ausdrücken.

Eine zusätzliche Verwendbarkeit der Kopfbahnsteighalle als «Huldigungshalle» klingt geradezu unglaublich. Schon die Krone über den Königlichen Warteräumlichkeiten beim Wettbewerbsentwurf ist, ganz besonders unter dem liberalen und auch bei den Demokraten beliebten König Wilhelm II. von Württemberg, undenkbar. Kein anderer bekannter Entwurf betont vergleichbar deutlich den königlichen Trakt. Offensichtlich geht die Krone auf Bonatz zurück. Da der Bahnhof 1913 im Wesentlichen zeichnerisch sein endgültiges Aussehen erhält, kann die «Königliche Huldigungshalle» mit dem Innenbalkon nicht einfach als Erklärung ausgeschlossen werden.

Das Jahr 1913 liegt für uns heute sehr zurück. Es gehört einer völlig anderen Epoche an. Schließlich ist es Tatsache, dass sich die Königlichen Gemächer im Turm befinden, der darüber befindliche, einzige gewölbte Innenraum des ganzen Gebäudes durch einen Innenbalkon das Sich-Zeigen in der Kopfbahnsteighalle ermöglicht.

Eine Vergegenwärtigung des Anblicks vom Nordeingang her zeigt, dass dieser Balkon an eine ungeheuer prominente Stelle gesetzt ist. Lediglich der «schwäbische Ritter» sitzt ähnlich prominent an der Stirnwand der Großen Schalterhalle.

Eine andere Beobachtung bekräftigt die genannte Interpretation. Über dem Zugang von der Kopfbahnsteighalle zur großen Schalterhalle sind in der Wand sechs hakenförmige Kragsteine eingelassen. Eine aus dem Nachlass von Paul Bonatz stammende historische Aufnahme, leider undatiert, zeigt ihre Aufgabe: sie nehmen Schmuckgirlanden auf. Damit kann Hoher Besuch bei der Ankunft von einem «geschmückten Triumphtor» empfangen werden. Beim Betrachten von Aufnahmen festlicher Empfänge zu jener Zeit erscheint diese Auszeichnung geradezu als kärglich.

Wenn die Kragsteine diese Bewandtnis haben, und was sollte dagegen sprechen, könnte es dann nicht sein, dass der Bahnhof ganz nüchtern für folgenden Zweck AUCH geplant wurde: zur Begrüßung Hohen Besuchs begeben sich der Königliche Hof und Mitglieder der Regierung in die königlichen Gemächer im Bahnhof, die von der Cannstatter Straße aus erreicht werden. Auf Gleis 16 fährt der Sonderzug mit dem Hohen Besuch ein. Zwischen Zug und dem Schlossgartenflügel wird der «Große Empfangssaal für den Kgl. Hof» erreicht, ohne mit der Allgemeinheit in Berührung zu kommen oder gesehen zu werden. Falls Gast und Gastgeber das Bedürfnis haben sollten, sich dem Volk zu zeigen, so brauchen sie nur in den einen Stock höher gelegenen «Sitzungssaal» zu gehen und vom Balkon aus die Huldigungen entgegenzunehmen.

Eine ausschließlich ästhetische Erklärung des «Innenbalkons» klingt hingegen sehr dürftig. Die auf den Plänen festgehaltenen Gegebenheiten rechtfertigen es also, in Anlehnung an Reinle von einem «Huldigungs- und Erscheinungsbalkon» zu sprechen.

In diesem Fall dient eben die Kopfbahnsteighalle nicht nur Reisenden, sondern auch allen als Möglichkeit, sich Hohem Besuch zu nähern, ihn zu erleben. Der Balkon zur Cannstatter Straße hin könnte die gleiche Aufgabe erfüllen: das Volk versammelt sich auf der Straße, fast 5 Meter höher erscheinen der König und der Staatsbesuch.

Nach der Jahrhundertwende entstehen zahlreiche bahnbrechende Bauwerke: das 1910 erbaute «Haus am Wiener Michaeler Platz» von Adolf Loos (1870–1933), die 1909 erbaute «Turbinenhalle» von Peter Behrens (1868–1940) in Berlin, das 1916 erbaute «Dodge Houses» von Irving Gill (1870– 1936) in Los Angeles, die 1910–1912 erbauten «Jahrhunderthalle» von Max Berg (1870–1947) in Breslau, die 1911–1913 erbauten «Fagus-Werke» von Walter Gropius (1883–1969), und Tony Garnier (1869–1948) plant seine bereits 1904 ausgestellten Entwürfe der «cité industrielle».

1914 wird in Stuttgart der Grundstein für den neuen Hauptbahnhof gelegt. Im selben Jahr findet auf der Jahresversammlung des Deutschen Werkbunds in Köln die Auseinandersetzung zwischen Henry van de Velde (1863–1957) und Hermann Muthesius (1861–1927) statt: Individualismus oder Typisierung? Im selben Jahr bricht auch der Erste Weltkrieg aus, der 1917 zur Einstellung der Bauarbeiten am Bahnhof zwingt. 1918 endet mit dem Krieg die Monarchie in Württemberg. Von 1919 bis 1928 schleppt sich die Vollendung des neuen Empfangsgebäudes noch hin. 1927 findet die Werkbundausstellung auf dem Weißenhof statt. Nach anfänglicher Mitarbeit scheidet Bonatz aus und verlässt den Deutschen Werkbund.

Zwischen 1907, König Wilhelm II. unterzeichnet das von den Ständen gebilligte Gesetz über den Neubau eines Bahnhofs an der Schillerstraße, und 1928, dem Jahr der Fertigstellung, liegen tief greifende Veränderungen. So wechselt auch der halbfertige künftige Hauptbahnhof seinen Besitzer: 1920 gehen die Württembergischen Staatseisenbahnen in der Reichsbahn auf. Einen gewissen Einblick in die Verhältnisse vermitteln Zeitungsartikel mit Überschriften wie «Die Ernährungsfrage» (1919), «Gegen die Hungersnot» (1922), «Der Ziegelmangel» (1919). Auf den Straßen verkehren noch Pferdefuhrwerke, die von den wenigen Autos kaum gestört werden.

In dieser von Umbruch, Krieg und Nachkriegsnot gekennzeichneten, schweren aber auch interessanten Zeit entsteht also Bonatz' Bahnhof. Stuttgart steht in den letzten Jahren der Regierung Wilhelms II. von Württemberg in künstlerischer Blüte. Theater, Musik, Malerei haben einen günstigen Nährboden, in der Architektur schlägt Theodor Fischer ein neues Kapitel auf. Weitere Schlüsselpersönlichkeiten sind u.a. die Maler Leopold Graf von Kalckreuth (1855–1928), Adolf Hölzel (1853–1934), Carlos Grethe (1864–1913), der Architekt und Designer Bernhard Pankok (1872–1943) und andere.

Das erste moderne Gebäude der Stadt, das deutlich die Sprache des 20. Jahrhunderts spricht, errichtet aber der Schüler, Paul Bonatz. Das Nebeneinander von Sattel- und Flachdach spiegelt die Situation: vom Alten kann man sich noch nicht trennen, das Neue wird erst behutsam eingeführt.

Vom preisgekrönten Wettbewerbsentwurf bis zum vollständig ausgeführten Hauptbahnhof verstreichen siebzehn Jahre. Der Weg, der dabei beschritten wird, ist gekennzeichnet vom ständigen Versuch zur Vereinfachung. Dabei weicht das Vereinzelte und Aufgesetzte — beispielsweise die von Lisenen überzogene Fassade — den großen Zügen. Die Koordination wird von der Subordination verdrängt. Im zweiten Bauteil weicht Bonatz so stark vom ursprünglichen Plan ab, dass die Einheitlichkeit des Gesamtbaus darunter schon etwas leidet.

Das Flachdach ist für 1911 gewiss fortschrittlich, aber es sollte nicht übersehen werden, dass die große Tiefe des Gebäudes und damit seine zahlreichen Lichthöfe eine solche Lösung begünstigen.

Der Hauptbahnhof ist kein Gebäude, das einfach dasteht, sondern ein «Organismus», der sich von seinen Gliedern aus zum Kopf hinentwickelt: dem Turm. Dass gerade dieser Bauteil die bedeutendste städtebauliche Rolle spielt, ist «nur» folgerichtig. Das Einordnen in die Umgebung findet weit über das Lokale hinaus Anerkennung. Die Stadtbezogenheit hebt den Stuttgarter Hauptbahnhof von ähnlichen Bahnhöfen seiner Zeit (Karlsruhe, Basel Badischer Bahnhof, Darmstadt u.a.) ab. Darin vor allem liegt seine große Bedeutung. Er wendet sich aber auch deutlicher als seine Altersgenossen von den alten Formen ab. Jugendstil ist er nicht, Moderne ist er nicht, Historismus ist er aber auch nicht. Er steht gewissermaßen außerhalb seiner Zeit. Sein Erbauer sagt alte Inhalte (Stadttor, Monumentalität) in einer neuen Sprache, welche die reine Form mit ihren Möglichkeiten wieder erkennt. Die zahlreichen Vorbilder, die von Kritikern angeführt werden, scheiden als wörtliche Zitate aus. Dagegen liegt es nahe, dass die reinen Formen Ägyptens reinigend gewirkt haben. Bonatz sagt: «Hier wurde mir klar — und das kann man nirgends besser lernen als in Ägypten — wie sehr es nötig ist, jedes Problem zunächst einmal auf seine einfachsten Elemente, auf seine Wurzel zurückzuführen.

Nur damit konnte man der Krankheit der Zeit Herr werden, daß man an alle Aufgaben mit vorgefaßten Formvorstellungen heranging, daß die gewollten Formen, also der ‹Formalismus›, VOR den Erkundungen über die Notwendigkeiten lag. Erst wenn es gelingt, durch viele Nebelschalen zum Kern vorzudringen, der immer sehr einfach und klar ist, — und wenn man sich dann beherrscht —, dann erst kann man das Bleibende sagen, das nicht mehr vom Formalen abhängig ist — man möchte beinahe sagen: es ablehnt. Es ist so, als fiele dem auf diese Weise Suchenden die Frucht der Schönheit von selbst in den Schoß: ‹vom Wahren durchs Gute zum Schönen›.»

Dies ähnelt den Ansichten des Wiener Architekten Otto Wagners (1841—1918), wie er sie in «Baukunst unserer Zeit» als «Essentiale» zusammenfasst:

«1. Peinlich genaues Erfassen und vollkommenes Erfüllen des Zweckes (bis zum kleinsten Detail)
2. glückliche Wahl des Ausführungsmaterials (also leicht erhältlich, gut bearbeitungsfähig, dauerhaft ökonomisch)
3. einfache und ökonomische Konstruktion — und erst nach Erwägung dieser drei Hauptpunkte
4. die aus diesen Prämissen entstehende Form (sie fließt von selbst in die Feder und wird immer leicht verständlich).»

Die Entstehung, wie sie Bonatz in «Leben und Bauen» schildert, klingt sehr einfach. Die zahlreichen Pläne und Zeichnungen und die Abänderungen im zweiten Bauteil zeigen, wie viel «Ringen» in Wirklichkeit dahinter steckt.

Die besondere Leistung Bonatz' liegt u.a. darin, die Gegebenheiten (Asymmetrie, ansteigendes Gelände) und die Kritiken anderer äußerst befruchtend zu «verwerten». Wie bedeutend dieses Bauwerk ist, kommt auch in den zahlreichen Besprechungen und Kritiken bis heute zum Ausdruck — und auch in dem nicht nachlassenden Widerstand der Stuttgarter Bevölkerung gegen den geplanten Teilabriss.

Erstmals in Deutschland findet im Empfangsgebäude des Stuttgarter Hauptbahnhofs ein Bahnhofshotel Platz, wie es in Frankreich und Großbritannien schon längst üblich war.

In der Entwicklung des Bahnhofsbaus liegt er zwischen den Bahnhöfen Florenz und Rom einerseits, Helsinki, Karlsruhe, Darmstadt, Basel und Leipzig andererseits. Müller ordnet ihn wie folgt ein: «Die erreichte Übereinstimmung von innerer Funktion, äußerer Gliederung in Grundriss und Aufbau sowie städtebaulicher Beziehung zum und Einordnung ins Verkehrsgefüge rechtfertigen die Feststellung einer zweiten klassischen Stufe des Bahnhofsbaues, die Bonatz und Scholer hier geschaffen haben.»

Wie sehr der Hauptbahnhof das Stadtbild prägt, zeigt ein Blick auf die beiden Vorgängerbauten. Während diese unscheinbar in einer Häuserflucht liegen und höchstens wegen ihrer Arkaden auffallen, entsteht mit dem Hauptbahnhof von Bonatz über das Bahnhofsgemäße hinaus ein zweites Zentrum der Stadt, was heute besonders deutlich wird. Für viele Menschen erfüllt er täglich die von Bonatz so betonte Rolle eines Tors zur Welt, vor allem für diejenigen, die zwar in dieser Stadt leben, mit ihren Gedanken aber in der fernen Heimat sind. Für sie ist er fast wie ein Stück Heimat, denn am Ende der von hier ausgehenden Schienenstränge liegt ja ihr Bahnhof, ihre Heimat.

Im Leben von Paul Bonatz nimmt dieser Bau einen ganz besonderen Platz ein. Mit seiner Erbauung ist Bonatz, nach eigener Angabe, erst als Architekt gereift. 1950 ist es ihm ein Anliegen, neben dem Wiederaufbau des eigenen Hauses «... ein wenig bei der Wiederherstellung des Stuttgarter Bahnhofs zu helfen». Für dessen Verständnis ist auch das folgende Zitat von Bonatz aus «Leben und Bauen» hilfreich: «Die Tradition soll befruchten, nicht versklaven. Neue Dinge sollen neu sein, aber sie sollen aus der Formempfindung des Landes geboren werden, so vereinfacht stilisiert, so modern, daß sie das Heute wiedergeben.»

Bonatz führt diesen Gedanken in seinem Vortrag «Welchen Weg geht die deutsche Baukunst?» 1939 aus:

«Die Pflege der Tradition hatte und hat eine ganz bestimmte Aufgabe. Sie stellt den Begriff der Qualität neu fest, sie lehrt Sauberkeit, Anstand und Gewissenhaftigkeit bis ins Kleinste ... Die ... Pflege der Tradition sucht das Ursprüngliche in jedem Handwerk. Sie entwickelt die Form aus dem Arbeitsvorgang, sie erweckt neu die sinnlich lebendige Oberfläche der Mauer, sei es Stein, Ziegel, Beton oder Putz. Sie pflegt die elementaren Dinge, wie ein Dach auf einem Hause aufsitzt, wie die Deckung lebendig wird und wie eine Dachgaube eingefügt wird ... Nichts am Hause ist zu gering, als daß es nicht mit liebevoller Hingabe bedacht würde. Die Schreinerarbeit wird aus dem Gefüge des Holzes und aus den Arbeitsvorgängen entwickelt, die natürliche Schönheit des Baustoffes wird zur Geltung gebracht. Überall spürt man die Hand und den Menschen, die Freude am Werk, das Bauen als einen organischen Vorgang. Die besten Leistungen steigern sich zum Musikalischen, zu Anmut ... Das traditionsgebundene Bauen unterscheidet sich nicht wesentlich von seinem Vorbild vor hundert oder mehr Jahren ... Es wird allerdings straffer im Ausdruck werden, knapper in den Mitteln, man wird da und dort die Arbeit der Maschine spüren. Das formalistische oder Stilmerkmal wird verschwinden, das Haus wird sachlicher werden. Es wird etwas von dem Entwicklungsgang mitmachen, den unser Gerät, die Möbel und die Kleidung genommen hat, ohne dabei seine Bodenständigkeit, seine Gebundenheit durch Baustoff und Gebrauch, durch Menschen und Landschaft zu verlieren.»

Der Einfluss dieses Bauwerks auf die Bahnhöfe Düsseldorf, Oberhausen, Beuthen, Friedrichshafen und Rom liegt nahe. Das Rathaus von Hilversum, 1928–1930 von Willem Marinus Dudok (1884–1974) erbaut, ähnelt zumindest dem Stuttgarter Hauptbahnhof. Schließlich hat sich Bonatz selbst anregen lassen. Von 1915 stammt der Entwurf für ein Ehrenmal. 1916 entstehen der Entwurf für einen kreuzförmigen Versammlungs- und Ausstellungsraum, der sich vom Turmgrundriss herleitet, und der Wettbewerbsentwurf für das «Haus der Freundschaft» in Istanbul, der das «Sakkara-Motiv» anklingen lässt. Ein weiterer Wettbewerbsentwurf von 1928, derjenige für das Berliner Funkhaus, erinnert aufgrund der Fassadengestaltung und dem auch hier als Gegengewicht gesetzten Turm deutlich an den Stuttgarter Hauptbahnhof.

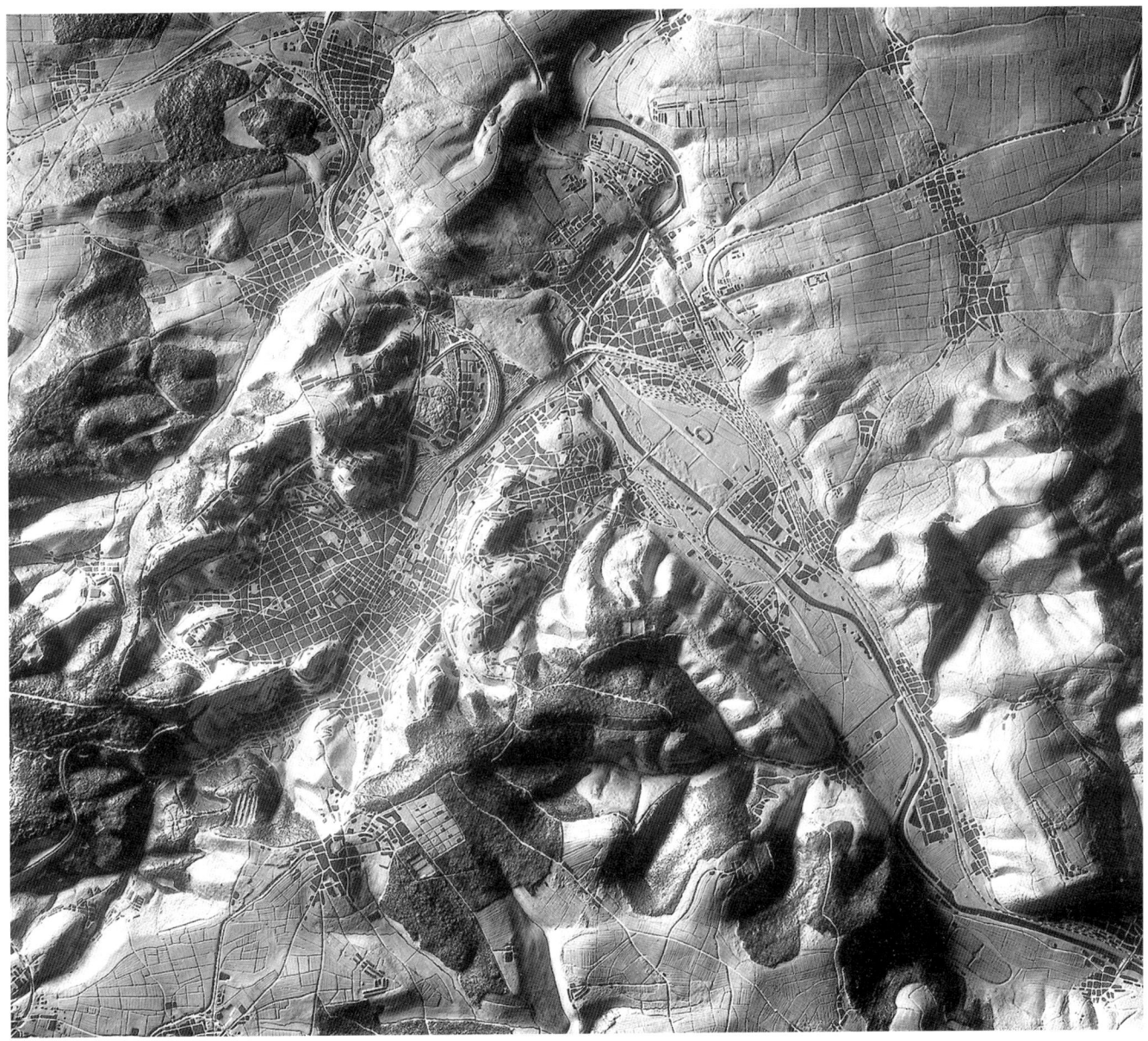

Das Relief von Stuttgart zeigt, dass das Kennwort «umbilicus sueviae», der Nabel Schwabens, mit Bedacht gewählt wird: Topographisch bedingt treffen sich die Gleise im Stuttgarter Norden, um dann vereint wie Lebensadern sich dem Stadtzentrum zu nähern, das sie versorgen.

Die Königstraße bindet den Stuttgarter Hauptbahnhof mit seinem Schlossgartenflügel in den Stadtorganismus harmonisch ein und schafft die Vision einer Achse zum Neckartal.

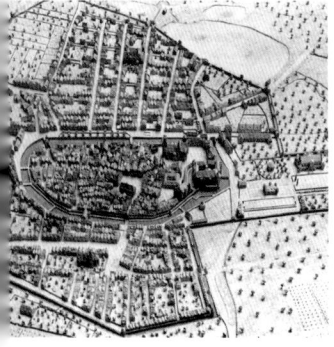

Seit der Stadtgründung bildet sich über Jahrhunderte aus dem Stadtgraben nordwestlich der Altstadt allmählich die Königstraße heraus, die sich in Richtung Neckartal erstreckt.

114

X Ausblick

Krieg, Wiederaufbau und veränderte Verkehrssituation haben diesem Meisterwerk der Architektur ebenso geschadet wie die folgenden Jahre. Sie brachten überquellende Werbung, Kioske, entsprosste Fenster, modische Türen und die notwendige Anpassung an das gestiegene Verkehrsaufkommen. Die Kleine Schalterhalle wurde durch diese Planung überrannt und liegt heute funktionslos im Abseits. Die Zeiten, in denen der Stuttgarter Hauptbahnhof an einem tatsächlichen Platz lag, scheinen für immer vorbei zu sein. Zwangsläufig? Wünschenswert wäre aber eine Restaurierung, die den Zauber der Kopfbahnsteighalle in unverputztem Backstein wiedererstehen lässt, eine hölzerne Flachdecke einzieht, die nachträglichen Einbauten in Material und Stil angleicht und vor allem das interessante Turminnere in dem von Paul Bonatz gedachten Sinn zu neuem Leben erweckt.

Dies waren die Gedanken am Ende meines ersten Buchs über den Stuttgarter Hauptbahnhof 1987. Sie haben nichts an Aktualität verloren, im Gegenteil, sie gehen nicht weit genug, denn heute steht mehr denn je auf dem Spiel...

Vom abgerissenen Nordflügel bleibt nur Schutt.

Aufgehellt der abrissbedrohte Schlossgartenflügel

So stand es in der ersten Auflage dieses Buchs 2008. Seit August 2010 sind wir leider ein Stück «weiter»: trotz des ungeahnt zunehmenden Protests Zehntausender von Menschen wird der Nordflügel des Bahnhofs im August und September abgebrochen und ist Vergangenheit. Ist er das? Vielleicht will die Bevölkerung ihn ja wieder aufbauen und mit neuem Leben füllen, gleichsam als Mahnmal für die von ihr eingeforderte lebendige Demokratie? Manche sehen in Stuttgart sogar eine neue Epoche ihren Ausgang nehmen, in der die Bevölkerung mehr mitentscheiden will und ihr der vierjährliche Gang in die Wahlkabine nicht mehr reicht.

Ein Kulturdenkmal in öffentlichem Besitz wird hier mit ausdrücklicher Billigung der Bundeskanzlerin

Abbruch der Treppenanlage in der Großen Schalterhalle

*Die in der von Um-
bruch geprägten Zeit
zwischen 1914 und
1928 erbauten zahl-
reichen Treppenhäu-
ser des Hauptbahn-
hofs gleichen einem
Lehrbuch des Trep-
penbaus jener Jahre
und bestechen durch
ihre mustergültige
gestalterische und
handwerkliche Quali-
tät. Bonatz zeigt hier
sein ganzes Können:
sei es Holz, Beton
oder Stahl, stets ver-
mag er dem Material
das Beste abzutrotzen
und schafft Zeugnisse
hoher Baukultur.*

Merkel, des Ministerpräsidenten Mappus, des Ober-
bürgermeisters Schusters und des Bahnvorstands
Grube ohne technische Notwendigkeit zum Torso ver-
stümmelt, ohne Notwendigkeit deshalb, weil der Bau
eines Tiefbahnhofs mit dem Erhalt der Seitenflügel
technisch geprüft und möglich ist. Dies bestreitet
auch der Architekt des Tiefbahnhofs nicht. Noch 1987
würdigt die Deutsche Bahn den kurz zuvor unter
Denkmalschutz gestellten Hauptbahnhof voller Stolz
und werbewirksam mit einer Ausstellung samt Be-
gleitprogramm. Eine Gedenktafel, die an die Erbauung durch die beiden Architekten Bonatz und Scholer
erinnert, wird in der Großen Schalterhalle feierlich
von OB Manfred Rommel enthüllt. Heute geht es darum, weiteren Verlust von Originalsubstanz am Stuttgarter Hauptbahnhof zu verhindern. Das Kulturdenkmal muss heute — grotesker Weise — mehr denn je
vor seinem Eigentümer, der inzwischen zur bundesei-

genen AG gewordenen Deutschen Bahn, geschützt
werden. Trotz immer neuer Erkenntnisse und uner-
messlich steigender Kosten weigern sich die verantwortlichen Politiker diesem nach § 12 Denkmal-
schutzgesetz von Baden-Württemberg eingetragenen
Kulturdenkmal besonderer Bedeutung den Schutz an-
gedeihen zu lassen, den sein Rang rechtfertigt. Der
weitest reichende Eingriff — wesentlich verheeren-
der als Krieg, Wiederaufbau, Möblierung mit Kiosken
und Werbeträgern —, die städtebauliche Abkoppe-
lung, ist beschlossen: Für den Bau des geplanten
Tiefbahnhofs «Stuttgart 21» sollen die brachialen
Verstümmelungen fortgesetzt werden: vollständiger
Abriss des vom ehemaligen Ministerpräsidenten Oet-

tinger als «Hüttenkruscht» bezeichneten Schlossgartenflügels — zusammen mit dem bereits abgebrochenen Nordwestflügels entspricht das rund der Hälfte der Fassadenlänge — Abbruch des Bodens der Kopfbahnsteighalle, Abbruch der Treppenanlage in der Großen Schalterhalle.

Daran können bis jetzt weder die Proteste von Fachleuten, Prominenten und unzähligen Leserbriefschreibern etwas ändern noch Demonstrationen, noch Appelle, noch die weit mehr als 60.000 Einwohner Stuttgarts, die einen Bürgerentscheid fordern.

Über ihr Projekt eines Tiefbahnhofs informiert die Deutsche Bahn AG unter www.stuttgart21.de, während die Befürworter einer Modernisierung des Kopfbahnhofs unter www.kopfbahnhof-21.de ihre Alternative vorstellen. Zum längst überfälli-

gen ergebnisoffenen Dialog miteinander ist es auch jetzt, zwei Jahre nach Erscheinen der ersten Auflage diese Buchs, noch nicht gekommen.

Wollen wir, dass dieses Kulturdenkmal wie beispielsweise das Kaufhaus Schocken, das Kronprinzenpalais und das Alte Steinhaus tatsächlich zerstört wird, oder wollen wir es nicht buchstäblich in letzter Minute so wie 1960 das Neue Schloss, in den 1970er Jahren die Markthalle oder das Wilhelma Theater in den 1980er Jahren vor dem Abriss retten und einer neuen Nutzung zuführen?

Gerade beim Blick in die Zukunft dürfen doch bei der Abwägung nicht ausschließlich die augenblicklichen Erkenntnisse der Ingenieur- und Wirtschaftswissenschaften den Ausschlag geben, sondern müssen eine Vielzahl unterschiedlicher lang-

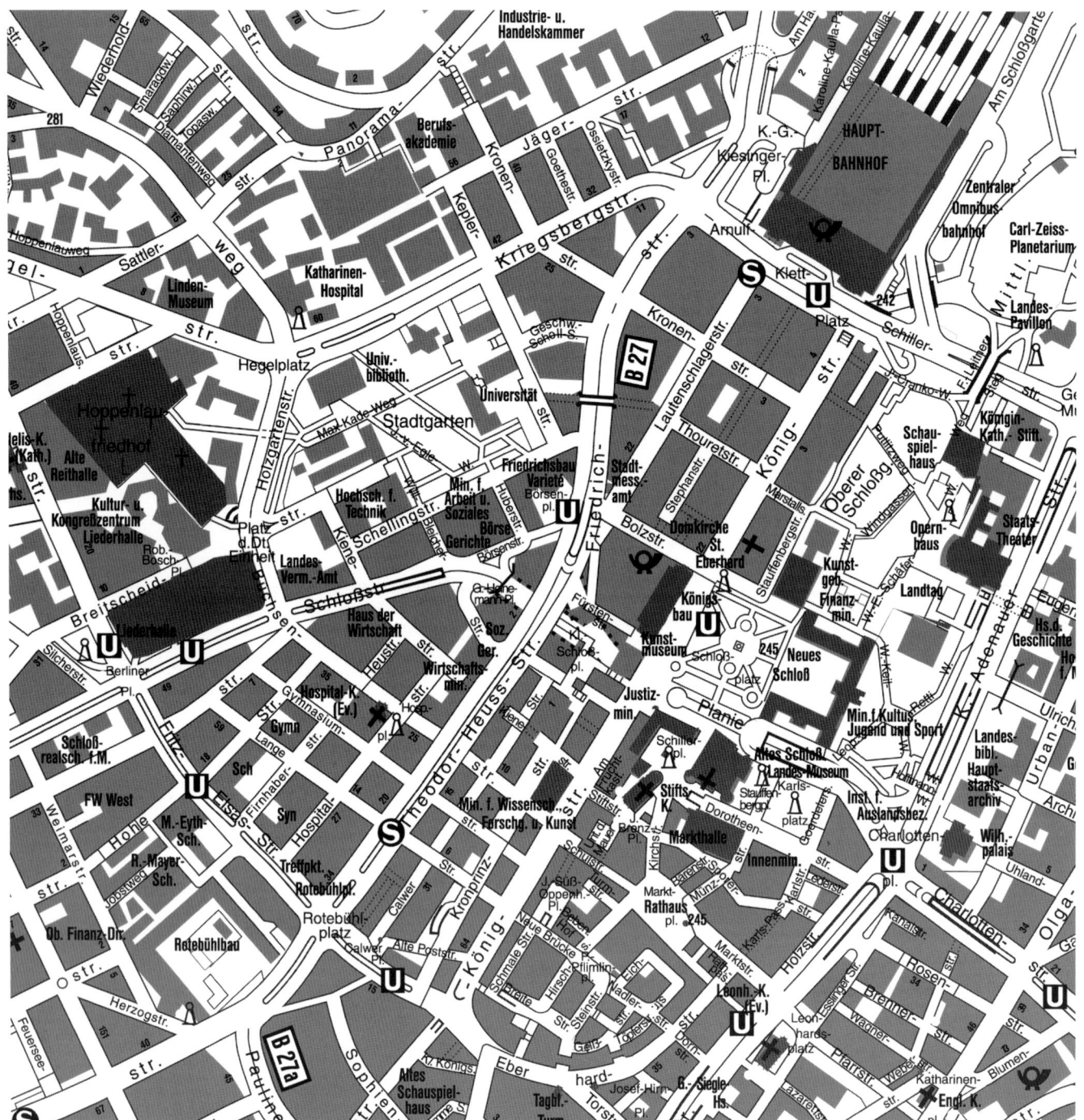

fristiger Gesichtspunkte gleichberechtigt mit einbezogen werden; vom Städtebau über den Denkmalschutz, vom Stadtklima über die Mineralquellen bis zum Schutz des Schlossgartens und nicht zuletzt dem Einbeziehen der Bevölkerung. Da muten Appelle wie von Altministerpräsident Teufel, die Bevölkerung solle das Projekt Stuttgart 21 jetzt endlich akzeptieren, seltsam antiquiert an, wie aus einem längst vergangenen Zeitalter. Sinnbildlich offenbart sich hier die unüberbrückbar erscheinende Distanz zwischen Großteilen der Bevölkerung und der Mehrheit der Politiker.

Stuttgart besitzt nur eine Handvoll Bauwerke von internationalem Rang. Neben Neuem Lusthaus, Weißenhofsiedlung, Fernsehturm und Staatsgalerie ist dies der Hauptbahnhof von Paul Bonatz. Es ist nicht das erste Mal, dass die vermeintlich fortschrittsorientierten Argumente sich im Nachhinein als falsch herausstellen. Die in der Arbeitsgruppe des Städtebauausschusses vereinigten Architekten müssen erkennen, dass ihre Bedenken nicht ernst genommen werden und keinen Eingang in die Planung finden, vielmehr die Befürworter des Tiefbahnhofs unbeirrt an dem in die Jahre gekommenen Entwurf von 1997 festhalten. Dies mag vielleicht den Interessen der Bahn AG dienen, ob es jedoch den Bedürfnissen der Stadt und ihrer Einwohner gerecht wird, ist fraglich. Dabei sieht die oberste Aufsichtsbehörde der Deutschen Bahn AG die Situation durchaus differenziert:

«Bei ‹Stuttgart 21› handelt es sich nicht um ein Projekt des Bedarfsplans für die Bundesschienenwege, sondern vorrangig um ein städtebauliches Projekt. Denn auch ein oberirdischer Kopfbahnhof kann die verkehrlichen Funktionen für den Eisenbahnknoten Stuttgart erfüllen… Die Wirtschaftlichkeitsuntersuchung hat bisher eine erhebliche Unterdeckung ergeben…» So zu lesen in einem Brief des Bundesministeriums für Verkehr, Bau und Stadtentwicklung vom 13.12.2006.

Und auch die Deutsche Bahn AG kommt in ihrem Planfeststellungsantrag 1.1 auf Seite 74 zu dem Ergebnis, dass die «Beibehaltungsalternative geringere Besorgnispotentiale» aufweist als die Antragstrasse. Und weiter: «dass die Beibehaltungsalternative das Ziel … mit geringerer Eingriffswirkung und mit geringerem Investitionsaufwand erreicht …» Nur die Konsequenzen ziehen die Verantwortlichen nicht.

Allein für die Jahre 2007–2010 hat die Deutsche Bahn AG eine Kostensteigerung von rund 65% zugegeben. Dies macht die gebetsmühlenartige Behauptung des «best durchgeplanten Großprojekts Europas» unglaubwürdig und offenbart die jahrelange Taktiererei, die in einer offenen Demokratie ebenso wenig verloren hat wie das Geheimhalten von kritischen Gutachten oder Maulkörbe für mitdenkende Beamten.

Die Warnungen sind also überdeutlich. Die Verantwortung liegt jetzt bei den gegenwärtigen Funktionsträgern der Politik und der Bahn AG. Ihre Pflicht muss es sein, bei so massiven Bedenken und bereits jetzt auftauchenden gravierenden Planungsfehlern, wie dem mit 100 Mio. Euro nach zu finanzierenden zweiten Bahnhof am Flughafen, das Gesamtprojekt gewissenhaft zu überdenken.

Jahrzehntelang sind die üblichen laufenden Investitionen für den bahntechnischen und baulichen Unterhalt nicht erfolgt, so dass sich der Hauptbahnhof heute in einem technisch desaströsen Zustand befindet und baulich eher als Schandfleck denn als Kulturdenkmal und Visitenkarte der Landeshauptstadt darbietet. Die Deutsche Bahn AG hat Technik und Bau schlicht zu einem Sanie-

Seite 118:
Die Karte zeigt die in der höchsten Kategorie geschützten Kulturdenkmäler der Stuttgarter Innenstadt (dunklere Flächen). Erfolgen die für «Stuttgart 21» geplanten Abrissmaßnahmen, beschädigt die öffentliche Hand mit Steuergeldern ein Kulturdenkmal, zu dessen Erhalt sie verpflichtet ist.

Kopfbahnsteighalle heute:
Konzeptionslosigkeit und kommerzieller Wildwuchs überlagern die hohe Qualität der Architektur.

119

Blick vom 5. in das 6. Turmgeschoss.
Gut zu erkennen ist die runde Brüstung im 6. Geschoss und der schmückende Zackenrand.

Die Haltestelle fügt sich ebenso wie das Vordach am Reichsbahnhotel oder die Kioske im Hauptbahnhof in das Gesamtbild stimmig ein. Ein umfassendes Gestaltungskonzept muss diesem Anspruch genügen.

rungsfall verkommen lassen. Es muss jetzt alles unternommen werden, um den Bahnhof technisch zu ertüchtigen und das Bauwerk seinem Rang gemäß wieder zu einer Stuttgarter Sehenswürdigkeit zu machen, die Einheimischen wie Touristen das Gefühl vermittelt, in einer wirtschaftlich und kulturell blühenden Stadt zu sein. Es sei an dieser Stelle der Hinweis erlaubt, dass der technisch «ertüchtigte» Kopfbahnhof im Vergleich zu «Stuttgart 21» nur ca. 3 Minuten langsamer ist, aber voraussichtlich 3 Mrd. Euro weniger kostet. Die große Zeitersparnis von 29 Minuten auf der Strecke nach München erbringt die geplante neue Trasse, nicht der Tiefbahnhof. Und nach Paris besteht die schnelle Verbindung bereits jetzt.

Gegenwärtig ist der Stuttgarter Hauptbahnhof nur noch für denjenigen, wie die Journalistin Clara Menck in der «Frankfurter Allgemeinen Zeitung» meint, «schönster Bahnhof Deutschlands», der weiß, wie er einstmals aussah und wie er wieder einmal aussehen könnte. Aber wie werden wir ihn und damit die Innenstadt empfinden, wenn er erst zum städtebaulich vollends isolierten Torso geworden ist? Ein weiterer wichtiger Aspekt ist die im Zuge von «Stuttgart 21» geplante vollständige Kappung der Königstraße. Aufgrund der Lage Stuttgarts in einem Talkessel hat sie sich in Jahrhunderten als städtebauliches Rückgrat herausgebildet und führt heute zumindest noch optisch am Schlossgartenflügel entlang als Cannstatter Straße weiter in Richtung Neckartal. Sollte der Tiefbahnhof wie geplant realisiert werden, trennt künftig ein acht Meter hoher Wall unwiederbringlich und unüberbrückbar die städtebauliche Achse der Königstraße und damit Stuttgart in zwei Teile.

Potentiale

Unabdingbare Voraussetzung für alle baulichen Maßnahmen muss eine umfassende Bestandsaufnahme des gesamten Bauwerks sein, in der «Ist» und «War» und «Soll» akribisch dokumentiert und formuliert werden. Die vom Regierungspräsidium verfügte Dokumentation greift hier viel zu kurz. Sollte der Tiefbahnhof realisiert werden, stellt sich die Frage, ob sich nicht doch noch Mittel und Wege finden lassen, die weiteren vom Abriss bedrohten Bauteile zu erhalten und sie mit neuem Leben zu erfüllen. Der Entwurf des Architekten Meinhard von Gerkan und des Ingenieurs Jörg Schlaich geht in diese Richtung. Kommt «Stuttgart 21» nicht, stellt sich dieselbe Frage. Was tun?

Zwar wird der Turm derzeit als Ausstellungsforum genutzt, aber er, wie der Schlossgartenflügel und der Nordwestflügel, besitzt ein weit größeres Potential für urbanes Leben: Was spricht dagegen, im Turm die kreisrunden Öffnungen wieder herzustellen und ihn im ursprünglichen Sinn als Erlebnisgastronomie und als Restaurant im obersten Stockwerk mit Blick über die Stadt zu nutzen?

Was spricht dagegen, den Schlossgartenflügel zu entkernen und ihn als Ausstellungsräumlichkeit für Dependancen, beispielsweise von Staatsgalerie, Südwestdeutschem Archiv für Architektur und Ingenieurswesen, Lindenmuseum etc. zu nutzen oder die im Stadtgebiet verstreut liegenden Kulturinstitute verschiedener Länder hier zu konzentrieren?

Was spricht dagegen, die Cannstatter Straße zur Sackgasse mit einem modernen Zentralen Omnibus-Bahnhof und Parkplätzen zu machen und vor dem Schlossgartenflügel mit direkter Anbindung an den Park eine lange gastronomische Meile mit Terrassen zu schaffen? Hier bietet sich die einmalige Gelegenheit, dass Stuttgart seinen zentralen Park erstmals richtig einbindet und der Bevölkerung noch besser erlebbar macht und erschließt.

Gegen all diese Anregungen, die nur vage Ideenskizzen sein sollen, sprechen sicher manche Gründe, nicht zuletzt die erheblichen Investitionen. Aber: muss es uns das nicht wert sein, die Innenstadt tatsächlich auszudehnen und hier einen Schwerpunkt zu setzen, der zahlreiche Menschen anzieht und den Hauptbahnhof zu einer Attraktion für Einheimische und Touristen macht? Warum rufen Land, Stadt und Bahn nicht eine Ideenrunde ins Leben, in der ihre Vertreter, Architekten, Kulturschaffende und Bürgervertreter gemeinsam ein Gesamtkonzept entwickeln? Teil des Gesamtkonzepts muss sein, den Stuttgarter Hauptbahnhof durch eine entsprechende Verkehrsplanung unter Einbeziehung des Individualverkehrs wieder organisch in den Stadtzusammenhang einzubinden. Ferner sollten die Innenräume entrümpelt und — im Sinne eines einheitlichen Erscheinungsbilds — in Anlehnung an den Originalzustand renoviert werden. Wäre das nicht auch das richtige Zeichen in Richtung Demokratie, nachdem die umfassendste Bürgerbewegung in der Geschichte Stuttgarts vom Gemeinderat schlicht negiert

Die von Bonatz erwähnte Gesamtwahrnehmung des Bauwerks ist heute unmöglich geworden. Jede der drei Ansichten könnte für sich Hauptfassade sein.

wird? Oder soll am Ende ein eingetragenes Kulturdenkmal von einem staatseigenen Unternehmen zerstört werden unter aktiver Beihilfe des Landes Baden-Württemberg und der Landeshauptstadt Stuttgart, ein Kulturdenkmal, das neben der Turbinenhalle von Peter Behrens in Berlin und neben den Fagus-Werken von Walter Gropius und Adolf Meyer in Alfeld zu den Spitzenleistungen deutscher Architektur zu Beginn des 20. Jahrhunderts zählt?

Noch ist es nicht zu spät, noch können die Verantwortlichen aus Politik und Bahn AG den deutlichen Warnruf von Fachleuten und Bevölkerung hören, wenigstens 5 nach 12 den Dialog aufnehmen und umdenken. Noch haben wir die Chance, den Hauptbahnhof mit neuem Leben zu erfüllen und ihn durch Wiederherstellung und nie gekannter Aufwertung der städtebaulichen Achse Königstraße/Neckartal für künftige Generationen als einen unverwechselbaren Ort urbanen Lebens für Stuttgart zu erhalten und ihn zu einem echten Bürgerbahnhof zu machen.

Vor dem Krieg gibt es bereits einen Biergarten mit Blick auf den Schlossgartenflügel.

Die Probleme des Individualverkehrs sind nicht neu.

Anhang

English Summary
The Central Station of Stuttgart by Paul Bonatz (1877–1956)

At the end of the 19th century, the Royal Railway Company of Wurttemberg noted a considerable increase in traffic. There were two reasons for that: on the one hand there was an important demographic development in the cities and on the other hand people benefited increasingly from the advantages of the railroads.

After long studies on the site of a new central station for Stuttgart, King William II of Wurttemberg (1848–1921) made his decision in 1907 on the basis of specialist advice. The experts were convinced that the present-day of the station would give the best solution. In 1910 the Railroad Company opened an architectural contest in the hope for obtaining several alternative projects for this building. From seventy participants in the contest, the jury chose the project of the young Lorraine architect Paul Bonatz (born in 1877 in Solgne close to Metz, died in Stuttgart in 1956) and of his partner Friedrich Eugen Scholer (born in 1874 in Sydney, died in 1949 in Bavaria).

Bonatz named his project «umbilicus sueviae», the navel of Swabia, referring to two facts: the great economic importance of the future station and the fact that it would be a terminus station.

The first project beginning in 1911 was only the starting point, the more or less final plans, however, date from 1913. Finally in December 1914, work began with the realization of the wing known as «Schloss-gartenflügel» (wing of the royal gardens) and of the tower. Three years later, the First World War forced the suspension of all work, which was resumed not until 1919. During the Twenties, the economic conditions and policies again exerted a negative influence on the completion of the «Hauptbahnhof». Nevertheless, in the night of the 22 at October 23, 1922, the last train left the old station (it was very close to the royal castle in the centre of Stuttgart) and the first train entered the still half finished station of Bonatz, which later became the emblem of Stuttgart.

Only at this stage of the work was it possible to continue the construction of the building: the rails of the old station which passed through the middle of the building site were removed. Finally in 1928, the «Hauptbahnhof» was completed with its north-western part.

Looking at this station through today's eyes, one is initially struck by its monumental effect. Bonatz explains this feature with the enormous economic importance which this building had not only for the city of Stuttgart but also for the whole region of Swabia. He said: «Everyone agreed that this building required a monumental effect: it represents much more than before all the entrances to a city and it is really the navel of this city and the whole area.»

What was new at the time was the manner in which Bonatz created this mo-numental effect. It does not need more to quote the arc of Constantine, for example, as still «La gare du Midi» in Brussels shows (built in 1863–1869). The slightly parabolic arc of the small counter-hall («Kleine Schalterhalle») shows the difference well: There is no longer the least trace of a real model. Bonatz succeeds in expressing the monumental only as a master-builder who has freed himself from imitating ancient styles. He finds a new direct way of controlling form and material. He rediscovers the artisan quality of the stone mason.

Another characteristic feature of the central station of Stuttgart is its asymmetrical plan. This distinguishes it from the majority of the buildings of the time. To create the monumental one with a symmetrical plan would be to follow the model of the castle. Bonatz, however, arrives at this goal with an asymmetrical plan partially granted by the situation: he succeeds in forming a free composition full of tension with several cubes of different volume culminating in the tower.

Then it is necessary to mention the urban aspect, because the «Hauptbahnhof» fits perfectly with the structures of the city centre which it increased. Let us start with the tower, which gives the main street of the centre, the «Königstraße», the accent and the necessary point of view. The two counter-halls with their monumental arcs correspond to two axes of the city, to the «Königstraße» and the «Lautenschla-gerstraße«. At the same time they announce to the passengers the stations entries. The «middle-exit» is in the centre of the station's square, the «Arnulf-Klett-Platz». It is partially hidden by the pillars of the principal frontage. In front of the exit there were trams and taxis. That leads us to the functional aspect of the station. The architect endeavoured to facilitate passenger movement in the station as much as possible. For this reason two counter-halls, the small one more for commuters, the large one more for long-distance travellers. In the axes of these two halls were the corresponding platforms. The infrastructure of the large counter-hall offered to the traveller all that was necessary: counters of course, information, kiosks and provisioning.

The luggage-counters were on the ground floor between the middle-exit and the large counter-hall. Thus the travellers' pass were as short as possible. The transport of the luggage from here to the trains was done on the ground floor by railroad workers. The travellers went to the first floor, the level of the platforms. Along the third hall, the large terminus station hall, called «Kopfbahnsteighalle», there were restaurants, waiting rooms, the station hotel (entry by the «Kleine Schalterhalle»), the hairdresser and some more kiosks. The post office and the counters of the express parcels were in the north-western wing and the «Schlossgartenflügel» to decentralize internal and automobile circulation. Under the platforms, two tunnels facilitated postal transport and the transport of express parcels. A third tunnel was reserved for travellers and saved them annoying turns when changing trains.

In theory the functional structure described has been preserved till today, although the increase in traffic has changed a lot. The most obvious example is the «Klettpassage». It is an underground multi-purpose and commercial centre closely related to the station. On two levels the people of Stuttgart have access to the tramlines and the subway. Unfortunately the construction of the «Klettpassage» caused some painful but inevitable interventions such as the construction of escalators in the large counter-hall.

In comparison with other stations of the time, for example that of Leipzig, it is necessary to affirm the architectural, urban qualities and functional calculus of the «Hauptbahnhof», which fully justify its title as a masterpiece of the architecture of the 20th century. That also explains why the station is classified as a historic building in accordance with § 12 of the law of the State of Baden-Wurttemberg. But above all, Paul Bonatz knew how to keep — in spite of the monumental effect — proportions in conformity with the human scale.

The central station of Stuttgart is among the most important buildings from the beginning of the 20th century in Germany and Europe. It can be described as the first «modern» station and ranks along with avant-garde buildings like the «AEG-Turbinenhalle» (1908/09) in Berlin by Peter Behrens and the «Fagus-Werke» (1911) in Alfeld by Walter Gropius.

The present owner is the «Deutsche Bahn AG», which has however neglected it for decades. And worse still, major parts of the station's architecture are threatened directly in the very near future. During the construction of a new underground main station, known as «Stuttgart 21», a whole series of serious interventions are envisaged into 2010. Among them are

- Complete demolition of the northwestern wing (already destroyed)
- Complete demolition of the southeastern wing «Schlossgartenflügel»
- Complete demolition of the principal staircase in the large counter-hall
- Complete demolition of the floor in the terminus station hall

The dead-end station would lose by these brutal amputations the balance of its sublime composition which culminates in the tower. The length of the frontage would be reduced by half. The result of all this would be a torso.

It is particularly serious that it is the federal state, the owner of Deutsche Bahn AG and vigorously supported by the State of Baden-Wurttemberg, the region of Stuttgart and the City of Stuttgart, which are proposing the mutilation of a widely known historic building.

It is necessary to announce the gravest doubts about the measures envisaged and we urgently request the people in charge of the project to develop alternatives to the planning presented up to now. We have to find a solution which respects the monument and its great role for the city of Stuttgart.

Sommaire Français
La Gare centrale de Stuttgart par Paul Bonatz (1877–1956)

A la fin du 19e siècle, les responsables des chemins de fer du royaume du Wurtemberg constataient une augmentation importante du trafic. Cela pour deux raisons: d'une part l'accroissement de la population dans les villes était considérable, d'autre part les gens profitaient de plus en plus des avantages offerts par les chemins de fers.

Après de longues études concernant l'emplacement d'une nouvelle gare centrale pour Stuttgart, le roi Guillaume II de Wurtemberg (1848–1921) prit sa décision en 1907 selon le conseil des spécialistes. Ceux-ci étaient convaincus que l'emplacement actuel de la gare donnerait la meilleure solution. En 1910 les chemins de fer ouvrirent un concours d'architecture dans l'espoir d'obtenir plusieurs projets alternatifs pour ce bâtiment. Parmi soixante-dix participants du concours, le jury favorisa le projet du jeune architecte lorrain Paul Bonatz (né en 1877 à Solgne près de Metz, mort à Stuttgart en 1956) et de son partenaire Friedrich Eugen Scholer (né en 1874 à Sydney, mort en 1949 en Bavière).

Bonatz nomma son projet «umbilicus sueviae», le nombril de la Souabe, et fit ainsi allusion à deux faits: à la grande importance économique de la future gare et à son plan car il s'agit d'une gare en cul-de-sac.

Le premier projet de 1911 n'était que point de départ, les plans plus ou moins définitifs, cependant, ne datent que de 1913. En décembre 1914, enfin, on commença les travaux avec la réalisation de l'aile dite

«Schlossgartenflügel» (aile des jardins royaux) et de la tour. Trois ans plus tard, la Première Guerre mondiale força à suspendre tous les travaux que l'on ne put reprendre lentement qu'en 1919. Pendant les années vingt, les conditions économiques et politiques exerçaient de nouveau une influence gênante sur l'achèvement du «Hauptbahnhof». Néanmoins, dans la nuit du 22 au 23 octobre 1922, le dernier train quitta l'ancienne gare (elle se trouvait tout près du château royal au centre ville) et le premier train entra dans la gare encore inachevée de Bonatz. Celle-ci devenait plus tard l'emblème de Stuttgart.

Seulement à ce stade des travaux il était possible de continuer la construction du bâtiment: on enleva les rails de l'ancienne gare qui passaient juste au milieu du chantier, là où se trouve aujourd'hui la sortie du milieu. En 1928, enfin, le «Hauptbahnhof» fut achevé avec la partie nord-ouest.

En regardant cette gare avec nos yeux d'aujourd'hui, on est d'abord frappé par son effet monumental. Bonatz explique ce trait avec l'énorme importance économique que possède ce bâtiment non seulement pour la ville de Stuttgart mais aussi pour toute la région de la Souabe. Il dit:

«Alors, tout le monde était d'accord que ce bâtiment demandait un effet monumental: il représente beaucoup plus qu'autrefois toutes les portes réunies d'une ville et il est vraiment le nombril de cette ville et de la région entière.»

Ce qui est nouveau à l'époque, c'est la manière avec laquelle Bonatz crée cet effet monumental. Il n'a plus besoin de citer l'arc de Constantin par exemple, comme le montre encore la gare du midi à Bruxelles (construite en 1863–1869). L'arc légèrement parabolique du petit hall des guichets (dit «Kleine Schalterhalle») montre bien la différence. Il n'y a plus la moindre trace d'un modèle réel. Bonatz réussit à exprimer le sens monumental seulement avec une maîtrise de la forme et du matériel. Il a redécouvert la qualité artisanale du tailleur de pierre et du maçon et il sait l'utiliser pour son but.

Un autre trait caractéristique de la gare centrale de Stuttgart est son plan asymétrique. Celui-ci la distingue de la plupart des bâtiments de l'époque. Créer le monumental avec un plan symétrique, cela serait suivre le modèle du château. Bonatz, cependant, arrive à ce but avec un plan asymétrique partiellement induit par la situation: partant de divers cubes il réussit à former une composition libre et pleine de tension culminant dans la tour.

Ensuite il faut mentionner l'aspect urbanistique car le «Hauptbahnhof» s'adapte parfaitement aux structures de la ville qui fut agrandie par lui. Commençons par la tour qui donne au boulevard principal de la ville, la «Königstraße», l'accent et le point de vue nécessaires. Les deux halls de guichets avec leurs arcs monumentaux correspondent à deux axes de la ville, toujours à la «Königstraße» et la «Lautenschlagerstraße». Ils signalent à la fois aux voyageurs les entrées de la gare. La «sortie du milieu» se trouve au centre de la place de la gare, la «Arnulf-Klett-Platz». Elle est dissimulée par les piliers de la façade principale. Devant la sortie il y avait des tramways et des taxis. Cela nous conduit à l'aspect fonctionnel de la gare. On s'est efforcé alors de faciliter le plus possible le trafic interne. Voilà pourquoi deux halls de guichets: le petit plutôt pour les banlieusards, le grand plutôt pour les voyageurs à grandes distances. Dans les axes de ces deux halls se trouvaient les quais analogues. L'infrastructure du grand hall des guichets offrait aux voyageurs tout ce qui est nécessaire: des guichets bien sûr, de l'information, des kiosques et de l'approvisionnement.

Les guichets des bagages se trouvaient au rez-de-chaussée entre la sortie du milieu et le grand hall des guichets. Ainsi les chemins des voyageurs étaient aussi courts que possible. Le transport des bagages d'ici jusqu'aux trains se faisait au rez-de-chaussée tandis que les voyageurs se rendaient au premier étage, le niveau des quais. Le long du troisième hall, le grand hall de la gare, le «hall de tête» («Kopfbahnsteighalle»), il y avait des restaurants, des salles d'attente, l'hôtel de la gare, le coiffeur et encore quelques kiosques. Le bureau de poste et les guichets des colis express se trouvaient dans l'aile nord-ouest et dans le «Schlossgartenflügel» pour décentraliser la circulation interne et automobile. Au sous-sol des quais, deux tunnels facilitaient les transports postaux et des colis express. Un troisième tunnel

était exclusivement réservé aux voyageurs et épargnait à eux des détours fâcheux en changeant de train.

En principe la structure fonctionnelle décrite s'est conservée jusqu'à nos jours bien que l'augmentation du trafic ait beaucoup changé. L'exemple le plus évident est le «Klettpassage». Il s'agit d'un centre multifonctionnel et commercial souterrain étroitement lié à la gare. A deux étages les habitants de Stuttgart y ont accès aux lignes tramway et au métro. Malheureusement la construction du «Klettpassage» a causé quelques interventions malencontreuses mais indispensables tel que la construction des escaliers roulants dans le grand hall des guichets.

En comparaison avec d'autres gares de l'époque, par exemple celle de Leipzig, il faut affirmer les qualités architecturales, urbanistiques et fonctionnelles du «Hauptbahnhof» qui justifient pleinement le titre d'un chef-d'œuvre de l'architecture du 20e siècle. Cela explique aussi pourquoi la gare fut classée monument historique conforme au § 12 de la loi du land de Bade-Wurtemberg. Mais avant tout son architecte, Paul Bonatz, a su garder — malgré l'effet monumental — des proportions conformes à l'homme.

La gare centrale de Stuttgart compte parmi les bâtiments les plus importants au début du 20e siècle en Allemagne et en Europe. Elle peut être qualifiée de première gare «moderne» et doit être mentionnée dans une série avec des bâtiments d'avant- garde comme l'«AEG-Turbinenhalle» (1908/09) à Berlin de Peter Behrens et les «Fagus-Werke» (1911) à Alfeld de Walter Gropius.

Le propriétaire en est la «Deutsche Bahn AG» qui la néglige toutefois depuis des décennies. Et pire encore, la gare est menacée directement dans un avenir très proche dans de grandes parties de son architecture. Au cours de la réalisation d'une nouvelle gare souterraine, connue sous le nom de «Stuttgart 21», toute une série d'interventions graves sont prévues en 2010. Parmi eux

● Démolition complète de l'aile nord-ouest déja effectuée
● Démolition complète de l'aile sud-est («Schlossgartenflügel»)
● Démolition complète de l'escalier principal dans le grand hall des guichets
● Démolition complète du plancher dans le «hall de tête»

La gare en cul de sac perdrait par ces amputations brutales la balance de sa composition entière qui culmine dans la tour. La longueur de la façade serait réduite de moitié. Il en résulte un torse.

Il est particulièrement grave que ce soit l'état, propriétaire de la Deutsche Bahn AG et vigoureusement soutenu par le land du Bade-Wurtemberg, par la région de Stuttgart et par la ville de Stuttgart, qui est à l'origine d'une mutilation d'un monument historique largement connu.

Contre les mesures prévues il faut annoncer les plus grands doutes et les responsables sont sommés avec insistance de développer des alternatives aux planifications présentées jusqu'ici. Il s'agit de trouver une solution respectueuse du monument et de son rôle important pour l'organisme de la ville de Stuttgart.

Zitate von Paul Bonatz

Die Frage, ob der neue Hauptbahnhof nach Cannstatt verlegt werden oder in Stuttgart bleiben sollte, wurde seinerzeit durch eine statistische Feststellung entschieden, nach welcher 95 % der Reisenden den Stuttgarter Bahnhof als Anfangs- oder Endstation benutzten und nur 5 % Durchreisende waren.

Im Jahre 1911 fand zur Erlangung von Plänen für den Bahnhofneubau ein allgemeiner Wettbewerb statt. Erst im Jahre 1914 wurde mit dem Bau des Empfangsgebäudes begonnen. Bei Kriegsausbruch war nur ein Teil der Pfahlgründungen und der Fundamente des Seitenflügels vorhanden. Nach einer zweimonatigen Unterbrechung wurden die Arbeiten so weitergeführt, daß der erste Stein, der äußerste Eckstein am unteren Ende gegen die Ludwigsburgerstraße, im Dezember 1914 gesetzt werden konnte. Der ganze Rohbau der ersten Bauhälfte wurde sodann in den Jahren 1915 und 1916 ausgeführt, eine «Kriegsarbeit», die ein Zeugnis der damals noch ungebrochenen Kraft des Volkes und des Staates ist. Im Jahre 1917 mußten alle Arbeiten, die nicht zum Heeresbedarf gehörten, eingestellt werden. Im Jahre 1919 wurden sie unter den bekannten Schwierigkeiten wieder aufgenommen.

In der Nacht vom 22. zum 23. Oktober 1922 fuhren die letzten Züge aus dem alten Bahnhof aus, die ersten in den neuen Bahnhof ein. Diese Umleitung des Betriebs, eine außerordentliche Leistung der Betriebsingenieure und des ganzen Personals, wurde als selbstverständlich hingenommen, weil sie sich ohne Unfälle, Störungen und Verspätungen vollzog. Der Fachmann wird diese Leistung immer bewundern.

Die Bauanlage

Der im Oktober 1922 dem Betrieb übergebene Teil ist die Hälfte des geplanten Baues. Die große Querhalle (Kopfbahnsteighalle) hatte damals eine Länge von 80 m. Dieser Länge entsprechen vier Personenbahnsteige mit je zwei Gleisen, den Gleisen 9–16. Die inzwischen vollendete Verlängerung der Kopfbahnsteighalle mißt 40 m, die voll ausgebaute Länge soll im ganzen 160 m betragen und 8 Personenbahnsteige mit je 2, zusammen 16 Gleisen erhalten. Zwischen je 2 Personenbahnsteigen liegt ein Gepäckbahnsteig, zu dem das Gepäck unter der Kopfbahnsteighalle hindurch befördert wird. Der unterirdische Gepäcktransport ist für Stuttgart wohl die spürbarste Verbesserung gegenüber den Zuständen beim alten Bahnhof.

Aus Ersparnisgründen wurden die Gleisüberdachungen in Holz statt in Eisen ausgeführt. Das System des offenen Rauchschlitzes über jedem Gleis (früher ausgeführt in Darmstadt) bedingte die geringe Hallen h ö h e. Diese Hallen zeigen weniger

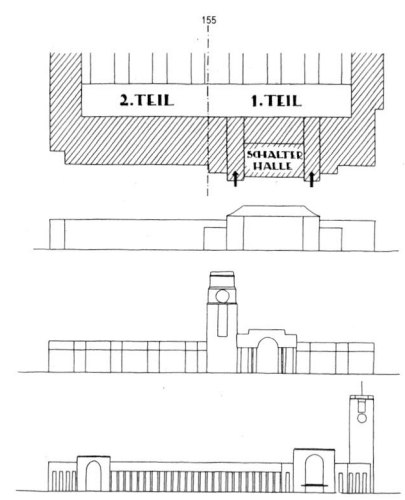

Rauch und Ruß als geschlossene Hallen. Der offene Rauchschlitz ergab den weiteren Vorteil, daß keine Oberlichtscheiben benötigt wurden, die bei Bahnhöfen in kürzester Zeit verrußen. Man erinnert sich, mit welchen Mühen die Glasoberlichte beim alten Bahnhof gereinigt wurden.

Die Schalterhalle ist 48 m lang, 22 m breit und 24 m hoch. Auch in dieser Halle wie in der Kopfbahnsteighalle sind Oberlichte vermieden. Die ganze Beleuchtung wird durch ausgiebiges hohes Seitenlicht bewirkt. Die drei Ausgangstüren waren für Zeiten starken Verkehrs nicht ausreichend. Die neue eröffnete Ausgangshalle verdoppelt die bisherigen Verkehrsöffnungen und wird als bedeutende Erleichterung empfunden. Bei Fertigstellung des ganzen Baues werden vier dreitürige Ausgänge vorhanden sein, sodaß sich auch der größte Verkehr sehr rasch zerteilen wird. Einer dieser Ausgänge wird dem Turm gegenüber als Seitenausgang zur Bahnhofstraße führen. Das Ansteigen des Geländes nach dieser Richtung ermöglicht es, hier ohne Stufen zur Kopfbahnsteighalle zu gelangen.

Der Turm hat 14,7 m Dicke und ist 56 m hoch. Die fünf obersten Geschosse des Turms wurden zur Einrichtung eines Kaffees und eines Restaurants freigegeben. Das Verdienst der Durchführung des Turmbaues und der Aufzüge hat die Turm-A.G.

Ob und wann das ganze Empfangsgebäude fertiggestellt sein wird, ist eine Frage, die ohne weiteres nicht beantwortet werden kann. Die Reichsbahnverwaltung hat den bestimmten Willen, das angefangene Werk durchzuführen, sie muß sich aber bei der derzeitigen Finanzlage damit begnügen, wenn die Mittel für eine stückweise Weiterführung freigegeben werden. Unübersehbar sind auch die Schwierigkeiten, die für die Eisenbahnverwaltung bei der Lösung der grossen politischen Fragen entstehen werden.

Unabsehbar ist es weiter, wie sich die Bebauung des ganzen Bahnhofvorplatzes entwickeln wird. Noch ist kein Neubau auf dem Trümmerfeld zwischen altem und neuem Bahnhof in Angriff genommen, und es wird viele Jahre dauern, bis das Platzbild sich schließt.

Aus: Paul Bonatz, Der neue Hauptbahnhof, in: Stuttgart, Das Buch der Stadt, hg. von Fritz Elsas, Stuttgart 1925, 5. 76—77

1928, nach der endgültigen Fertigstellung, beschreibt Bonatz in Wasmuths Monatsheften den Bau wie folgt:
Der Wettbewerb um die Pläne für den Bahnhofsbau in Stuttgart fand statt im Frühjahr 1911, also vor 17 Jahren. Die Ausführungspläne wurden im Jahre 1913 festgelegt und die Ausführung selbst begann im Jahre 1914. Während des Krieges, in den Jahren 1915 und 1916, wurde die erste Bauhälfte einschließlich des Turmes und des langen Flügels an der Ludwigsburger Straße (Anm.: heute Cannstatter Straße) errichtet; 1917 wurde der Bau eingestellt, 1919 diente er wegen seiner kräftigen Bauart und beherrschenden Lage während der Spartakistenunruhen wiederholt als Zuflucht der Regierung und Zentrale des Sicherheitsdienstes. Erst allmählich wurde der Ausbau vorgenommen, so daß im Herbst 1922 der erste Teil des Baues in Betrieb genommen werden konnte. In vier weiteren Bauabschnitten erfolgte der Weiterbau, der in diesem Jahre [Anm.: 1928] seinen Abschluß finden wird.

Diese Ziffern muß man sich gegenwärtig halten, wenn man den Bau in die Entwicklung einreiht.

Vor der Inangriffnahme des Baues fanden große Auseinandersetzungen darüber statt, ob man den Bahnhof 3—4 km entfernt vom Zentrum Stuttgarts im Neckartal als Durchgangsbahnhof oder in Stuttgart als Kopfbahnhof bauen solle. Den Ausschlag gaben Verkehrszählungen, die feststellten, daß 95 % der Reisenden den Stuttgarter Bahnhof als Anfangs- oder Endstation und nur 5 % als Durchgangsstation benutzten.

Damit war der Platz in möglichster Nähe des alten Mittelpunkts bestimmt. Die Pro-

phezeiungen derer, die wissen wollten, daß der Bahnhof in kürzester Zeit wieder zu klein sein würde und dann nochmals verlegt werden müßte, werden — soweit sich eine Entwicklung überhaupt voraussehen läßt — wohl nicht in Erfüllung gehen. Für jede denkbare Steigerung des Fernverkehrs reicht der heutige Bahnhof aus. Der Nahverkehr sucht sich, falls er überwältigende Ausmaße annimmt, andere Wege, Autobus und Untergrundbahnen, die verzweigten Bedürfnissen leichter anzupassen sind.

Mit der Platzwahl war auch der Charakter des Baues bestimmt. Man kann einen Bahnhof als ein vorübergehendes Gebilde betrachten und wird ihn dann in der Art eines Industriebaues in leichtester Konstruktion bauen. Hier ist der Bahnhof vermöge seiner Lage und Bedeutung das Tor der Hauptstadt und «der Nabel Schwabens». Der Bau mußte als Dauerbau aufgefaßt werden und damit wurde er zum Massivbau.

Um seine Gesamtgliederung zu rechtfertigen, muß einiges von den Voraussetzungen zum Plan und seiner Entwicklung gesagt werden. Der Bahnhofsneubau konnte nur in zwei Teilen errichtet werden. Hart neben der ersten Bauhälfte lagen die Schienen des alten Bahnhofs, der benutzt werden mußte, bis der gesamte Betrieb in die Hälfte des Neubaues verlegt werden konnte. Die erste Bauhälfte mußte also alle wichtigen Teile des Ganzen schon enthalten, vor allem die große Schalterhalle. Abb. 6 zeigt das Schema des Vorentwurfs, das von der Eisenbahndirektion dem Wettbewerbsausschreiben beigegeben wurde.

Mit den Baumassen, die sich nach diesem Grundrißschema ergaben, war die Aufgabe nicht befriedigend zu lösen. Das mangelnde Gleichgewicht war unerträglich, wie fast alle Wettbewerbsentwürfe zeigten. Eine Vergewaltigung dieses Schemas zur Symmetrie wurde von einzelnen Wettbewerbern ohne Erfolg versucht. Das Gleichgewicht wurde in unserem Wettbewerbsentwurf hergestellt durch einen Uhrturm und durch die Tiefenstellung der Schalterhalle. Der Uhrturm sollte den Abschluß der neuen Hauptzuführungsstraße bilden, die nach dem Plane Theodor Fischers in Verlängerung der Schloßstraße die Mitte des Bahnhofsplatzes treffen sollte. Das Studium der Verkehrsführung auf dem Bahnhofsvorplatz zeigte jedoch bald, daß die Einmündung einer Hauptverkehrsstraße der Bahnhofsmitte gegenüber eine Unmenge unerwünschter Kreuzungen ergeben hätte. Eine Ordnung des Verkehrs ließ sich viel leichter durchführen, nachdem man sich entschlossen hatte, Einmündungen und Ausstrahlung von Straßen nach den Platz-Enden zusammen zu drängen und die ganze Platzmitte für Längsverkehr, Anfahrt und Aufstellplatz freizuhalten. So wurde die Verlängerung der Schloßstraße, die heutige Lautenschlagerstraße, gegen das linke Bau-Ende abgedreht und parallel zur Königstraße geführt. Hand in Hand mit der Umgestaltung des Vorgeländes ging eine Umgestaltung des Bahnhofgrundrisses selbst. Die Haupteingangshalle wurde noch weiter nach rechts verschoben (zur Königstraße hin) und am linken Flügel wurde eine neue, kleinere Schalterhalle für den Nahverkehr angelegt. Der Turm hatte nach dem Wegfall der großen Mittelstraße keine Berechtigung mehr am alten Platz. Er rückte an die viel wichtigere Stelle in die Achse der Königstraße, deren Abschluß er heute

bildet. Es ergab sich so eine völlig frei gegliederte Baumasse von starker Bewegung, die eine viel größere Ausdrucksfähigkeit und Spannung hat, als sie mit einer symmetrischen Baumasse erreichbar wäre.

Der Bau ist ein Massivbau. Er ist gemauert, nicht verkleidet. Auch der 56 m hohe Turm ist ohne Skelett gemauert. Mit den Muschelkalk-Bossen wurde die Auffassung als Massivbau deutlich betont. Der rauhe Bossen hat in sich und in der Flächenwirkung viel Leben und weist damit auf die einfachste Formgebung im einzelnen hin. Nur das dünne obere Abschlußgesims springt über das Bossenwerk vor. Die gesamte übrige Gliederung entsteht durch Einschnitte, die im Gegensatz zu der rauhen Haut des Ganzen, möglichst scharfkantig detailliert werden mußten. Der Gegensatz der scharfkantigen Einschnitte und Rücklagen zu der bossierten Außenfläche ist das Grundmotiv, das am ganzen Bau durchgeführt wurde. Die Detaillierung selbst zeigt für den aufmerksamen Betrachter vom äußersten rechten bis zum äußersten linken Flügel hin die Unterschiede, die der veränderten Auffassung innerhalb einer Bauzeit von 14 Jahren entsprechen. Bei Beibehaltung des Gesamtplans löst sich die Einzelform immer deutlicher vom Klassizismus, die Profilierung wird entschiedener, das Detail noch weiter der Hauptlinie untergeordnet.

So fällt am linken Flügel die kleine Attika weg, das Abschlußgesims rückt nach oben und wird härter. Die gleiche Veränderung machen die Fensterbänke mit. Während die erste große Eingangsöffnung unten horizontal unterteilt ist, geht bei der letzten großen Ausgangsöffnung nach Westen die Vertikale von oben bis unten durch.

Im Gegensatz zu dem Platten- und Konsolengesims des Ostgiebels der Kopfbahnsteighalle zeigt der Giebel nach Westen möglichst leichte Begleitlinien.

Und wenn man heute im gleichen Rahmen mit der Einzeldurchbildung noch einmal zu beginnen hätte, so würde man — auch beim Massivbau — wohl noch weiter die Schwere vermindern, man würde die Pfeiler schlanker und die Tragbalken dünner machen, die rauhen Bossenflächen aber würde man auf alle Fälle beibehalten.

Die Grundriß-Organisation des Baues geht aus den Abbildungen 11 und 12 hervor. Charakteristisch für die Anlage ist die 167 m lange Kopfbahnsteighalle, die ein selbständiger, nicht ein Teil der Gleishallen ist (Breite 20 m, Höhe 17 m).

Diese Halle liegt 4,20 m über Straßenhöhe am rechten Flügel. Am linken Flügel steigt das Gelände so stark an, daß die Kopfbahnsteighalle eine ebene Ausfahrt erhalten konnte.

Die Haupteingangshalle liegt quer zur Schalterhalle auf Straßenhöhe. Die Halle hat 22 m Breite, 24 m Höhe und 48 m Länge. Hier sind die Fahrkartenschalter untergebracht. Links schließt sich die Gepäckannahme an; das Gepäck wird unter der Kopfbahnsteighalle hindurch zu den Gepäckaufzügen befördert. Im Hintergrund der Eingangshalle führt die breite Freitreppe zur Kopfbahnsteighalle hinauf. An der Kopfbahnsteighalle liegen alle Wartesäle, Aborte, die Aufbewahrung für das Handgepäck u.a. Im äußersten linken Flügel wurde das «Reichsbahn-Hotel» mit etwa 100 Betten untergebracht.

Die Bahnsteighallen sind nach dem System Darmstadt und Oldenburg mit offenen

Rauchschlitzen gebaut, sie mußten deshalb niedrig gehalten werden. Aus Ersparnisgründen wurde sie im Jahre 1922 in Holz statt in Eisen konstruiert. Die Holzkonstruktion hat sich bis heute gut bewährt.

Am Ostende der Kopfbahnsteighalle steht der Turm. Der Turm hat an seiner Basis eine Grundfläche von 14,70 x 14,70 m. In den vier Ecken sind zwei Wendeltreppen und zwei Personenaufzüge eingebaut. Der Einbau dieser vier Ecken ergab für den verbleibenden Raum die Kreuzform und für die Konstruktion des Turmes große Erleichterungen. Die vier Schächte an den Ecken bilden eine vortreffliche Versteifung und die freie Spannweite der Decke wurde durch die Kreuzform auf 7 m verringert. Der Turm enthält acht Geschosse, die immer aus dem Kreuz entwickelt, aber in ganz verschiedenen Formen und Höhen durchgebildet sind. Abbildung 19 zeigt den Wartesaal im Turm auf Bahnsteighöhe. Der höchste der Turmräume ist der 11 m hohe Sitzungssaal, der in Form eines römischen Kreuzes massiv gewölbt ist (Abb. 20). Eine noch größere Gesamthöhe ergeben die Geschosse 4, 5 und 6, die durch 6,40 m weite kreisförmige Fußbodenöffnungen zu einem einzigen Raum von 17 m Gesamthöhe vereinigt wurden ...

In einem Brief an Paul Schmitthenner (1884—1972) schreibt Bonatz 1942:
Nur der unter seinen (Anm.: Theodor Fischers) Schülern konnte sich entwickeln, der sich klar von ihm trennte und widersprach. Für mich war der Stuttgarter Bahnhof dieser Punkt. Meinem Wettbewerbsentwurf, der noch romantisch verspielt war, gab er als Preisrichter 1911 den ersten

Preis. Ob er der harten und unerbittlichen Form, die er [Anm.: der Hauptbahnhof] später fand, den ersten Preis gegeben hätte, bleibt eine offene Frage.

1950, zweiundzwanzig Jahre später und nach den Erfahrungen des Zweiten Weltkriegs widmet der inzwischen 73-jährige Architekt seinem Hauptwerk in seiner Autobiographie ein eigenes Kapitel:

«Der Bau des Stuttgarter Bahnhofs

Der Bau des Bahnhofs in Stuttgart ist für meine Entwicklung als Baumeister das wichtigste Kapitel. Frühling 1911 kam ich von einer vierwöchigen Reise aus Sizilien zurück, mit den Freunden Hugo Wach, Fritz Behn und Otto Knaus. Ich hatte Abstand gewonnen und kehrte unbekümmert und Freiheit gewohnt heim und war nicht gerade sehr darauf aus, mich nun Hals über Kopf in die Arbeit zu stürzen. Doch Freund Scholer sagte: «In vier Wochen ist Termin für den Bahnhofswettbewerb, den müssen wir mitmachen.» — «Müssen wir? Aus dieser Programmstellung ist nichts Gescheites zu entwickeln!» — «Du mußt dich heute abend an die Pläne setzen.»

Abends war oben im Haus bei Scholers in der Ehrenhalde Einladung von Freunden. Ich saß allein unten im Büro, mißmutig bei der schlechten Programmstellung, und hörte von ferne fröhliches Lachen. Da kam Dora Scholer, deren helle Freundschaft mich ein Lebensalter lang begleitete, die Treppe herunter: «Wie geht es?» — «Komm, ich will dir zeigen, warum es n i c h t geht. Aus lang-lang so nebeneinander kann man keine Baumasse mit Rhythmus machen, das geht nicht und alle Mittelchen helfen

dabei nichts, das bleibt eine Mißgeburt — man müßte denn — — man müßte denn — ja, man müßte die Eingangshalle der Tiefe nach stellen und mit einem Turm das Gleichgewicht suchen — — So kann es gehen — ja — so geht es, dann kommt's ins Gleichgewicht.

Morgen fangen wir an, kerzengrad aufs Ziel los, jetzt geh' ich mit dir hinauf zu den Freunden.»

Das große Büro konnte die Arbeit leicht bezwingen. Stadthalle Hannover und Universitätsbibliothek Tübingen waren damals in Arbeit. Trotz Sizilien, wo mir mehr Abklärung hätte zuteil werden müssen, lastete noch viel Romantik auf mir. Aber die Arbeit bekam den ersten Preis. Als Kennwort hatte ich «umbilicus sueviae» genommen — «der Nabel Schwabens». Wir wußten von Delphi, daß dieses als der omphalos, der Nabel der Welt, angesehen wurde.

Nun wollten wir natürlich den Bahnhof bauen und ich besuchte den Ministerpräsidenten, gleichzeitig Verkehrsminister, Weizsäcker. Das war ein Diplomat der alten Schule, glatt rasiert, kultivierter Prälatenkopf, langer schwarzer Gehrock, und er empfing mich mit vollendeten Manieren: «Ich beglückwünsche Sie zu diesem schönen Erfolg ... Wie alt sind Sie?» — «Dreiunddreißig Jahre, Exzellenz, aber ich habe schon ...» — «Für Ihr Alter ein außerordentlicher Erfolg ... unter so viel Bewerbern ...» — «Aber wie ist es mit der Ausführung, Exzellenz?» Ach, mir fiel die Unterhaltung mit Beemelmanns vor rund zehn Jahren ein, aber Weizsäcker blieb verbindlich: «Nun, darüber wird man später sprechen müssen, es ist heute verfrüht» und so weiter. Und da erfuhr ich, wie das ist, wenn ein guter Diplomat eine halbe Stunde die verbindlichsten Dinge sagt, ohne überhaupt etwas gesagt zu haben.

In der Generaldirektion der württembergischen Bahnen war ein ehrgeiziger junger Baurat Mayer, der die Vorentwürfe gemacht hatte und den Bahnhof gerne selbst gebaut hätte. Ich wäre an die Aufgabe vielleicht nie gekommen, wenn sich nicht folgende Geschichte begeben hätte: Die Stuttgarter Verwaltung schickte die Entwürfe einem berühmten Eisenbahngeheimrat nach Berlin, er möge über die Grundrißfrage ein Gutachten abgeben. Dies Gutachten kam mit sechs Forderungen, es wurde auch mir zugeschickt und ich wurde zu einer Sitzung unter Präsident Stieler eingeladen, in welcher diese Fragen besprochen werden sollten. Ich fand, daß der Berliner recht hatte, und zeichnete in kleinem Maßstab einen neuen Grundriß auf, der sich etwa deckt mit dem heute ausgeführten. Diese Skizzen behielt ich in der Brusttasche und lauschte fast eine Stunde lang den Ausführungen Mayers, der alles besser wußte als der Berliner. Er hat mir später bei der Ausführung viel zu schaffen gemacht, ich war mit einem Satz noch nicht zu Ende, als er es schon besser wußte. Er erklärte, dies ginge nicht und sei Unsinn — — — Ich lauschte noch eine weitere Stunde der Debatte. Ich war ja nur als Gast eingeladen und der Präsident wollte gerade die Sitzung aufheben, da fiel ihm noch ein, mich zu fragen: «Und was ist Ihre Meinung, Herr Professor?»

Es war mir sehr schwer gefallen, so lange still zu sein, aber nun wurde ich belohnt. Ich sagte: «Fünf der Forderungen sind ausgezeichnet, sie ergeben einen guten Plan, die sechste ist ein Irrtum, sie ist nicht vereinbar mit den anderen.», — dann zog ich meine bescheidenen Skizzen aus der Tasche. «Sehen Sie: er fordert eine Haupteingangshalle, eine Vorortverkehrseingangshalle, dazwischen eine Ausgangshalle — natürlich müssen diese dann alle quer zur Front liegen —, alle anderen Dinge gehen hierbei spielend. Sein Irrtum ist nur, daß er Gepäckannahme und Gepäckausgabe symmetrisch zur Haupthalle beiderseits legen will, das geht offensichtlich nicht — und die Vereinigung von Gepäckannahme und -ausgabe zwischen Haupthalle und Ausgangshalle ist von klarem Vorteil.» Alle machten lange Hälse, kamen nah heran, sogar Herr Mayer war still, und wir wurden aufgefordert, diesen Gedanken in einem Vorentwurf großen Maßstabes auszuarbeiten.

Mit dieser Grundrißumstellung kam der Turm an die heutige Stelle, gleichzeitig entstand die Arkade der Hauptfront — aber die Architektur wurde noch romantischer, es gab große Modelle und dann, Gott sei Dank, eine Pause und Abstand.

Im Jahre 1913 war ich in Ägypten. Diese Reise hat sich bei mir weit fruchtbringender ausgewirkt als die Sizilienreise zwei Jahre vorher. Hier wurde mir klar — und das kann man nirgends besser lernen als in Ägypten — wie sehr es nötig ist, jedes Problem zunächst einmal auf seine einfachsten Elemente, auf seine Wurzel zurückzuführen. Nur damit konnte man der Krankheit der Zeit Herr werden, daß man an alle Aufgaben mit vorgefaßten Formvorstellungen heranging, daß die gewollten Formen, also der «Formalismus», v o r den Erkundungen über die Notwendigkeiten lag. Erst wenn es gelingt, durch viele Nebelschalen zum Kern vorzudringen, der immer sehr einfach und klar ist, — und wenn man sich dann beherrscht —, dann erst kann man das Bleibende sagen, das nicht mehr vom Formalen abhängig ist — man möchte beinahe sagen: es ablehnt. Es ist so, als fiele dem auf diese Weise Suchenden die Frucht der Schönheit von selbst in den Schoß: «vom Wahren durchs Gute zum Schönen».

So begann von 1913 bis 1914 der Reinigungsprozeß, die Abklärung von innen her. Aber die letzte Reinigung hat alles erst im Ernst des Krieges gefunden.

Von der Notwendigkeit, härter und einfacher zu werden, war ich wohl überzeugt, aber wie dies den Beamten der Eisenbahndirektion klarmachen, die in den Konventionen, sagen wir Stil Hotel Marquardt, ergraut waren? Der Chef des Hochbaues war Oberbaudirektor Neuffer, der mich wie einen Sohn liebte. Schon zehn Jahre vorher hatte ich mit ihm zusammen die Wallstraßenbrücke in Ulm bearbeitet. Diesen betrübte ich nun am tiefsten. Als ich ihm die letzte Änderung des Turms vorlegte, das Weglassen des Tambours und das geradlinige Hinaufführen, da seufzte der liebe Mann tief auf: ''s wird immer wüschter, aber 's paßt zum andre, — meinetwege, machet Sie's.» Meinen tröstlichen Zuspruch lehnte er ab.

Als mein Freund Hugo Wach einmal zu Besuch kam, sagte er: «Das hast du gut gemacht, aber viel mehr als den Bau bewundere ich, daß du es fertig gebracht hast, die Eisenbahner zur Zustimmung zu bringen.»

Präsident Stieler hatte Vertrauen, aber ich merkte ihm immer an, wenn einer seiner alten Kollegen aus dem Reich bei ihm gewesen war und gesagt hatte: Was macht ihr denn da? Bei der nächsten Bausitzung konnte er seine Verdrießlichkeit nicht verbergen. Als aber der taube Fritz Stahl, der Kritiker des «Berliner Tagblatts», Verfasser guter Bücher über Paris und Rom, den Bahnhofsneubau entdeckt hatte, «endlich die Konventionen durchbrochen und Vorstoß in eine freie unbelastete Welt ...», da glänzte unser Präsident und von da an war das Spiel gewonnen. Später wurde viel darüber disputiert, ob ein Bahnhof einen monumentalen Rang überhaupt haben dürfe. Die Weißenhöfler prägten 1927 das Wort: «dieser Bau erstickt seine Funktion in wilhelminischem Bombast». Ein Bahnhof sei eine primitiv technische Angelegenheit. Heute würde man einen Bahnhof auch viel einfacher bauen. Aber damals waren alle Beteiligten sich darüber einig, daß dieser Bau, der mehr bedeutet als früher ein Stadttor, mehr als alle Tore einer Stadt zusammen, der wirklich der Nabel des Landes und im Stadtorganismus ein wichtigstes Glied ist, wohl einen höheren Rang und Ausdruck verdiene.

Als der Krieg ausbrach, war ich siebenunddreißig Jahre alt. Ich war nie Soldat gewesen wegen einer starken Rückgratverkrümmung, die die Atmungsorgane beeinträchtigte. Aber Mitte August 1914 hielt es einen nicht mehr zu Hause, das Bahnhofsbüro war geschlossen. Am Bezirkskommando, wo man sich anzumelden hatte, waren von weither lesbare Riesenschilder angebracht: «Freiwillige können vorerst nicht mehr angenommen werden.»

Die Straße war dicht voll von jungen und älteren Männern und auf allen Gesichtern stand der gleiche Kummer geschrie-

ben: «Der Krieg geht vorüber und wir sind nicht dabeigewesen.» Später wurde das anders.

Durch «Beziehungen» konnte ich jedoch noch in Tübingen beim Infanterie-Regiment 180 ankommen und wurde dort eingereiht. In der Kaserne ging soweit alles gut, aber schon bei den Märschen kam ich mit dem Atmen kaum mit. Beim Sport, Skifahren, ist mir das nie so sehr zu Bewußtsein gekommen, weil ich das Tempo meinen Fähigkeiten anpassen konnte. Als nach zwei bis drei Wochen ein Sturmangriff auf einen kleinen Hügel geübt wurde, kam ich mehrere Minuten später schwer keuchend an. Der Arzt untersuchte mich noch einmal und sagte: Das geht natürlich nicht.

Die Wiedereröffnung des Bahnhofsbaubüros half mir über diese Niederlage hinweg. Der Bahnhofsbau sollte weitergeführt werden und wir gingen mit vollen Kräften ans Werk. Die private Bautätigkeit hatte mit Kriegsbeginn aufgehört. Kriegsindustrielle Bautätigkeit gab es damals noch nicht, so betrieb der Staat den Bahnhofsbau, um die große Menge der beschäftigungslosen Bauarbeiter unterzubringen. Welche Beispiele des Überflusses! Auch alle Materialien waren noch im Überfluß da, so reich waren wir.

Es war noch die Bahn des Königreichs Württemberg. Zur Reichsbahn wurde sie erst 1920.

Die Fundamente waren zum großen Teil schon vorhanden. Der Teil gegen die Anlagen hatte Pfahlgründung. Unter dem Turm wurden in der vier Meter tiefen Baugrube zweihundertneunzig Pfähle von je elf Meter Länge gerammt, also mehr als drei Kilometer Pfähle. Der Geologe Sauer behaup-

tete, der Turm würde trotzdem gegen die Anlagen «wandern». Aber wir hatten guten Mut und in den ersten dreißig Jahren ist er noch nicht gewandert.

Im Dezember 1914 setzten wir den äußersten Eckstein an der Ludwigsburger Straße, den «Grundstein», in stiller Feier des Büros. Dann entstand, wie es in der Inschrift in der Schalterhalle heißt, in den Jahren 1915 und 1916 bis Frühling 1917 der ganze Rohbau der ersten Bauhälfte, also Ludwigsburger Straße mit Turm, Haupteingangshalle und Kolonnade bis zur mittleren Ausgangshalle. Unmittelbar daneben lagen die Gleise zum alten Bahnhof neben Hotel Marquardt, die in Betrieb bleiben mußten bis zur Eröffnung des neuen Bahnhofes. Dies dauerte aber eine Reihe von Jahren, denn im Frühjahr 1917 (erst!) wurde das Hindenburgprogramm verkündet, das alle anderen Dinge zurückstellte und alle Anstrengungen auf Krieg und Kriegsindustrie vereinigte.

Im Jahre 1916 kam ich anläßlich des engeren Wettbewerbs für das deutsch-türkische Freundschaftshaus nach Konstantinopel. Durch Halil Etem bey, den Museumsdirektor, wurde ich zu seiner Exzellenz dem Oberhofmarschall Ismail Djenani bey gebeten. Zwei Garden, Fez, enge Schnüre auf der Uniform, kreuzweise Bandeliere für Säbel und Schußwaffe, brachten mich an die Türe des großen dreifenstrigen Saales in der «Hohen Pforte». Er erhob sich an seinem Schreibtisch am Fenster und deutete auf den Stuhl neben der Türe. Und auf diese große Entfernung hinüber rief er zu meiner Verblüffung den Satz: «ça je ne comprends pas, mon cher maître, que dans l'ensemble de ces masses rectangulaires,

131

vous voulez construire un tambour rond!» (Das verstehe ich nicht, mein lieber Meister, daß Sie in diesem Ensemble von rechtwinkligen Massen plötzlich einen runden Turmaufsatz machen wollen.) Es ging um den Stuttgarter Bahnhof, dessen Abbildung er im Werkbundjahrbuch gesehen hatte. Darin hatte das Modell noch den runden Tambour. «Excellence, j'ai changé ça, la tour est déjà exécuté [sic!] rectangulaire, vous avez tout à fait raison.» (Exzellenz, ich habe das geändert, der Turm ist schon rechtwinklig ausgeführt, Sie haben vollkommen recht.)

Dann holte er mich näher. Lange Zigaretten, Kaffee ... ich mußte ihm vorzeichnen und er war zufrieden. «Unerforschliche Zusammenhänge» kann man in solchem Falle nur sagen.

Wir haben zunächst nach dem Ersten Weltkrieg viel geplant, aber wenig gebaut. Der wesentliche Inhalt bis 1922 war die Fertigstellung der ersten Bahnhofshälfte, die sehr langsam vor sich ging. Die Nachkriegsarmut gab auch hier viele Schwierigkeiten. Der Stahl für die Bahnsteighallen wurde als Reparationsleistung beschlagnahmt; deshalb mußten wir so viel in Holz ausführen.

Erst im Oktober 1922 wurde der Verkehr aus dem alten Bahnhof neben Hotel Marquardt in den neuen umgelegt. Vier Stunden in der Nacht fuhr kein Zug ein und aus. Welche planvolle Arbeit darin steckte, die sich weit außerhalb des eigentlichen Bahnhofs im Talkessel bis zum Rosensteinhügel erstreckte — in fieberhafter Nachtarbeit neue Weichen einbauen — das kann ein Laie nie ermessen. Die Fernzüge Paris-Wien liefen planmäßig ein und aus. Mit

äußerst komplizierten Kunstbauten der Ingenieure längs der Anlagen waren die Überwerfungen manchmal in drei Stockwerken übereinander so gelöst, daß keine Schienenkreuzung mehr blieb.

Es war für Stuttgart ein großer Tag. Am Vortag war eine würdige Feier in der Schalterhalle. Verkehrsminister war damals der General Gröner, Chef des Eisenbahnwesens im Krieg. Statt der bisherigen vier Geleise hatte die neue Bahnhofshälfte acht, der fertige Bahnhof später sechzehn. Und die City Stuttgarts gewann 400 Meter — die auch heute noch nicht voll ausgebaut sind.

Als Präsident Stieler bald nach dem Krieg in das Reichsverkehrsministerium berufen wurde, wurde Sigel Präsident der Stuttgarter Reichsbahndirektion. Auch er war ein idealer Bauherr, ein musischer aufgeschlossener Mann. Mit ihm haben wir von 1922 bis 1928 in vier weiteren Bauabschnitten den Bau endlich vollendet. Der letzte Abschnitt war das Reichsbahnhotel. In der Inflation war die Reichsbahn arm, aber die Stadt druckte selbst Noten und gab Darlehen.

Unser Büro durfte also auch nach 1922 in den historischen Räumen bleiben, die Januar 1919 und auch später noch einmal die Zuflucht der Regierung gewesen waren. Stuttgart, als «Hort der Demokratie» bekannt, wurde sogar einmal Zuflucht der Reichsregierung. Es war in den kritischen Tagen des Kapp-Putsches 1920. (S. 105—106)

Am 22. November 1942 brannten die hölzernen Bahnsteigdächer des Bahnhofs in Stuttgart ab, genau zwanzig Jahre nach der Eröffnung. Ich sah von meinem Haus

am Bismarckturm nur die große Rauchwolke und eilte noch während des Alarms hinunter. Es war das größte Flammenmeer, das ich je sah; die ganze Fläche 200 mal 160 Meter brannte auf einmal lichterloh. Und durch Flammen und Wolken von Rauch, angestrahlt und wieder in Dunkel gehüllt, sah man ernst und ruhig den steinernen Turm daneben stehen, — so als möchte er sagen: «Ich bin aus Stein, Gottes edelstem Baustoff.» Die Feuerwehrmänner konnten damals noch die große Querhalle mit viel Wasserüberguß verteidigen.

Die größeren Bombenschäden und der Brand der Decken über den Haupthallen waren später. (S. 182)

Dreiviertel etwa von dem, was ich gebaut habe, ist zerstört. Wenn ich noch einen Wunsch frei hätte, so wäre es der, mein Haus am Bismarckturm für Tochter und Enkel wieder aufbauen zu dürfen — und ein wenig bei der Wiederherstellung des Stuttgarter Bahnhofs zu helfen. (S. 186)

Zitate anderer (Auswahl)

1918

Warum ich das im Bau begriffene Empfangs- und Verwaltungsgebäude des neuen Hauptbahnhofs in Stuttgart in die Erörterung mit aufgenommen, obwohl es, wie man sehen wird, verschiedene dem deutschen Wesen diametral zuwiderlaufende Züge aufweist, bedarf einer Erklärung. Es hat mich dazu bestimmt die Tatsache, daß es andererseits eine der Voraussetzungen germanischen Kunstschaffens in nahezu vollendeter Form zu erfüllen verspricht: Die Betonung der Massenwirkung gegenüber der Einzelform und die herbe Größe des hierauf sich gründenden Aufbaus. Die Disposition der Hauptfront an der Schillerstraße zeigt ein überaus sicheres und feines Gefühl für Kontrastwirkungen konkaver und konvexer Bauformen; der Schattenrhythmus der zwischen die großflächigen Körper der beiden Eingangshallen eingespannten Kolonnaden findet einen Wiederhall in den Tiefen der riesigen Hallenfenster. Schade, daß die ganze Schönheit dieser Fassadenkomposition infolge der städtebaulichen Lage nicht voll zur Geltung kommen kann und wird. Zur günstigen Wirkung jener Kolonnaden trägt nicht wenig die flächige, llocharme Wand des Obergeschosses bei, die aber nur erreicht werden konnte auf Kosten der guten Belichtung seiner Räume. Die geringe räumliche Bedeutung dieses Geschosses gegenüber den großen Verkehrsräumen des Erdgeschosses ist jedoch so gering, daß die Anwendung dieses, wenn ich so sagen darf, jesuitischen Mittels, hier zu entschuldigen ist. Ganz anders verhält es sich mit der Front an der Ludwigsburger Straße. Hier bringt die weitestgehende Anwendung des Mittels eine wesentliche Einschränkung der Benutzbarkeit eines ganzen großen Bauteils mit sich, was gleichbedeutend ist mit gröblicher Verletzung eines Fundamentalsatzes deutscher Kunstübung, ja der Baukunst überhaupt. Bonatz hat also den Fehler seines Lehrers Fischer (vom Jenaer Universitätsgebäude) in verstärktem und vermehrtem Maße wiederholt. Das Aufbausystem des Stuttgarter Bahnhofgebäudes erscheint als eine Mischung zweier Prinzipien, die einzeln an verschiedenen Gebäuden von Bonatz mehrfach in Erscheinung getreten sind: des auf französischem Einfluß fußenden Rhythmisch-klassizistischen (strenge Achsenteilung, durchgehende Horizontalen) und des Derb-malerischen der mittelalterlichen und orientalischen Flächenkunst ... Bonatz ist eben auch als Künstler Kosmopolit, seine Werke können deshalb für die Entwicklung einer nationalen, germanischen Architektur nie eine Bedeutung erlangen.

Dr. Ing. FUCHS, Die bedeutsamsten germanischen Monumentalgebäude des 20. Jahrhunderts, in: Der Profanbau, 14, 1918, S. 96—97

1919

Die Kardinalfrage dürfte gegenüber der modernen Baukunst ... sein: entsprechen diese Werke auch der Psyche unserer Zeit? Sind sie aus dem Willen des heutigen sozialen Lebens heraus entwickelt? Und da stehen Berlages Börse und Bonatz' Bahnhof an erster Stelle ...

Der Bau ist die steingewordene Maschinerie unserer Zeit, die «Verkehr» heißt.

... Und wenn noch als Maßstab späterhin der geplante Brunnen in der Ecke vor dem Turm steht, dann wird diese Kraft nur noch herber wirken. Diesen Brunnen denke ich mir als Überleitung von der großen Geste zum menschlichen Niveau sehr am Platze. Er wird den Menschen das rechte Vergleichsmaß ans Auge geben, quantitativ wie qualitativ, denn er vermittelt dem Auge das Maß für die Betrachtung der derbkörnigen Wand und bringt (als Brunnen) eine erfreulich-frisch-menschliche Note ins Bild.

Bonatz ist Kosmopolit, schreibt bedauernd Herr Dr. Fuchs ... Gewiß, mit seinem Bahnhof soll Bonatz Kosmopolit sein und bleiben. Der Bahnhof einer Großstadt gehört der Welt ... Eine «nationale germanische Architektur» — ich glaube im Zeitalter von Handel, Verkehr, Industrie und — Sozialismus ist dies eine Frage dritter und vierter Ordnung.»

Paul KLOPFER, Germanisch, klassisch und modern, in: Der Profanbau, 15, 1919, S. 17—19

Für ihn (Anm.: Bonatz) lautet wohl die dringlichste dieser Forderungen: Sachlichkeit; Sachlichkeit in der Erfassung der Gesamtidee, wie in der zweckmäßigen Durchbildung des Ganzen bis ins Einzelne. Das Praktische, bewußt Illusionslose des modernen Lebens, eine gewisse Kühle, die sich bis zur Ablehnung steigern mag, gegenüber örtlichen Bauüberlieferungen und historischen Stimmungen; jene Eleganz der höchsten, sichersten Brauchbarkeit, die etwa auch gemeint ist, wenn man von der elegantesten Lösung eines mathematischen Problems, einer Maschinenkonstruktion spricht — nach dieser Richtung scheint die Entwicklung des Architekten Bonatz immer gerader und folgerichtiger vorzuschreiten ...

Als Bonatz sich vor das Thema des Stuttgarter Bahnhof-Neubaues gestellt sah, ergab sich ihm als jener zweiter Faktor, der der Sachlichkeit Klang und Farbe, der praktischen Lösung die künstlerische Form zu verleihen habe, die Monumentalität. Sie ergab sich sowohl schon aus dem rein äußerlichen Umfang des Objekts, wie aus der Bedeutung des Verkehrs für das ganze Wirtschaftsleben der Gegenwart, aus der Wichtigkeit des Bahnhofs für das Straßenbild und die Betriebsamkeit einer modernen Großstadt. Sachliche Monumentalität entlehnt sich nicht ihr Pathos aus dem dekorativen Beiwerk aufgeregter oder künstlich starrer Plastik, sondern bringt es aus den eigenen Mitteln hervor, indem sie der absoluten Größe der Baumasse durch einfache, starke Gliederung große Verhältnisse gibt, das rein Zweckmäßige durch ein künstlerisches Grundmotiv ins Ungemeine erhebt.

G. K., Zu neueren Arbeiten von Paul Bonatz, in: Moderne Bauformen, 18, 1919, S. 1—2

1921

Man tritt hinaus (Anm.: aus dem Bahnhof) und findet das Aeußere ganz in demselben Sinne gestaltet, wie die Hallen. Keine Form, die an eine andere Zeit erinnert. Auch keine Form, die an eine andere Art von Haus erinnert. Alle Form ist aus der rein kubischen Fügung der Steinquadern entstanden.

Wenn man aus dem Hauptportal tritt, so ist man an der rechten Ecke der Fassade, die in das Stadtbild hineinwirkt. Die Hauptader der Residenz Stuttgart, die mit dem wunderschönen Schloßplatz als Mittelpunkt neben der behaglichen Altstadt liegt, die Königstraße, läuft gerade auf diese Ecke zu. Da ist ein hoher Uhrturm hingestellt, der als point de vue den Bahnhof markiert. Er muß da sein, trotzdem er praktisch entbehrlich ist. Muß schon deshalb da sein, um gegen den flachen Bau, eine fast ungegliederte Horizontale von 200 Metern, eine Vertikale als von dem Auge geforderten Akzent zu setzen. Für den Näherkommenden wirkt dann der daneben liegende Eingang mit dem ausdrucksvollen mächtigen Fenster... So ist die lange, glatte Seitenfront, das Monumentalste, was moderne Baukunst geschaffen hat ...

Geradeüber dem Bahnhof stehen auf dem Gelände, das durch das geschlossene alte Bahnhofsgebäude und die überflüssig gewordene Strecke frei geworden ist, Häuserblocks, die, nach einem festen Plan gestaltet, von dem neuartigen Bau zu der klassizistischen Residenz, mit der er doch verwandt ist, hinüberführen. Es ist das erste Bahnhofsviertel Deutschlands, und wahrscheinlich der Welt, das nicht eine Scheußlichkeit ist.

Fritz STAHL, Der neue Bahnhof in Stuttgart, in: Berliner Tageblatt, abgedruckt in: Schramberger Zeitung, Nr. 190, 20.8.1921

1922

Er (Anm.: Bonatz) arbeitet hauptsächlich mit seinem gleichgestimmten Freunde F.E. Scholer zusammen. Scholer schafft in der Regel die bautechnische Grundlage, Bonatz die baukünstlerischen Rhythmen und stimmungsvollen Schmuckteile. Das Ergebnis ihrer gemeinsamen Arbeit pflegt von seltener Überzeugungskraft zu sein. Ihre Grundrisse wirken durch die » ebenmäßige Klarheit ihres Achsensystems«, ihr Aufbau durch seine konstruktive Ehrlichkeit ... ihre Universitätsbibliothek in Tübingen und vor allem ihr Stuttgarter Hauptbahnhof sind Musterschöpfungen jener Baukunst, deren Hauptformen, nur leicht rhythmisiert und geschmückt, aus ihren Zweckformen entwickelt sind.

Karl WOERMANN, Geschichte der Kunst aller Zeiten und Völker, Band VI, Die Kunst der jüngeren Neuzeit von 0 bis zur Gegenwart, Leipzig 1922, S. 422

1924

Bonatz hat von Hause aus den Zug ins Große. Der Stuttgarter Hauptbahnhof, 1910 bereits mit flachem Dach entworfen, stellt der bisher üblichen Monumentalität der symmetrischen Schloßfassade eine neue Monumentalität des freien Gleichgewichts gegenüber.

Hans HILDEBRANDT, Die Kunst des XIX. und XX. Jahrhunderts, in: Handbuch der Kunstwissenschaft, begründet von Fritz Burger, hg. von A.E. Brinckmann, Wildpark Potsdam 1924, S. 289

Aus dem ersteren (Anm.: dem preisgekrönten Wettbewerbsentwurf), der bei aller Frische der Erfindung noch ein architektonisch unlogisches Konglomerat darstellt, hat sich ein Gebilde entwickelt, das die verhängnisvollen Programm- und Platz-Gegebenheiten seinem Baugedanken so weit als möglich sich dienstbar macht. Den Kern des Baues bildet die auf dem erhöhten Niveau der Anfahrtsgeleise gelegene Kopfbahnsteighalle; sie ist im Gegensatz zu den Kopfbahnsteigen früherer Bahnhöfe, die sich (wie in Frankfurt etwa) nach den Anfahrtsgeleisen zu frei öffnen, als geschlossener, wandumfriedeter Raum durchgeführt; ...

Es ergab sich ein Massenbau, dessen einzelne Teile organisch aneinandergefügt und miteinander verzahnt sind. Sein Gesetz kommt im Grundriss wie im Aufriss klar zum Ausdruck: stetiges Anschwellen von Westen nach Osten. Das Schiff der Kopfbahnsteighalle führt vom niederen Nebenausgang zu der Höhe des Turmes; die Fassade im ganzen steigert sich von der kleineren, über die Hauptfluchtlinie leicht vorgebauten Eingangshalle für den Vorortsverkehr über die lange Pfeilerreihe zu der stark vorspringenden grossen Schalterhalle, auf die in kurzem Abstand der Turm folgt. Das Gesetz dieser Dynamik ist einleuchtend und suggestiv, seine Verwirklichung leidet unter der in Bezug auf die Hauptschalterhalle und die Proportionen der Kopfbahnsteighalle überraschenden Schmalheit des Turmes ... Die Anlage der Räume selbst und ihre Abfolge

verbindet klarste architektonische Gestaltung mit verkehrstechnisch bester Lösung ... der gestaltende Eros beginnt sich auch in der Architektur wieder zu regen.
Hans CURJEL, Der neue Hauptbahnhof in Stuttgart, in: Das Werk, 11, 1924, Seite 100—107

1925

Von den beiden Großbauten dieser Zeit kommt, da der Leipziger Bahnhof eine ganz konventionelle, für seine Größe keinen Maßstab ergebende Fassade hat, nur der um so imposantere Stuttgarter Neubau der Kriegsjahre in Betracht. Er ist eine sowohl städtebaulich wie in seiner wuchtigen, den Geist der Einmütigkeit des Jahres 1914 verkörpernden Formensprache eine ganz hervorragende Architekturschöpfung von Paul Bonatz und F. Scholer.
Walter MUELLER-WULCKOW, Bauten der Arbeit und des Verkehrs aus deutscher Gegenwart, Königstein i.Ts., Leipzig 1925, S. 9

1927

Dieser erfolgreiche und wohl in allen Lagern anerkannte Meister (Anm.: Bonatz) hat neben Behrens zuerst mit voller Klarheit den Wert des Kubus für die neue Architektur erkannt. Sein preisgekrönter Wettbewerbsentwurf für den Stuttgarter Bahnhof ist die freie Schöpfung eines ohne Schema und Rezept arbeitenden Künstlers. Hier sind alle Zwecke glücklich erfüllt und zu Anregern einer fein ausgewogenen Massenkomposition großen Stils geworden. So ungezwungen und malerisch sie anmutet, so streng sind die Teile in kubische Formen gebannt und aneinander gebunden. In diesem edlen Torso, der sich allmählich in Jahren der Not

zum fertigen Organismus entwickelt, verkörpert sich groß und rein der Zweckgedanke des für unser Leben so wichtigen Verkehrsbaues: Menschenmassen zu sammeln und einem Ziel zuzuleiten, Brennpunkt zu sein für die Strahlen des interurbanen und internationalen Verkehrs ... Offenbart sich in der Behandlung des Architekturdetails die Kraft eines die Überlieferung klug nutzenden Neuerers, so fordert anderseits die Kühnheit Anerkennung, mit der diese streng geformten Baumassen gegen das Bild des alten romantischen Stuttgart in berechtigtem Anspruch auf neue Geltung auftreten. Da gibt es kein schwächliches Paktieren; hier tritt die neue Zeit, gänzlich unsentimental, in ihre Rechte. Ein neuer Maßstab wird ins Stadtbild getragen ...

Der Stuttgarter Bahnhof ist als Ganzes eine wichtige Pionierleistung; das Wesen des Begriffes «Bauen» ist hier endlich wieder in seinem Kern erfaßt und zur Anschauung gebracht: jenes Wesen, das die Ägypter und die Babylonier kannten, das sich in römischen Ingenieurbauten kundgibt... am Stuttgarter Bahnhof (Anm.: zeigt sich) die kluge Beschränkung eines Baumeisters, der den Pulsschlag der Zeit fühlt und sein Wissen um das künstlerische Erbe der Vergangenheit ihr dienstbar macht.
Gustav Adolf PLATZ, Die Baukunst der neuesten Zeit, Berlin 1927, S. 41—43

1929

Bonatz, whose Stuttgart station is finer than any single work of Behrens, merits particular mention.
Henry-Russell HITCHCOCK, Modern Architecture, New York 1929, 1970 (2. Aufl.), S. 138

1932

Wir denken uns heute einen Bahnhof vor allen Dingen als eisenbahntechnische Angelegenheit, als ein bescheidenes technisches Gebäude, das dann auf Grundlage dieser vollkommenen Prätentionslosigkeit sich zum Eindruck überlegener Ordnung und jener Würde aufschwingt, die mit dieser Ordnung immer verbunden ist. Der Stuttgarter Bahnhof scheint aber gerade umgekehrt konzipiert zu sein: als städtebauliche «Dominante», als grossartige Kulisse von der Monumentalität römischer Thermen, in die dann nachträglich mit sehr bemerkenswertem Geschick die Bedürfnisse des Bahnhofes eingegliedert wurden ....
Peter MEYER, Das neue Kunstmuseum in Basel, Die Tragödie einer grossen Bauaufgabe, in: Das Werk, 19, 1932, S. 94—95

1935

Dasselbe, was uns heute an dem Stuttgarter Bahnhof von Bonatz zu monumental ist, zu wenig Spannung und Getriebe des Bahnhofs enthält, was in vielen Staudämmen und Kraftwerken zu sehr «Haus in der Sonne» geblieben ist, alles das soll durch neue Sachlichkeit überwunden werden, auf die diese Monumentalisierung der Sachbauten, der Bauten der Arbeit und des Verkehrs mit Riesenschritten zueilt.
Richard HAMANN, Geschichte der Kunst, Berlin 1935, S. 866

1937

Zum erstenmal zeigte sich die ganze lebenerfüllende Kraft seines Schöpfers in einem Werk, das frei von stilistischen Bindungen früherer Bauten zu neuen, großen und eigenen Formen vorstößt, deren Frische auch heute noch unvermindert lebendig ist. Sein Schöpfer ist jenem leeren Schematismus aus dem Wege gegangen, den die anderen eingeleitet haben und der der Ruin eines gesunden und gewachsenen Bauens werden mußte. Neu ist vor allem die freie Behandlung des Grundrisses, der nicht aus einer formalen Auffassung entstand, sondern aus den Forderungen des Verkehrs frei entwickelt wurde. So entstand eine klare Gliederung des inneren Organismus, die in den großen Räumen ihren beherrschenden baulichen Ausdruck findet ... Daneben ist der Bahnhof ein lebendiger Teil des Stadtorganismus. Ebenso wie das Innere des Baues bilden auch Bahnhof, Vorplatz und Verkehrsstraßen der Stadt einen sinnvollen Grundriß, bei dem die Öffnungen den Straßen und die Wände dem Platz antworten. Zwischen Außen und Innen bestehen Spannungen, die ihren baulichen Ausdruck finden. Neu ist auch die Behandlung der Baumassen, die entgegen jeder üblichen Auffassung von repräsentativem Bauen in freiem Spiel zusammengestellt und gegeneinander abgewogen wurden. Sie sind nicht auf eine Achse symmetrisch aufgereiht, sondern haben ihre Akzente jeweilig da, wo die Lage des Baukörpers im Stadtorganismus sie verlangen ... Die Durchbildung des Äußeren und vor allem die der großen Hallen zeigt, wie mit den Mitteln eines geschulten Steinhauerhandwerks Wände und Pfeiler lebendig werden und wie mit diesen einfachen Mitteln ohne alle Zutaten Bauten von großer Monumentalität entstehen, deren eindringliche Wucht solchen des Mittelalters gleichkommt. Mit dem Stuttgarter Bahnhof hat Bonatz die heimatliche Einflußsphäre gesprengt. Er hat mit ihm ein Bauwerk geschaffen, das die freie Luft einer großen Architektur atmet und der schwäbischen Hauptstadt ein großstädtisches Gesicht verleiht.
Friedrich TAMMS, Paul Bonatz, Arbeiten aus den Jahren 1907 bis 1937, Stuttgart 1937, S. 6—7

1948

Aber erst die weitere Durcharbeitung brachte jene kristallische Klarheit und engste Bezogenheit auf die Umwelt, die dann das Bauwerk zum Begriff und zum Symbol machten ...
Hans MEHRTENS, Paul Bonatz, Die Ernte eines siebzigjährigen Lebens, in: Der Baumeister, 45, 1948, S. 384, 388

1949

Den durch den Krieg zwar verzögerten, aber nicht unterbrochenen Aufstieg dieser Kräfte (Anm.: Poelzig, Taut usw.) bezeugen schlichte, von jedem falschen Pathos freie und doch großartige Bauten wie der Bahnhof in Stuttgart, den Paul Bonatz (geb. 1877) 1911—1928 errichtete ...
Eberhard HEMPEL, Deutsche Kunstgeschichte, Band 1, Geschichte der deutschen Baukunst, München 1949, S. 554—555

1952

Einen besonderen Ruhm der Anlage bildet der ausgeschiedene Kopfbahnsteig, eine mächtige, ummauerte Querhalle, aus der man in die lichte Helligkeit der aus Eisen konstruierten Außenhalle des Bahnverkehrs hätte treten sollen ... Der gesamte ... Außenbau des Stuttgarter Bahnhofs wirkt durch die schmucklose strenge Form mittelalterlicher Profanbauten. Vergleicht man allerdings einen von ihnen, etwa den Papstpalast in Avignon, mit dem neuen Werk, so steht der irrationalen Dynamik des Mittelalters eine wohlproportionierte Ordnung gegenüber

Julius BAUM, Das 20. Jahrhundert, in: W. FLEISCHHAUER, J. BAUM, St. KOBELL, Die schwäbische Kunst im 19. und 20. Jahrhundert, Stuttgart 1952, S. 174

Paul Bonatz (*1877) hat den größten Verkehrsbau vor dem Krieg … geschaffen, einen monumentalen Rustikabau mit starker Betonung der kubischen Massen und kluger Zurückhaltung der Einzelformen. Die städtebauliche Einordnung mit dem Uhrenturm im Blickfeld der Hauptverkehrsstraße hat das Gesicht der Stadt nicht unwesentlich verändert.

Will GROHMANN, Bildende Kunst und Architektur, Berlin 1953, S. 285

1957
Als er (Anm: Bonatz) im achtzigsten Jahr starb, konnte sein Stuttgarter Bahnhof, dessen erste Pläne auf das Jahr 1911 zurückgehen, mit seinen klar gegliederten Baumaßen noch immer seinen Ruf als «schönster Bahnhof Deutschlands» behaupten.

Clara MENCK, Abschied von Paul Bonatz, in: Frankfurter Allgemeine Zeitung, 29. Januar 1957, S. 8

1958
Sein (Anm.: Bonatz) Stuttgarter Hauptbahnhof … ist klar gegliedert, wirkt hingegen zu monumental. Nachdem man diesen Bau bewundert hat … muß zugegeben werden, daß ein Bahnhof keiner so metaphy-

sisch strotzenden Eingangshallen bedarf, außen keiner so fortifikatorischen Hausteinwucht und innen keines so hohen Schiffes, das an einen romanischen Dom erinnert … man erwartet heute beim Eintritt in einen Bahnhof keine heiligen Hallen mehr.

Franz ROH, Deutsche Kunstgeschichte, Band VI, Geschichte der deutschen Kunst von 1900 bis zur Gegenwart, München 1958, S. 380

In Stuttgart the railway station by Paul Bonatz (1877—1956) and F. E. Scholer (b.1874) is the finest though not the largest of several built in Germany in these years … This structure has a rather Richardsonian flavour in its extensive unbroken wall surfaces of rock-faced ashlar and its plain round arches. But the influence here came rather from the Munich architect Theodor Fischer (1862—1938). Bonatz Stuttgart work is bolder, simpler, and quite as admirably expressive of the traditional materials used.

Henry-Russell HITCHCOCK, Architecture, 19th and 20th centuries, Harmondsworth 1958, S. 342

1963
Ganz am Anfang dieser von allem Traditionellen unterschätzten und gegen alles Traditionelle auftretenden Richtung steht neben Peter Behrens der Lothringer Paul Bonatz mit dem für diese baukünstlerische Haltung bedeutendsten Bahnhofsbau … In großartiger Weise durchdringen in diesem Bahnhof Schienen- und Straßenverkehr einander. Der Empfangsbau nimmt mit seinen zwei Eingangshallen an der Kopfseite den Verkehrsstrom zweier Hauptstraßen gerad-

linig in sich auf und begleitet mit seiner Front den breit vorüberflutenden Verkehr, ähnlich einen städtebaulichen Konzentrationspunkt bildend, wie der Hauptbahnhof in Leipzig … Die Rustikaquaderung verleiht dem ganzen kubisch addierten Baukomplex eine leicht flimmernde Oberfläche, die ein frührenaissancehaft ausgleichendes Verhältnis zur Dynamik der schweren Mauermassen annimmt … Die beiden Architekten erweckten hier eine Art frühe Klassik wieder zum Leben, in einer Zeit, da die Technik alle traditionellen Baugesetze, Normen und ästhetischen Wertungen mit Hilfe neue(r) Materialien und daraus resultierenden Bauauffassungen umzustoßen begann, wie das folgende Karlsruher Beispiel bereits andeutet. Man sollte jedoch auch nicht übersehen, daß wohl gerade diese mit Massen operierende Architektur Anknüpfungspunkt für das klotzige Ausblühen des Hypermonumentalismus der 30er Jahre geworden war. Im Hinblick darauf wird aber am Stuttgarter Bahnhof die hohe künstlerische Qualität der Bonatzschen Bauleistung deutlich.

Der Baukörper wird als Block aufgefaßt, durch dessen riesige Rundbogenöffnungen Außen- und Innenraum ineinanderfließen … An die Stelle der nur äußeren formalen Repräsentation tritt eine aus der Notwendigkeit der gegenwärtigen Zweckerfüllung geborene neue Monumentalität … Der Stuttgarter Bahnhof bietet … eines der hervorragendsten Beispiele künstlerisch bewältigter Bahnhofsarchitektur. Die erreichte Übereinstimmung von innerer Funktion, äußerer Gliederung in Grundriß und Aufbau sowie städtebaulicher Beziehung zum und Einordnung ins Verkehrsgefüge rechtfertigen die Feststellung einer zweiten klassischen Stufe des Bahnhofs-baues, die Bonatz und Scholer hier ge-schaffen haben.

Hans MÜLLER, Bahnhofsarchitektur, Zur baukünstlerischen Entwicklung von Emp-fangsgebäuden in Deutschland, Berlin 1963, S. 143—146

1964

The entrances are marked by arches at the right and left extremities of the main front, and the exits lie behind a long connecting colonnade; in this way the departing traveler's path is marked by arches and the arriving passenger waits for local transpor-tation behind the colonnade, thus making use of two familiar station symbols.

Stuttgart's station bulks no less ponde-rously than Helsinki's, though it totally lacks the painstaking attention to orna-ment of the latter. It seems now to be Nazi design avant la lettre ...

Carroll MEEKS, The Railroad Station, An ar-chitectural History, New Haven-London 1964 (2. Aufl.), S. 139—140

1968

Legato nelle sue prime opere all'eclett-ismo ottocentesco subisce successivamen-te l'influenza del razionalismo americano e dello Jugendstil; le sue opere mature sono caratterizzate da un arcaismo classi-cista ben accetto alla cultura nazista ... Opere successive riflettenti le correnti ar-tistiche contemporanee: Stoccarda, sta-zione (progetto del 1911, in collaborazione con Scholer) e Zeppelinbau (1929—31) ...

Dizionario Enciclopedico di Architettura e Urbanistica, diretto da Paolo Portoghesi, o.A. 1968, S. 392

1969

Nach der Jahrhundertwende, als die zwei größten Bahnhöfe Europas, in Leipzig und in Mailand, sich im Bau befanden, erfährt die Gestaltung der Bahnhöfe einen starken Umschwung. Aber nicht diese beiden Sym-bole von Macht und Stärke, unerwünschte Beispiele von Größenwahn einer sinkenden Bauauffassung, werden richtungsgebend, sondern zwei andere: der Bahnhof in Stutt-gart und der in Helsinki. Doch keiner von ihnen bringt im Grundriß wesentlich Neu-es; nicht als Bahnhof, sondern als Bauwerk sind sie mustergültig, denn die Form hat sich gewandelt, das architektonische Ant-litz. Die Sorgfalt, mit der man hier ans Werk ging, darf als Beispiel gelten. In Stuttgart wird ein Steinbau errichtet, der an seiner Fassade keine Ornamentik mehr aufweist; dies ist ein revolutionärer Schritt, eine Anpassung an die künstleri-sche Avantgarde ... Bei diesen beiden Bahn-höfen wurde etwas Baukünstlerisches ge-leistet, das weit über das Eisenbahnwesen hinausragt, diese beiden Gebäude wurden auch in der Architekturgeschichte ver-zeichnet. Und das bedeutet viel ... Stutt-gart ist einer der bestgelungenen und be-zeichnendsten Bahnhöfe seiner Zeit ... hier (Anm.: wird) in der Gesamtkonzeption zum erstenmal bei einem Großstadtbahnhof der Historismus überwunden.

Mihály KUBINSZKY, Bahnhöfe Europas, Stuttgart 1969, S. 34, 141—143

1973

Der Stuttgarter Hauptbahnhof wurde nach langer Bauzeit schließlich 1927 eröffnet. Man nannte ihn einen der schönsten Bahn-höfe der Welt.

Dennis SHARP, Architektur im 20. Jahrhun-dert, München 1973, S. 84

MALERISCHE MONUMENTALITÄT

Zu einem bedeutenden Vertreter dieser Richtung wurde das Stuttgarter Hauptbahn-hofsgebäude von Paul Bonatz und Friedrich Eugen Scholer. Seine lange, durch den Krieg unterbrochene Bauzeit ließ das Bauwerk zu einem Zeitgenossen des Dessauer Bauhaus-komplexes werden, wenn auch sein Kon-zept der monumentalen Phase vor 1914 entstammt ... Auch in der Gruppierung der Volumen zeigt sich die doppeldeutige Situa-tion dieser Jahre. Einerseits erfüllte der Stuttgarter Bahnhof die Forderung nach malerischen Eindrücken, für die in Deutsch-land der Name von Bonatz' Lehrer Theodor Fischer stand. Zum anderen ermöglichte die asymmetrische Gruppierung der Bau-massen bei jedem Perspektivwechsel eine optische Verschiebung der Teile zueinander, wie sie die «Raum-Zeit-Architektur» des In-ternationalen Stils verlangte. Die Einsicht, daß Bauformen nicht unabhängig vom Be-wegungsrhythmus der Großstädte entwi-ckelt werden können, datierte ja auch nicht erst aus den Tagen des Dessauer Bau-hauses. 1914 schrieb Peter Behrens, der ra-sche Großstadtverkehr erfordere breit aus-gedehnte Flächen, eine Reihung gleichmä-ßiger Einzelheiten und «ein übersichtliches Kontrastieren von hervorragenden Merk-malen» (Pehnt zitiert BEHRENS, P., Einfluß von Zeit- und Raunausnutzung auf moderne Formentwicklung, in: Jahrbuch des Dt. Werkbundes 1914, Jena 1914, S. 8). Es sind Kriterien, die vom Stuttgarter Haupt-bahnhof abgeleitet sein könnten, aber auch auf Behrens' eigenes Schaffen zutrafen.

Wolfgang PEHNT, Die Architektur des Expressionismus, Stuttgart 1973, S. 50, 64—65

1976

One year after Helsinki the Stuttgart station was begun. The architects were Bonatz and Scholer, and the building was ready in 1928. Here also an asymmetrically-set tower is the climax of the composition. The heavy rustication used throughout gives the building something of the elementary character of the Völkerschlachtdenkmal. The Badischer Bahnhof at Basel, 1912—1913 by Curjel and Moser, has nothing of the aggressiveness of Stuttgart.
Nikolaus PEVSNER, A History of Building types, London 1976, S. 232— 234

1977

Sogar ein so begrenzt verwendbarer Sonderdialekt wie der Ägyptizismus mit seinen Anklängen an Totenkult, mit seiner rigorosen Stereometrie und seinen geschlossenen Außenflächen läßt sich von Claude Ledoux und Etienne Boullée bis zu Peter Behrens und Paul Bonatz verfolgen.
Giulio Carlo ARGAN, Die Kunst des 20. Jahrhunderts, 1880—1940, Berlin 1977, S. 333

Er (Anm.: der Bahnhof) brachte seinen Architekten, Paul Bonatz, mit einem Schlag ins internationale Gerede. Traditionellen Mustern entsprach er nicht. Da waren keine pompös gewölbten Hallen, keine figurengeschmückten Portale, kein tanzender Merkur auf dem Globus. Aber «Neue Sachlichkeit», wie sie seit 1927 an der Weißenhofsiedlung, gleichfalls in Stuttgart, demonstriert wurde, war das auch nicht. Im Gegenteil. In den schmucklosen Formen dieses Steinbaus, mit dem wahrzeichenhaft in die Achsen der Stadt gesetzten kantigen Turm, mit den hart ausgeschälten hochbogigen Pforten und Fenstern, den breiten, sanft abfallenden Treppen, dem strengen Takt seiner Pfeilerhalle drückte sich mehr Pathos aus als in den verbrauchten Stilschablonen der Gründerjahre …
Helene RAHMS, Vom Steinmonument zur Stahlkonstruktion, in: Frankfurter Allgemeine Zeitung, 7. Dezember 1977, S. 27

Die herausragende architektonische Leistung, die den Stuttgarter Hauptbahnhof in die Nähe von Behrens-Bauten rückt, liegt nicht so sehr in den formalästhetischen Details, eher im Funktionalen und Städtebaulichen … Bonatz gelang es … in Stuttgart weit eindrucksvoller als in den genannten Beispielen, interne Funktionsforderungen mit externen Stadtbauproblemen zu koordinieren und daraus auch noch gestalterisches Kapital zu schlagen … Und der breite Bahnhofsvorplatz, dessen Randbebauung Bonatz später ebenfalls gestalten sollte, schafft einerseits Distanz zum historischen Altbaubestand, andererseits ein Proszenium für die Qualitätsvorstellungen der neuen «Großstadtarchitektur». Wobei die kalkulierte Asymmetrie der Fassade dem Betrachter bei jedem Standortwechsel eine optische «Bewegung» der Bauteile zueinander bietet. Das Motiv einer «Großstadtarchitektur», die in sich selbst das pulsierende, bewegte Großstadtleben wiederzuspiegeln habe, wurde wenig später eine bedeutende Forderung der Vertreter des «Internationalen Stils» …

Etikettierungen wie «wilhelminischer Bombast» oder «Vorläufer der neuen Sachlichkeit» sind alles andere als hilfreich. Denn so sehr sich der Bau einerseits bemüht, Wilhelminisches abzustreifen, so wenig hat er andererseits in seiner konkreten, erst 1928 fertiggestellten Form je als Vorläufer der Moderne gedient.

Auch heute noch wird man den zweifellos vorhandenen Qualitäten des Stuttgarter Hauptbahnhofs nur dann gerecht, wenn man sie auf Einzelphänomene hin untersucht. Mögen Maßstab, äußere Gestalt und Detailausbildung bis in die Gegenwart hinein umstritten sein, so hat das Stuttgarter Bahnhofskonzept, was typologische, funktionale und städtebauliche Anforderungen anbelangt, einer Fülle innovativer Lösungen zum Durchbruch verholfen. Das Prädikat «Wegbereiter» wird somit zumindest für den europäischen Bahnhofsbau noch einige Zeit absolute Gültigkeit haben.
Frank WERNER, Architekt ohne Avantgarde?, in: Paul Bonatz 1877—1956, Stuttgarter Beiträge, 13, 1977, S. 15—16

1978

Aus der Erfassung der Funktionen und aus der Einfühlung in die städtebauliche Situation hat Bonatz eine einprägsame Gestalt entwickelt. Von heute aus gesehen, steht dieser Bau an einem Wendepunkt der Entwicklung. Die Klarheit und Strenge der Bauformen, die Reduzierung des Baukörpers auf wenige, quaderförmige Elemente nimmt spätere Entwicklungen vorweg. Die monumentale Ausdeutung als Stadttor, ja als Nabel des Landes, verbindet ihn mit der Symbolarchitektur des 19. Jahrhunderts. Ein drittes Merkmal, die sorgfältige Ausbil-

dung des handwerklichen Details, die Entwicklung der Form aus dem Detail, sollte zum Kennzeichen der Stuttgarter Schule werden.
Jürgen JOEDICKE, Über den Architekten Paul Bonatz, Auszug aus seiner Rede, gehalten anlässlich des 100. Geburtstages von Paul Bonatz, S. 32—33

Aber wesentlich ist wohl, dass hier nicht einfach ein neuer Stuttgarter Bahnhof gebaut worden ist, sondern ein Bahnhof genau und sehr gerecht IN und FÜR diese Stadt. Das hat seinem architektonischen Konzept eine Fexibilität verliehen, die über jene vergleichbarer Beispiele hinausgeht. Damit wird das Gebäude — von den Einzelheiten einmal abgesehen — zu einem wichtigen Element innerhalb der modernen Architekturentwicklung. Die stadtbezogene Gruppierung zum einen, die Möglichkeit, ihn nur partiell wahrnehmen zu können und die daraus resultierende Grössenrelativierung zum anderen, haben dem Stuttgarter Bahnhof eine fast intime Position eingebracht. Sein Bezug zur Stadt ist jedenfalls intensiver als üblich.
Klaus-Jürgen SEMBACH, Stadtattraktion Bahnhof, in: Du, 39, 1979, Nr. 4, S. 69—71

1981
In den Bereichen, die heute zur City zählen, stehen Stuttgarts wertvollste Baudenkmale, die das Stadtbild entscheidend prägen. Dazu gehören nicht nur die allgemein bekannten historischen Bauten wie Altes Schloß ... sondern auch Bauwerke der jüngeren Architekturgeschichte wie Hauptbahnhof... Nach dem Krieg griff die Verkehrsplanung sehr entscheidend in das ursprüngli-

che städtebauliche Gefüge ein ... Hier gilt es, durch Gestaltung der Straßenräume die funktionellen, räumlichen und stadtbildlichen Zusammenhänge wieder herzustellen...
Entwicklungsprogramm Stuttgart-Mitte, Landeshauptstadt Stuttgart 1981, S. 26

1983
Stuttgart ist hervorragend in das Intercity-Netz der Bundesbahn und damit in das europäische Eisenbahnnetz eingebunden ... Was er (Bonatz) und sein Mitarbeiter F. E. Scholer schließlich unter dem Kennwort «umbilicus sueviae» ... vorlegten, wurde mit dem ersten Preis ausgezeichnet ... und gilt heute noch als eines der schönsten und gelungensten Bahnhofsgebäude in Europa. Bonatz' Stuttgarter Meisterwerk ging in die Baugeschichte ein ...
Broschüre der Deutschen Bahn 1983

Der Stuttgarter Hauptbahnhof ... erinnert in seiner ausdrucksstarken Monumentalität an die gleichzeitigen Industriebauten von Peter Behrens und ist in seiner Verbindung von funktionaler Gliederung und reduziertem Historismus dem Hauptbahnhof in Helsinki von Eliel Saarinen verwandt ...
Gerd HATJE, Paul Bonatz, in: Lexikon der Architektur des XX. Jahrhunderts, hg. von Vittorio Magnago Lampugnani, Stuttgart 1983, S. 36

1985
Paul Bonatz hat zusammen mit Fritz Scholer ... im Neubau des Hauptbahnhofes von Stuttgart ... ein Bauwerk geschaffen, das über Süddeutschland hinaus weltweit Anerkennung fand. Der Neubau stellt einen

der wenigen Bauten des 20. Jahrhunderts dar, die zum neuen Wahrzeichen einer Großstadt wurden, da seine Architektur in gleicher Weise den Bedürfnissen breiter Bevölkerungsschichten entgegenkommt, wie auch der kritischen Beurteilung der Fachleute standhält. Die unmittelbar einleuchtende städtebauliche Organisation verbindet sich mit einer räumlichen Gestalt, die der sozialen Bedeutung des Empfangsgebäudes einer Stadt entspricht, und dies auf allen Maßstabsebenen, von der Fernwirkung der Gesamtsilhouette bis zur Erfahrung aus der Nähe, in der Berührung mit dem einzelnen Detail.

Innerhalb der kontroversen Strömungen seiner Entstehungszeit, einerseits der großstadtfeindlichen Romantik, mit Rückkehr zu Landschaft, Handwerk und Gartenstadt und andererseits ihres Gegenpoles, einem unbegrenzten Fortschrittsglauben mit der Siegeszuversicht einer neuen Maschinen-Zivilisation, findet Bonatz einen eigenen Weg im spannungsreichen Wechselverhältnis zwischen handwerklichen und ingenieur-technischen Konstruktionen. Tradition wird nicht verleugnet, aber aus der Gegenwart auf der Höhe der Zeit neu interpretiert ... Es gelingt seinen Bauten, sich über die Vereinnahmung durch eine kurzlebige Nützlichkeit zu erheben und die Eigengesetzlichkeit architektonischer Gestalt in den neuen Raumschöpfungen so erfahrbar werden zu lassen, daß einprägsame Orte und urbane Behausungen für den Einzelnen wie auch für die Allgemeinheit entstanden ...
Helmut GEBHARD in: Süddeutsche Bautradition im 20. Jahrhundert, Architekten der Bayerischen Akademie der Schönen Künste, Katalog zur Ausstellung im Königsbau

der Münchner Residenz, München 1985, S. 119–123

1987

Wenn heute der Stuttgarter Hauptbahnhof ein wenig als «graue Maus» wirkt, dann liegt das eher im nicht ganz stilgerechten Wiederaufbau nach dem Krieg und eben auch an den baulichen Veränderungen der Umgebung. Dennoch gilt das Werk von Bonatz ... mit Recht als einer der schönsten und gelungensten Bahnhöfe in Europa.
Südwestpresse Ulm, 19.10.1987

Der Stuttgarter Hauptbahnhof ist in das Denkmalbuch eingetragen und damit unter Denkmalschutz gestellt worden ... Die Eintragung in das Denkmalbuch habe er aus heimatgeschichtlichen, wissenschaftlichen und künstlerischen Gründen vornehmen lassen, sagte der Stuttgarter Regierungspräsident Bulling. Der Bahnhof sei die letzte große architektonische Leistung für einen Kopfbahnhof in Deutschland.
Frankfurter Allgemeine Zeitung, 22.8.1987

Wahrzeichen der Landeshauptstadt unter Denkmalschutz – Frühes Beispiel des Kubismus – Stuttgarter feierten zwei Tage lang das 65jährige Bestehen ihres Hauptbahnhofs ... Über 100 000 Besucher waren gekommen ...
Schwäbische Zeitung, 19.10.1987

Deutlich mehr als 100 000 Besucher ... haben am Wochenende an der «Geburtstagsparty» des Stuttgarter Hauptbahnhofs teilgenommen ... Das Hauptwerk des Architekten Paul Bonatz – es gilt als frühes heraus-

ragendes Beispiel des Kubismus in der deutschen Architektur – hat sich in diesen 65 Jahren zum Eingangstor und einem der Wahrzeichen der Landeshauptstadt entwickelt.
Badische Zeitung, 19.10.1987

Der Bau ist ... ein Wahrzeichen, das mit Recht wegen seiner architektonischen Bedeutung für seine Zeit unter Denkmalschutz steht.
Manfred ROMMEL, Oberbürgermeister der Landeshauptstadt Stuttgart, 17.10.1987

Ich freue mich, daß der Stuttgarter Hauptbahnhof seit nunmehr 65 Jahren ein markantes Wahrzeichen unserer Stadt ist. Die Bürger Stuttgarts sind stolz auf dieses Bauwerk. Der Bahnhofsturm und die gewaltige Front ... stellen eine unverzichtbare Bereicherung des Stadtbildes dar. Stuttgarts Hauptbahnhof ist aber auch Ausdruck für den hohen Anspruch an die Architektur der 20er und 30er Jahre. Die Stuttgarter Architekturschule wurde durch ihn in ganz Deutschland bekannt. Die Landeshauptstadt hat mit ihrem Hauptbahnhof ein würdiges «Tor zur Welt».
Manfred ROMMEL, Oberbürgermeister der Landeshauptstadt Stuttgart in seinem Grußwort in der offiziellen Festschrift der Deutschen Bundesbahn 1987

Für den Stuttgarter ist der Bahnhofsturm, wie überhaupt der Bahnhof, ein Gegenstand des Stolzes und eine Quelle der Überzeugung, daß man dort irgendwie mit der großen Welt verbunden sei, ja vielleicht sogar zur großen Welt gehöre ...
Manfred ROMMEL, Oberbürgermeister der

Landeshauptstadt Stuttgart, Rede vom 17.10.1987

Vor wenigen Monaten wurde das Bauwerk in das Denkmalschutzbuch eingetragen. Wir sind uns der Bedeutung dieses Schutzes für die Nachwelt bewußt.
Dr. Ulf HÄUSLER, Präsident der Bundesbahndirektion Stuttgart in der offiziellen Festschrift der Deutschen Bundesbahn 1987

Für die Zukunft wird es wichtig sein, nicht nur das historische Bild zu erhalten, sondern auch die Funktion als Service-Center zu entwickeln und eine urbane Atmosphäre zu schaffen, in der sich Reisende und Passanten wohl fühlen.
Ulf HÄUSLER, Präsident der Bundesbahndirektion Stuttgart, Rede vom 17.10.1987

1988

Immerhin handelt es sich um das Wahrzeichen der Stadt, das auch in keinem Architekturführer oder Architekturlexikon fehlt. ...
Bauwelt, 8.7,1988, S. 9

1997

... Der Hauptbahnhof ist ein bahnbrechendes Werk der modernen Architektur. In einer Zeit, die versuchte, sich vom Eklektizismus und vom formalen Überschwang des Historismus zu lösen, wirkte er ästhetisch revolutionär ...
Martin WÖRNER, Gilbert LUPFER, Stuttgart, Ein Architekturführer, Berlin 1997, S. 4

Im Zusammenhang mit dem geplanten Teilabriss für den als «Stuttgart 21» bezeichneten Tiefbahnhof folgen aktuelle Stellungnahmen:

Der ... Stuttgarter Hauptbahnhof ist nach der Epoche der mehr oder weniger historisierenden Stillösungen der Beginn der Frühphase der modernen Sachlichkeit in der deutschen Bahnhofsarchitektur ... Seine singuläre Bedeutung gewinnt der Bau insbesondere durch seine unbestrittene Qualität und Ausstrahlungskraft ... Von Anbeginn ragte zudem der Stuttgarter Hauptbahnhof aus der Reihe der deutschen Bahnhöfe heraus durch seine das Stadtbild bis in die Gegenwart prägende Gestalt und Stellung ... Die durch den Abriß von Gebäudeteilen geplante Verstümmelung ... nährt allerdings den Verdacht, daß seine Urheber sich des baukünstlerischen Werts entweder überhaupt nicht bewußt sind oder Ignoranz die bisherigen Planungsschritte bestimmt hat. Jedenfalls lassen die bis heute bekannt gewordenen Planungsergebnisse jegliche denkmalpflegerische Verantwortung ... vermissen ... Jegliches Gespür für den Wert der eigenen Geschichte droht in Stuttgart jedoch verloren zu gehen. Die Mitglieder der Wissenschaftlichen Kommission appellieren daher an das gesamtgesellschaftliche Verantwortungsbewußtsein der Deutschen Bahn, sie möge die derzeitigen Planungsschritte ... im Sinne eines größeren Respekts vor der Leistung ihrer Urheber verändern ... Diese Sensibilität erwartet die Deutsche Stiftung Denkmalschutz auch im Umgang mit dem Monument des historischen Stuttgarter Hauptbahnhofs.»

Horst von Basswitz, Vorsitzender der Wissenschaftlichen Kommission der Deutschen Stiftung Denkmalschutz, 2003

Für schutzwürdig wird von vielen Leuten nur die der Stadtmitte zugewandte Seite angesehen; die Front zur Cannstatter Straße hin wird kaum angesehen. Gerade diese aber ist eine der nobelsten Fassaden, die Stuttgart zu bieten hat. Sie ist wesentlicher Bestandteil des Bauwerks...
Josef Wohlschlager, Leserbrief in der Stuttgarter Zeitung vom 25.4.2006

Bei «Stuttgart 21» handelt es sich nicht um ein Projekt des Bedarfsplans für die Bundesschienenwege, sondern vorrangig um ein städtebauliches Projekt. Denn auch ein oberirdischer Kopfbahnhof kann die verkehrlichen Funktionen für den Eisenbahnknoten Stuttgart erfüllen ... Die Wirtschaftlichkeitsuntersuchung hat bisher eine erhebliche Unterdeckung ergeben ...
Brief im Auftrag des Bundesministers für Verkehr, Bau und Stadtentwicklung, Wolfgang Tiefensee, vom 13.12.2006

Geboren und aufgewachsen in der schönen Stadt Dresden haben mich die Stürme und der Geist der Zeit in die schöne Stadt Stuttgart geweht. Die Mulden, die Täler, die Hänge, die Verbindung zur großen weiten Welt über die Parkanlagen zum Schloss bis zum Neckar; wenige Gebäude, vor allem

das Wahr- und Markenzeichen der Stadt, der weltberühmte Hauptbahnhof von Paul Bonatz haben es mir angetan. Lasst ja die Finger von den Anlagen und dem Hauptbahnhof. Damit würdet ihr das Grundgesetz der Stadt infrage stellen.
Prof. Dr. h.c. Günter Behnisch, Architekt, Stuttgart, 2007

Wollen wir, dass der Stuttgarter Hauptbahnhof, international bekanntes Wahrzeichen der Stadt, seiner Flügelbauten beraubt und massakriert und wie eine vergrößerte S-Bahnstation in den Untergrund verlegt wird, damit man die Stadt rascher durchqueren und verlassen kann? ...
Prof. Max Bächer, Architekt, Stuttgart
Prof. Roland Ostertag, Architekt, Stuttgart, 2007

... es mag sein, dass die Bullaugen ein ganz nettes Motiv zum Fotografieren sind, aber sind sie tatsächlich ein architektonischer Wurf wie die fantastische Fassade, die der alte Bahnhof dem Park zuwendet?
Frank M. Orel, Fotograf, Stuttgart, 2007

Mit der Versenkung im Nesenbachgrund verliert Stuttgart den einmaligen, bislang noch denkmalgeschützten Bonatzbau, der seinesgleichen sucht: Abriß der Seitenflügel, hinter dem Gebäude künftig eine Wiese und Wegfall des für diesen Bahnhof so typischen Aufgangs zum «Schwäbischen

Ritter» und damit Umgestaltung zum Kauf- und Eventhaus. Denkmalgeschützt bleibt nur die Vorderfassade. Was bleibt ist nur noch Fassadenschutz ...
Egon Hopfenzitz, als Bahnhofsvorsteher 14 Jahre Leiter des Stuttgarter Hauptbahnhofs von 1981–1994, 2007

Die Architektur des Stuttgarter Hauptbahnhofes sollte vollständig erhalten bleiben. In Anbetracht der herausragenden Stellung, die die Stuttgarter Bahnhofsarchitektur weltweit einnimmt, würde deren Demolierung von der nächsten Generation als ausgesprochene Barbarentat empfunden und bis in alle Zukunft dem «Jahrhundertvorhaben» Stuttgart 21 angelastet werden. Vielleicht würde irgendwann eine Tafel angebracht werden, die über das traurige Schicksal der Flügelfassaden Auskunft gibt ...
Prof. Dr. Dr. h.c. Alfred Seeger, em. ordentlicher Professor der Universität Stuttgart, Wissenschaftliches Mitglied der Max-Planck-Gesellschaft zur Förderung der Wissenschaften e.V., 2007

Ich mag den Bonatzbau, aber hinten ist das Hüttenkruscht!
Ministerpräsident Günther H. Oettinger, 13.12.2007

Der Bahnhof von Stuttgart ... ist ein bemerkenswerter Zeuge der deutschen Architektur des 20. Jahrhunderts im Sinne der Moderne, aber nicht des Bruchs, sondern des Gleichgewichts und der Harmonie mit seinem städtebaulichen Umfeld. Als Beispiel hiefür scheint er mir erhaltenswert. Zeit-genössische Lösungen müssen entweder die vorgefundene qualitätvolle städtebauliche Situation respektieren und erhöhen oder zu ihr in angemessener Entfernung einen Kontrapunkt bilden. Gelungene Beispiele sind die Pyramide des Louvre... Es ist schwieriger zu erhöhen als zu zerstören und neu zu bauen. Mögen sich die Stuttgarter Stadtväter daran erinnern.
Ludvic Nys, Tournai / Belgien, 2008

Lieber Herr Dr. Roser, wir hoffen aufrichtig, dass die Stadt Stuttgart einen anderen Weg findet, ihre Ziele zu erreichen. Der Abbruch bewirkt folgende Schäden: an städtebaulichem und architektonischem Erbe, an lebendiger Geschichte, für das architektonische Welterbe, an lebendiger Geschichte und Erinnerung an Paul Bonatz, für die Erziehung der Stuttgarter Bevölkerung, insbesondere der Jungen, für die Architektenausbildung weltweit... das ist zu viel.

Aber vergleichbaren Schaden erleidet der Ruf der Stadt in der Welt der Kultur, die eng mit der Wirtschaft verbunden ist. In dieser Welt wird man Stuttgart mit dem «Attila, der Hunne Preis» auszeichnen. Und das wird das Urteil der Geschichte sein.

Nicht jedes historische Bauwerk muss erhalten werden. Manchmal sind auch Teilabbrüche tragbar, nicht aber — so glauben wir — in diesem Fall. Oft gibt es Alternativen. Ein schonender Entwurf kann das Projekt zusätzlich wirtschaftlicher machen, wenn alte Strukturen die neuen unterstützen. Kann es der Stadt gelingen, einfallsreiche Leute zu finden, die, selbst zu einem späten Zeitpunkt, diesen anderen Weg zu finden?

Wir senden Ihnen unsere besten Wünsche für den Erfolg Ihrer Bemühungen.

Mit freundlichen Grüßen
Robert Venturi und Denise Scott Brown / Philadelphia 2008

Obwohl ich die Notwendigkeit für Fortschritt verstehe, glaube ich nicht, dass sich Fortschritt und Bewahrung gegenseitig ausschließen. Der Stuttgarter Hauptbahnhof ist eines der bedeutenden Beispiele für deutsche Empfangsgebäude und eine der großen Leistungen des Architekten Paul Bonatz. Irgendeinen Teil dieses Bauwerks abzubrechen wäre für die Architekturgeschichte ein schwer wiegender Verlust. Auch wenn Bonatz als eine der widersprüchlichen Persönlichkeiten in Deutschlands Geschichte gilt, ist sein Beitrag zum architektonischen Erbe seines Landes gewiss bedeutend. Ich hoffe, dass der Architekt einen Weg findet, dieses beeindruckende Bauwerk zu erhalten und dennoch dem Fortschritt den Weg zu ebnen.
Richard Meier / New York 2010

Zahlen zum Bauwerk

Abmessungen des Stuttgarter Haupt-bahnhofs

(Genaue Zahlen mit zwei Stellen hinter dem Komma, ungefähre Zahlen gerundet)

FASSADEN

Fassade am Arnulf-Klett-Platz
- Gesamtlänge: 191,19 m
  (davon Pfeilerhalle: 101,38 m)
- Höhe: 15,70–17,82 m
  (16,89 am Mittelausgang)

Verschiedene Höhen
- Traufe der Kopfbahnsteighalle am Mittelausgang: 20,94 m
- Große Schalterhalle: 25,51 m
- Kleine Schalterhalle: 18,86 m
- Pfeilerhalle: 10,88–11,50 m

Schlossgartenfassade
- Gesamtlänge: 277 m
  (ohne Expressguthalle)
- Höhe: 17,60–19,20 m

Turm
- Höhe: 56,92 m
- Im Erdgeschoss: 14,70 x 14,70 m
- An der Oberkante: 13,82 x 13,82 m
  (= seitlicher Anlauf von 0,6 %)

Nordwestfassade
- Gesamtlänge: 144 m
- Höhe: 13–15 m

INNEN

Kopfbahnsteighalle
- Gesamtlänge: 167 m
- Breite: 20,00 bzw. 23,50 m
- Höhe: 17 m mit ursprünglicher Flachdecke, heute mit offenem Dachstuhl 20 m

Große Schalterhalle
- Gesamtlänge: 48 m
- Breite: 22 m
- Höhe: mit ursprünglicher Flachdecke 24 m

Kleine Schalterhalle
- Gesamtlänge: 42 m
  (davon innere Halle: 27 m)
- Breite: 14 bzw. 9 m
- Höhe: 15 m

Bahnsteighallen
- Gesamtlänge: 195 m
- Breite: 162,50 m

Literaturverzeichnis

ATKINSON, Robert, Deutsche Baukunst der Gegenwart, in: Wasmuths Monatshefte für Baukunst (=WMB), 12, 1928, S. 343

ARBOGAST, Ralf, HAMMER, Stefan, Alte Bahnhöfe in Württemberg, Stuttgart 1987

ARGAN, Giulio Carlo, Die Kunst des 20. Jahrhunderts, 1880—1940, Berlin 1977, S. 333

L'architecture vivante, documents sur l'activité constructive dans tous les pays, publiés sous la direction de Jean Badovici, printemps et été 1932

Die Baukunst, 5, 1928, S. 128

BAUM, Julius, Die Anfänge der neuen Baukunst in Stuttgart, in: Festschrift der Technischen Hochschule Stuttgart, Zur Vollendung ihres ersten Jahrhunderts, 1829—1929, Berlin 1929, S. 1—7

BAUM, Julius, Das 20. Jahrhundert, in: W. Fleischhauer, J. Baum, St. Kobell, Die schwäbische Kunst im 19. und 20. Jahrhundert, Stuttgart 1952

Der Baumeister, 13, 1915, Bebauungsplan für das Bahnhofsvorgelände, Stuttgart, S. 42—44, Tafel 55/56

Bauzeitung für Württemberg, Baden, Hessen, Elsass-Lothringen, 4, 1907

dies., 8, 1911

dies., 9, 1912, S. 320

dies., 10, 1913, Das neue Empfangsgebäude des Hauptbahnhofs Stuttgart, S. 89—95

dies., 12, 1915, Engerer Wettbewerb der Stadt Stuttgart zur Erlangung von Entwürfen für ein Schaubild über die architektonische Gestaltung der Fassaden am neuen Bahnhofsplatz und Teilen der Königstraße, S. 29—31, 37—40

BEHNE, Adolf, Der moderne Zweckbau, Wien-Berlin 1926

BEHRENS, Peter, Einfluß von Zeit- und Raumausnutzung auf moderne Formentwicklung, in: Jahrbuch des Deutschen Werkbundes, 1914, Jena 1914, S. 8

BERGER, Manfred, Historische Bahnhofsbauten Sachsens, Preußens, Mecklenburgs und Thüringens, Berlin (Ost) 1980

Berliner Architekturwelt, 13, 1911, S. 123, 419

BONGARTZ, Norbert, Tradition als Anker der neuen Architektur, in: Paul Bonatz 1877—1956, Stuttgarter Beiträge 13, 1977, S. 37—42

BONATZ, Paul, Der neue Hauptbahnhof, in: Stuttgart, Das Buch der Stadt, hg. von Fritz Elsas, Stuttgart 1925, S. 76—77

ders., Der Bahnhof in Stuttgart und andere Arbeiten der Architekten Paul Bonatz und F.E. Scholer, in: WMB, 12, 1928, S. 145—152

ders., Welchen Weg geht die deutsche Baukunst? in: Baugilde 15, 1933, S. 833—835

ders., Leben und Bauen, Stuttgart 1950, S. 61—66, 78—80, 105—106, 165—166, 182, 222, 185—186

ders., Zum Neubau des Stuttgarter Hauptbahnhofs, in: Daimler Werkzeitung, 1919, S. 102—103

BRAND, Paul, Sehen und Erkennen, Stuttgart 1963, S. 85

Brücke, Mühle, Fabrik, Technische Kulturdenkmale in Baden-Württemberg, hg. vom Landesmuseum für Technik und Arbeit in Mannheim, Stuttgart 1991, S. 133, Tafel 101, S. 213

CHRIST-JANER, Albert, Eliel Saarinen, Chicago 1948

Chronik der Kgl. Haupt- und Residenzstadt Stuttgart, 1910, hg. vom Gemeinderat, S. 186

Chronik der Kgl. Haupt- und Residenzstadt Stuttgart, 1912, hg. vom Statistischen Amt der Stadt Stuttgart im Auftrag des Gemeinderats, S. 197

Chronik der Stadt Stuttgart, 1913—1918, S. 78—88

Chronik der Stadt 1918—1933, S. 4, 15—16, 166—172

Chronik der Stadt Stuttgart, 1933—1945, in: Veröffentlichungen des Archivs der Stadt Stuttgart, Bd. 30

Chronik der Stadt Stuttgart, 1954—1960, bearbeitet von Gerhard Raff, hg. von Kurt Leipner, in: Veröffentlichungen des Archivs der Stadt Stuttgart, Bd. 28

CORNELIUS, C., Eisenbahnhochbauten, in: Handbibliothek für Bauingenieure, hg. von Robert Otzen, Teil 2, Eisenbahnwesen, Bd. 6, Berlin 1921

CURJEL, Hans, Der neue Hauptbahnhof in Stuttgart, in: Das Werk, 11, 1924, S. 100—107

Deutsche Bauzeitung, 36, 1902, Umbau des Stuttgarter Hauptbahnhofes, S. 170—171

dies., 40, 1906, Zur Umgestaltung des Stuttgarter Hauptbahnhofes, S. 148, 152, 255, 389

dies., 41, 1907, Die geplante Umgestaltung der Stuttgarter Eisenbahn-Anlagen, S. 137—142, 149—154, 157—162

dies., 44, 1910, S. 823—824

dies., 45, 1911, Der Wettbewerb zur Erlangung von Entwürfen für das Empfangsgebäude des neuen Hauptbahnhofes in Stuttgart, S. 453, 455—459, 465—467, 495—498, 522—524

dies., 47, 1913, Das Empfangsgebäude des neuen Stuttgarter Hauptbahnhofes, S. 219—220

Deutsche Konkurrenzen, Bd. 26, 1911, Empfangsgebäude in Stuttgart, S. 1—40, 1302—1304, 1307

Deutschland wie es baut, Berlin o.J. (um 1930)

Dizionario Enciclopedico di Architettura e Urbanistica, diretto da Paolo Portoghesi, o.A. 1968, S. 392

DÜBBERS, Peter, Werkverzeichnis Paul Bonatz, Arbeiten aus den Jahren 1899 bis 1956, in: Stuttgarter Beiträge, 13, 1977, S. 43—89

DUTT, Günter, Stuttgarts Bahnhöfe, in: Verkehrsknoten Stuttgart, hg. von Werner Willhaus, Freiburg 2006, S. 5—25

ELSÄSSER, Martin (?), Der Wettbewerb zum Empfangsgebäude des neuen Hauptbahnhofes in Stuttgart, in: Architektonische Rundschau, 27, 1911, Beilage, S. 11

FAERBER, Paul, Die Zukunft des Stuttgarter Bahnhofareals, in: WMB, 2, 1915/1916, S. 23—41

FRAMPTON, Kenneth, Die Architektur der Moderne, Eine kritische Baugeschichte, Stuttgart 1983

FUCHS, ?, Ausführung von Verbindungsbahnen zur Entlastung des Bahnhofs Stuttgart, Abdruck eines Vortrags vom 22.Dezember 1894, in: Monatsschrift des Württembergischen Vereins für Baukunde, 1895, S. 82—86

FUCHS, ?, Die bedeutsamsten germanischen Monumentalgebäude des 20. Jahrhunderts, in: Der Profanbau, 14, 1918, S. 89—97

65 Jahre Stuttgarter Hauptbahnhof 1922—1987, Erinnerungen an die Schwäbische Eisenbahn, Band 3, Stuttgart 1987

GEBHARD, Helmut, in: Süddeutsche Bautradition im 20. Jahrhundert, Architekten der Bayerischen Akademie der Schönen Künste, Katalog zur Ausstellung im Königsbau der Münchner Residenz, München 1985, S. 119—123

GIEDION, Siegfried, Raum, Zeit, Architektur, Ravensburg 1965

G. K., Zu neueren Arbeiten von Paul Bonatz, in: Moderne Bauformen, 18, 1919, S. 1—24

GROHMANN, Will, Bildende Kunst und Architektur, Berlin 1953

GRUBER, Günther, Der Baumeister Paul Bonatz, in: Bauen und Wohnen, 6—7, 1948, S. 148—154

HAMANN, Richard, Geschichte der Kunst, Berlin 1935, S. 865—867

HAEUSELMANN, J. F., Professor Paul Bonatz, in: WMB, 1, 1914/1915, S. 205—223

Handbuch der Architektur, begr. von Eduard Schmitt, Teil 4, Abschnitt 4, Empfangsgebäude der Bahnhöfe und Bahnsteigüberdachungen, Leipzig 1911

HARBERS, Neuere Arbeiten von Paul Bonatz, in: Der Baumeister, 27.Jg., 1929, Heft 10

HATJE, Gerd, Paul Bonatz, in: Lexikon der Architektur des 20. Jahrhunderts, hg. von Vittorio Magnago Lampugnani, Stuttgart 1983

HEGEMANN, Werner, Nachwort über die Arbeiten von Bonatz und Scholer und: Renaissance des Mittelalters?, in: WMB, 12, 1928, S. 153—165

HEMPEL, Eberhard, Deutsche Kunstgeschichte, Bd. 1, Geschichte der deutschen Baukunst, München 1949

HEUSS, Theodor, Das Haus der Freundschaft in Konstantinopel, München 1918

ders., Was ist Qualität?, Zur Geschichte und Aufgabe des Deutschen Werkbundes, Tübingen 1951

HILDEBRANDT, Hans, Das Empfangsgebäude des künftigen Stuttgarter Hauptbahnhofs, in: Neudeutsche Bauzeitung, 10, 1914, S. 490, 492, 495—498, 503, 545—546

HILDENBRANDT, Hans, Bildende Künste und Architektur, in: Handbuch des Bauwesens 1963, Stuttgart 1962, S. 64—75

HITCHCOCK, Henry-Russell, Modern Architecture, New York 1929, 1970 (2. Aufl.)

ders., Architecture, 19th and 20th centuries, Harmondsworth 1958, S. 336—348 und hier besonders 342—343

HUSSENDÖRFER, Rainer, Die neuen Fenster am Stuttgarter Hauptbahnhof. Fehlentscheidung oder Präzedenzfall, in: Denkmalpflege in Baden-Württemberg, 5, 1976, S. 156—157

JOEDICKE, Jürgen, Über den Architekten Paul Bonatz, Abdruck einer Rede anläßlich des 100. Geburtstags von Paul Bonatz, Stuttgart 1978, S. 29—39

KITTER, Eberhard, Die Eisenbahn-Empfangsgebäude im Königreich Württemberg vor 1854, Diss. Stuttgart 1973

KLOPFER, Paul, Germanisch, klassisch und modern, in: Der Profanbau, 15, 1919, S. 17—19

KOHLHAAS, Wilhelm, Chronik der Stadt Stuttgart, 1913—1918, in: Veröffentlichungen des Archivs der Stadt Stuttgart, Bd. 16

KOHLHAAS, Wilhelm, Chronik der Stadt Stuttgart, 1918—1933, in: Veröffentlichungen des Archivs der Stadt Stuttgart, Bd. 17

KOTSIS, Iván, A dél-németországi építömüvezet a két világháború között, A stuttgarti iskola, in: Magyar Epitömüv, 1974, Nr. 2, S. 50—53

KRINGS, Ulrich, Der Kölner Hauptbahnhof von 1894 und seine Umgebung im Kontext des europäischen Bahnhofsbaus des 19. Jahrhunderts, in: Landeskonservator Rheinland, Arbeitsheft 22, S. 41—48

KUBINSZKY, Mihály, Bahnhöfe Europas, Stuttgart 1969

Künstlerlexikon der Schweiz, 20. Jahrhundert, Bd. 1, Frauenfeld 1958—1961

KULTERMANN, Udo, Die Architektur im 20. Jahrhundert, Köln 1982 (3. Aufl.)

MAYER, Martin, Der Typus des Kopfbahnhofgebäudes und der neuen Hauptbahnhof Stuttgart, in: Deutsche Bauzeitung, 58. Jg. 1924, Nr. 52, 53

MEIER, Nikolaus, Rudolf Christ, in: Architektenlexikon der Schweiz, Basel 1998, S. 128—129

MEEKS, Carroll, The Railroad Station, An architectural History, New Haven-London 1964 (2. Auflage)

MEHRTENS, Hans, Paul Bonatz, Die Ernte eines siebzigjährigen Lebens, in: Der Baumeister, 45, 1948, S. 383—388

MENCK, Clara, Abschied von Paul Bonatz, in: Frankfurter Allgemeine Zeitung, 29. Januar 1957, S. 8

MEYER, Peter, Krisis der Architektur, in: Der Baumeister, 27, 1929, S. 322—348, Tafel 106

MICHALSKI, Ernst, Die entwicklungsgeschichtliche Bedeutung des Jugendstils, in: Repertorium für Kunstwissenschaft, 46, 1925, S. 133—149

MIGNOT, Claude, L'architecture au 19e siècle, Fribourg 1983

MÖRSCH, Emil, Kunstbauten für die Gleisüberschneidungen vor dem Hauptbahnhof Stuttgart, in: Deutsche Bauzeitung — Mitteilungen, 11. Jg. 1914, Nr. 16, 17, 19

MÜLLER, Hans, Bahnhofsarchitektur, Zur baukünstlerischen Entwicklung von Empfangsgebäuden in Deutschland, Diss. Berlin 1963

MUELLER-WULCKOW, Walter, Bauten der Arbeit und des Verkehrs aus deutscher Gegenwart, Königstein i.Ts. — Leipzig 1925, S. 8—9

MÜNZENMAYER, Hans-Peter, EHLERS, Mai, KINZELBACH, Erhard, SCHWEIZER, Till, Stuttgart Hauptbahnhof, hg. Vom Verein zur Förderung und Erhaltung historischer Bauten e.V., Stuttgart 1997

NERDINGER, Winfried, Theodor Fischer, Architekt und Städtebauer 1862—1938, Ausstellungskatalog München, Berlin 1988

OSTENECK, Volker, Fragen zum Denkmalwert technischer Anlagen, in: Denkmalpflege in Baden-Württemberg, 16, 1987, S. 24—36

Paul Bonatz, Arbeiten aus den Jahren 1907 bis 1937, hg. von Friedrich Tamms, Stuttgart 1937

Paul Bonatz zum Gedenken, Reden und Aufsätze 23, Technische Hochschule Stuttgart, Stuttgart 1957

Paul Bonatz 1877—1956, Stuttgarter Beiträge 13, Stuttgart 1977

PEHNT, Wolfgang, Die Architektur des Expressionismus, Stuttgart 1973

PETSCH, Joachim, Architektur und Gesellschaft, Zur Geschichte der deutschen Architektur im 19. und 20. Jahrhundert, Köln-Wien 1973

PEVSNER, Nikolaus, A History of Building Types, London 1976

ders., Wegbereiter moderner Formgebung von Morris bis Gropius, Köln 1983

PFIZER, Theodor, Paul Bonatz Architekt 1877—1956, in: Lebensbilder aus Schwaben und Franken, im Auftrag der Kommission für geschichtliche Landeskunde in Baden-Württemberg, hg. von Robert Uhland, Bd. 14, 1980, S. 503—527

PFLEIDERER, Wolfgang, Paul Bonatz, in: Baukunst, 4, 1928, S. 111—113

PLATZ, Gustav Adolf, Die Baukunst der neuesten Zeit, Berlin 1927

Der Profanbau, 14, 1918, S. 96-97

RÄNTZSCH, Andreas M., Stuttgart und seine Eisenbahnen, Heidenheim 1987

ders., 140 Jahre Centralbahnhof Stuttgart, hg. von der Landeshauptstadt Stuttgart, Stuttgart 1986

RAGON, Michel, Histoire mondiale de l'architecture et de l'urbanisme moderne, 2 Bde, Paris 1972

RAHMS, Helene, Vom Steinmonument zur Stahlkonstruktion, in: Frankfurter Allgemeine Zeitung, 7. Dezember 1977, S. 27

REINLE, Adolf, Zeichensprache der Architektur, Zürich-Wien 1976

ROH, Franz, Deutsche Kunstgeschichte, Bd. 6, Geschichte der deutschen Kunst von 1900 bis zur Gegenwart, München 1958

ROSER, Matthias, Der Stuttgarter Hauptbahnhof von Paul Bonatz, Entstehungsgeschichte und Versuch einer Einordnung, Diplomarbeit, Universität Innsbruck, 1985

ders., Der Stuttgarter Hauptbahnhof, ein vergessenes Meisterwerk der Architektur, Stuttgart 1987

ders., Der Erbauer Paul Bonatz, Der neue Bahnhof - Bau und Architektur, in: 65 Jahre Stuttgarter Hauptbahnhof 1922—1987, Erinnerungen an die Schwäbische Eisenbahn, Bd. 3, Bundesbahn Direktion Stuttgart, Stuttgart 1987

ders., La gare centrale de Stuttgart par Paul Bonatz, Bundesbahndirektion Stuttgart, Stuttgart 1987

ders., Die Geschichte des Stuttgarter Bahnhofes, Der Architekt Paul Bonatz und sein Meisterwerk, der Stuttgarter Hauptbahnhof, in: Express, Die Informationszeitung der Firmen der Werbegemeinschaft Stuttgart Hauptbahnhof 10/1987

ders., Zum Projekt eines südwestdeutschen Architekturarchivs in Stuttgart, in: Deutsche Bauzeitung 5/1989, S. 159-160

ders. , Das Sammeln von Architekturnachlässen, in: Der Architekt 5/1989, S. 243-244

ders., Ein südwestdeutsches Architekturarchiv in Stuttgart?, in: Schwäbische Heimat 2/1989, S. 113-116

ders., Paul Bonatz, Wohnhäuser, Stuttgart 1992, S. 12-14 (Verhältnis von Bonatz und Scholer), S. 35 ff. (Sprossenfenster), S. 40 ff. (Einbindung in Umgebung)

SCHAECHTERLE, Karl, Neue Bauformen und Bauausführungen in Beton- und Eisenbeton bei der württembergischen Staatseisenbahn-Verwaltung, in: Deutsche Bauzeitung-Mitteilungen über Zement, Beton und Eisenbetonbau, 11, 1914, Nr. 7, 8, 9, 11

ders., Die Gleishallen des neuen Hauptbahnhofs in Stuttgart, in: Deutsche Bauzeitung-Mitteilungen — Beilage «Der Holzbau», 1921, Nr. 9, 10

ders., Die Gleishallen des neuen Hauptbahnhofs zu Stuttgart, in: Deutsche Bauzeitung-Mitteilungen — Beilage «Konstruktion und Bauausführung», 1924, Nr. 17,18

SCHADENDORF, Wulf, Der Großstadtbahnhof nach 1870, Hannover und Dresden, in: Studien zur Kunst des 19. Jahrhunderts, Bd. 24, Die deutsche Stadt im 19. Jh., Stadtplanung und Baugestaltung im industriellen Zeitalter, München o.J., S. 235—246

SCHOMANN, Heinz, Der Frankfurter Hauptbahnhof, 150 Jahre Eisenbahngeschichte und Stadtentwicklung, 1838—1988, Stuttgart 1983

SCHULTZE-NAUMBURG, Paul, Dürfen wir noch in Stein bauen? in: Baugilde, 15, 1933, S. 832—833

SCHWAB, C., Hochbauten der Bahnhöfe, 1, Empfangsgebäude, Nebengebäude,

Güterschuppen, Lokomotivschuppen, Leipzig 1911

Schweizerische Bauzeitung, Bd. 43, Nr. 15, 1904, S. 181

dies., Bd. 46, Nr. 17, 1905, S. 212

SEMBACH, Klaus-Jürgen, Stadtattraktion Bahnhof, in: Du, 39, 1979, Nr. 4, S. 68—71

SFAELLOS, Charalambos, Le fonctionnalisme dans l'architecture contemporaine, Paris 1952

SHARP, Dennis, Architektur im 20. Jahrhundert, München 1973

SPANGENBERG, H., Zwei Betonbauten vom Stuttgarter Bahnhof-Umbau, in: Deutsche Bauzeitung — Mitteilungen, 11. Jg., 1914, Nr. 10,11,12,13

SPRÖGGEL, Richard, Hochbauten der Eisenbahn, Berlin-Göttingen-Heidelberg 1954

Der Städtebau, 5, 1908, S. 87, Tafel 53b

STAHL, Fritz, Der neue Bahnhof in Stuttgart, in: Berliner Tageblatt, abgedruckt in: Schramberger Zeitung, Nr. 190, 20. August 1921

La Stazione centrale di Milano, monografia ufficiale illustrata autorizzata dal ministerio delle communicazioni, edizione fuori commercio, Mailand 1931

Ein Streifzug durch die Architekturgeschichte der Stadt Stuttgart, Stuttgart Marketing GmbH, Stuttgart 2005

Stuttgart, Führer durch die Stadt und ihre Bauten, Festschrift zur 6. Generalversammlung des Verbandes deutscher Architekten- und Ingenieur-Vereine, hg. vom Württembergischen Verein für Baukunde, Stuttgart 1884, S. 130—140

Der Stuttgarter Hauptbahnhof, Knotenpunkt für den Fern- und Nahverkehr, hg. von der Bundesbahndirektion Stuttgart 1983

Stuttgarter Neues Tagblatt, Morgenausgabe, Mittwoch, 13.09.1922, S. 2, «Im neuen Stuttgarter Bahnhof, Der Stand der Arbeiten»

Stuttgarter Neues Tagblatt, Morgenausgabe, Samstag, 21.10.1922, Sonderbeilage, «Zur Eröffnung des neuen Stuttgarter Hauptbahnhofs»

Stuttgarter Neues Tagblatt, Abendausgabe, Samstag, 21.10.1922, S. 2, «Die Eröffnung des neuen Bahnhofs»

Stuttgarter Neues Tagblatt, Abendausgabe, Samstag, 17.12.1927, 2. Blatt, «Die Eröffnung des Stuttgarter Vorortbahnhofs»

Stuttgarter Neues Tagblatt, Abendausgabe, 16.11.1928, 2. Blatt, «Das Urteil eines Franzosen über Stuttgart»

STUTZ, Werner, Bahnhöfe der Schweiz, Von den Anfängen bis zum Ersten Weltkrieg, Zürich 1983

TAMMS, Friedrich, Paul Bonatz, Arbeiten aus den Jahren 1907 bis 1937, Stuttgart 1937

TAUT, Bruno, Der neue Wohnbau, Leipzig — Berlin 1927, S. 22—23

TIEDJE, Wilhelm, Rede anläßlich der Gedenkfeier des 100. Geburtstags von Paul Bonatz in der Universität Stuttgart, Stuttgart 1978, S. 17—27

VIOLLET-LE-DUC, Eugène, Entretiens sur l'architecture, Paris 1863

Vom Boten zur Stuttgarter S-Bahn, Eine Illustrierte zur Eröffnung der Stuttgarter S-Bahn am 1. Oktober 1978

W.A., Zu unseren Bildern und Noten, in: Der Kunstwart, 40, 1926, S. 277—81

WALDNER, H.A., Neuerungen im Bahnhofsbau, in: Deutsche Bauhütte, 18, 1914, S. 172—173

WEIDLE, Karl, Der Grundriss von Alt-Stuttgart, Stuttgart 1961, S. 83—85

WERNER, Frank, Paul Bonatz 1877—1956, Architekt ohne Avantgarde?, in: Paul

Bonatz 1877–1956, Stuttgarter Beiträge, 13, 1977, S. 7–35

WERNER, H., Der Stadtbauplan beim neuen Stuttgarter Hauptbahnhof, in: Der Städtebau, 10, 1913, S. 61–64

WEYRAUCH, Robert, Ein neues Bahnhofsprojekt für Stuttgart, in: Bauzeitung für Württemberg, Baden, Hessen, Elsass-Lothringen, 3, 1906, S. 203–206, 211–215

WIDMER, Karl, Ist der Bahnhofsbau eine Aufgabe der Monumental-Baukunst? in: Deutsche Kunst und Dekoration, 30, 1912, S. 53, 55–56, 58, 60

WOERMANN, Karl, Geschichte der Kunst aller Zeiten und Völker, Bd. 6, Die Kunst der jüngeren Neuzeit von 0 bis zur Gegenwart, Leipzig 1922

WÖRNER, Martin, LUPFER, Gilbert, Stuttgart, Ein Architekturführer, Berlin 1997

WOLTERS, Rudolf, Vom Grundriß der Empfangsgebäude großer Fernbahnhöfe, Diss. Berlin 1930

Württembergische Bauzeitung, 1, 1903/1904, Zur Frage des Bahnhofumbaus in Stuttgart, S. 173–174

Zeitschrift des Architekten- und Ingenieur-Vereins Hannover, 14, 1868, Spalte 363–366

Zeitschrift für Bauhandwerker, 12, 1868, S. 156–157

Zeitschrift für Bauwesen, 15, 1865, Spalte 177–178

Zeitschrift für Bildende Kunst, 10, 1875, S. 108–109

Zentralblatt der Bauverwaltung, 30, 1910, S. 624

dies., 31, 1911, S. 333–335

Quellen

Abkürzungen

npb   Nachlass Paul Bonatz

HStA   Hauptstaatsarchiv Stuttgart

ahbf   Archiv Stuttgart Hauptbahnhof

bbd   ehemalige Bundesbahndirektion

A. Pläne

Grundriss auf Straßenhöhe, Maßstab 1:500 (npb)

Grundriss auf Bahnsteighöhe, Maßstab 1:500 (npb)

Grundriss Untergeschoss, Maßstab 1:500 (npb)

Teilaufriss des linken Flügelbaus an der großen Schalterhalle, Maßstab 1:25 (npb)

Teilaufriss der Fassade am Bahnhofsplatz, Maßstab 1:100 (npb)

Aufriss der Fassade am Bahnhofsplatz, Maßstab 1:100 (npb)

Aufriss der Fassade an der Ludwigsburger Straße, Maßstab 1:100 (npb)

Teilaufriss der Nordfassade, Maßstab 1:100 (npb)

Schnitt durch den Turm mit den Grundrissen der Geschosse 1, 4, 5, 6, 7, 8 (npb)

4 Grundrisse von Vorentwürfen aus der Zeit vor Ausschreibung des Wettbewerbs (npb)

Festigkeitsberechnung (Statische Berechnung) der Bahnbrücke Nr. 34 (Gleis 16), undatiert, ca. 1914 (ahbf)

B. Zeitgenössische Photos
(siehe Abbildungsnachweis)

C. Zeitgenössische Zeichnungen und veröffentlichte Pläne
(siehe Literaturverzeichnis)

D. Schriftquellen

Brief von Paul Bonatz an Paul Schmidhenner vom 8.9.1942 (npb)

Ein unvollständiger Briefwechsel zwischen Paul Bonatz und der Reichsbahndirektion Stuttgart aus dem Jahr 1949; (npb)

Kgl. Verordnung von 1895 (HStA)

Gesetz von 1907 (HStA)

Kgl. Verordnung von 1907 (HStA)

Gesetz von 1920 (HStA)

Die Stilbildende Kraft technischer Bauten, Vortrag von P. Bonatz vom 5.12.1931 (npb)

Repräsentative Bauten des Volkes, Vortrag von P. Bonatz vom 13.2.1935 (npb)

Das Zusammenwirken von Ingenieur und Architekt, Vortrag von P. Bonatz vom 12.3.1936 (npb)

Der Weg der deutschen Baukunst, Vortrag von P. Bonatz vom 5.3.1943 (npb)

Detailplan Fenstergitter vom 12.4.1916 (ahbf)

Paul BONATZ, Der neue Hauptbahnhof, in: Stuttgart, Das Buch der Stadt, hg. von Fritz Elsas, Stuttgart 1925, S. 76–77

ders., Der Bahnhof in Stuttgart und andere Arbeiten der Architekten Paul Bonatz und F.E. Scholer, in: Wasmuths Monatshefte für Baukunst, 12, 1928, S. 145–152

ders., Leben und Bauen, Stuttgart 1950, S. 61–66, 79–80, 105–106, 182, 186, 222

Stuttgarter Neues Tagblatt:
Morgenausgabe, Mittwoch, 13.9.1922, S. 2
Morgenausgabe, Samstag, 21.10.1922, Sonderbeilage
Abendausgabe, Samstag, 21.10.1922, S. 2

Abendausgabe, Samstag, 17.12.1927,
2. Blatt
Abendausgabe, Donnerstag,
16.11.1928, 2. Blatt
Deutsche Konkurrenzen, Bd. 26, 1911

E.
Verschiedene Unterlagen aus der Zeit vor Ausschreibung des Wettbewerbs:

In der ehemaligen Bundesbahndirektion Stuttgart (vormals Reichsbahndirektion Stuttgart, diese ihrerseits Rechtsnachfolgerin der Königlichen Generaldirektion der Württembergischen Staatseisenbahnen) befanden sich noch in den 1980er Jahren einige wenige Akten zum «Umbau des Hauptbahnhofs Stuttgart». Der Großteil der diesbezüglichen Unterlagen scheint aber nach mehrfacher mündlicher Aussage im Zweiten Weltkrieg sowohl durch Brand als auch durch mutwillige Zerstörung 1945 vernichtet worden zu sein. Im Wesentlichen hat sich Folgendes erhalten:

1. Ein loses Blatt Papier, paginiert 1—2 (nachträglich datiert 1905) «Betreffend die Frage, ob die Erweiterung oder der Neubau des Hauptbahnhofs Stuttgart nach dem Projekt I mit dem Empfangsgebäude an der Schlossstraße oder nach dem Projekt II mit dem Empfangsgebäude an der Schillerstraße erfolgen soll.»

2. «Zweites Gutachten über den Umbau des Hauptbahnhofes Stuttgart» (nachträglich datiert Januar 1904); Entwurf von 1902
Kopfbahnhof oder Durchgangsbahnhof in Gutachten vom 31.5.1902
Neue Entwürfe
A.) Gleiche Lage wie Entwurf von 1902
B.) Empfangsgebäude an der Kronenstraße

C.) Empfangsgebäude an der Schillerstraße
«Es sind sohin bei Entwurf C alle drei eingangs erwähnten Mängel beseitigt.» (S. 11)

3. «Entwurf eines Durchgangsbahnhofs für Stuttgart von Ingenieur A. SPRICKERHOF (Cannstatt, Mai 1901)»

4. Vier Lagepläne und Grundrisse für einen neuen Hauptbahnhof (alle 4 undatiert und unsigniert) (bbd)

Abbildungsnachweis

Nachlass Paul Bonatz, Stuttgart
    Titelseite, Vorblatt, 17, 25 lo, 25 ru, 27, 29 lo, 30 ro, 31 rm, 31 ru, 32, 33 rm, ru, 38, 39, 41 o, 42, 43, 44 lu, 44 ro, 47 r, 48, 49 o, 49 lu, 54 lo, 54 r, 55, 56, 57, 58 ro, 59 l, 59 m, 60, 61, 62, 63, 64 lo, 64 ro, 65 lo, 65 m, 65 lu, 66 m, 67 o, 69, 70 lm, 70 lu, 70 ro, 76 o, 78, 80, 82, 84 lo, 86 lu, 87 u, 90 o, 92, 115 ru, 121 o, 121 u

Landesmedienzentrum Baden-Württemberg, Stuttgart
    7, 8, 9 ro, 9 lu, 9 rm, 9 ru, 11 lo, 36 ro, 40, 45, 84 ro, 113, 114, 120 l, 143

Archiv Rudolf Röder, Stuttgart
    9 lo, 9 lu, 11 lu, 31 lo, 31 ro, 33 lo, 33 ro, 37, 41u, 46 o, 47, 49 ru, 50, 51, 52 o, 65 ro, 66 lo, 73 ru, 76 u, 93 r, 94, 95, 120 r

Dt. Bauzeitung, 41, 1907
    10

Dt. Bauzeitung, 36, 1902
    11 r

Dt. Bauzeitung, 41, 1907
    30 lo

Dt. Konkurrenzen, Bd. 26, 1911
    13, 14, 15, 16, 21, 86 ro

Der Baumeister, 7, 1908
    18

diess., 27, 1929
    75 l

Paul Bonatz, Leben und Bauen, Stuttgart 1950
    20, U4

Der Architekt, 20, 1914/1915
    23 o, 23 m, 24 m

Bauzeitung für Württemberg, Baden …, 10, 1913
    23 u, 24 lu

dies., 8, 1911
    23 u, 24 lo

ehemalige Bundesbahndirektion
24 ro, 53 lo

Wasmuths Monatsheften für Baukunst, 1,
1914/1915
24 ru, 25 ro

Das Werk, 11, 1924
26, 29 l

Moderne Bauformen, 18, 1919
28, 29 ro

Archiv Stuttgart Hauptbahnhof
33 l, 34, 53 l, 66 lu

Wasmuths Monatshefte für Baukunst, 2,
1915/1916
30 lu, 90 u

Archiv Roser, Stuttgart
36 lm, 36 lu, 44 lo, 47 l, 52 lu, 52 ru,
58 lo, 58 lu, 59 r, 64 lu, 65 rm, 66 ro,
66 ru, 67 lu, 67 ru, 67 lu, 68, 71, 72
lo, 72 lu, 72 mu, 73 lo, 73 ro, 75 r, 77
m, 77 ro, 85, 86 lo, 87 ro, 87 drittes
von oben, 88, 96, 97, 98 lo, 98 lm, 98
lu, 98 ru, 99 lo, 99 lu, 99 mu, 99 ro 99
rm, 99 ru, 102, 103, 115 ro, 119

Archiv Peter Gierhardt, Esslingen
46 m, 46 lu, 87 zweites von oben, 99
mo

Archiv Klaus Gebhard, Stuttgart
46 lm, 49 rm, 53 ro, 72 mo, 98 ro, 115
lo, U4 o u

Schmetterling Verlag (Gabriela Cifuentes)
53 ru, 54 lm, 54 lu, 77 ru

Stuttgart, Das Buch der Stadt, Stuttgart
1925
65 ru

Archiv Harald Schukraft, Stuttgart
70 lo

Archiv Stuttgart Hauptbahnhof
77 lo, 77 rm

Luftbild Manfred Stork, Stuttgart
83

Paul Bonatz, Arbeiten aus den Jahren
1907–1937, hg. von Friedrich Tamms,
Stuttgart 1937,
84 lu, 93 l

Ullstein-Bilderdienst Berlin
101

Roland Ostertag (Konzept) / proeleven
117

Landeshauptstadt Stuttgart, Stadtmes-
sungsamt
118

Landeshauptstadt Stuttgart, Stadtarchiv
121 m

Rose Hajdu
77 lo

Impressum

Bibliografische Informationen
Der Deutschen Bibliothek
Die Deutsche Bibliothek verzeichnet diese
Publikation in der Deutschen Nationalbi-
bliografie; detaillierte Daten sind im In-
ternet über
http://dnb.ddb.de
abrufbar.

www.hauptbahnhof-stuttgart.eu
Zusätzliche Informationen zum Thema bei
der Arbeitsgemeinschaft Hauptbahnhof
Stuttgart

Schmetterling Verlag GmbH
Lindenspürstr. 38b
70176 Stuttgart
www.schmetterling-verlag.de
Der Schmetterling Verlag ist Mitglied von
aLiVe

ISBN 3-89657-139-7
2., aktualisierte Auflage 2010
Printed in Germany
Alle Rechte vorbehalten
Satz und Reproduktionen:
Schmetterling Verlag
Druck: GuS-Druck GmbH, Stuttgart
Binden: IDUPA, Owen

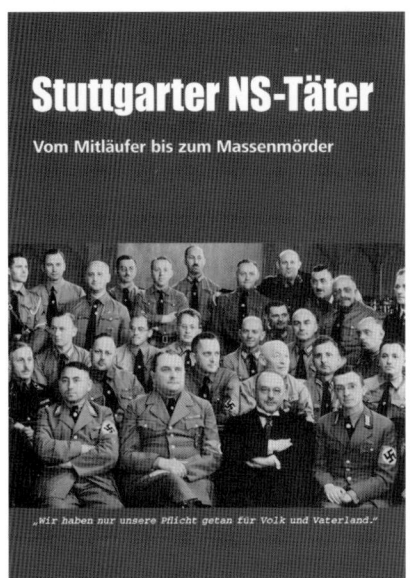

Buthge, Werner:

Vom Feuersee zum Birkenkopf

Streifzüge durch den Stuttgarter
Westen

2., durchgesehene und erweiterte Auflage,
2006, 128 Seiten, Kunstdruck, Fadenheftung, ISBN 3-89657-129-X, 12.80 EUR

So urteilt die Presse:

Die Streifzüge durch den Westen sind lesenswert, weil sie nicht die Historie verbrämen, sondern auch den Alltag und die aktuellen Probleme des Stadtbezirks aufzeigen. Wolfgang Schulz-Braunschmidt in Stuttgarter Zeitung, 28.11.2005

Für 12.80 Euro bietet das ... Buch auf 128 Seiten erfreulich viel Westen.
Wolfgang Kress in West-Blättle, 11/2005

Werner Buthge hat jetzt einen Führer durch den Westen herausgegeben, der zugleich Liebeserklärung ist...
Karl Semle in Amtsblatt Stuttgart

Abmayr, Hermann G.:

Stuttgarter NS-Täter

Vom Mitläufer bis zum Massenmörder

1. Auflage 2009, 384 Seiten, kartoniert
ISBN 3-89657-136-2, 19.80 EUR

Die Autorinnen und Autoren dieses Buches wollen einen Beitrag zur NS-Täterforschung und damit zum Verständnis des düstersten Kapitels deutscher Geschichte leisten. Dabei begegnen die Leserinnen und Leser sowohl Schreibtischtätern in Partei, Verwaltung, Polizei, Kultur, Justiz und Medizin als auch berüchtigten KZ-Aufsehern und Denunzianten. Auf diese Weise zeichnet sich weitgehend ein Querschnitt durch die bürgerliche Gesellschaft des frühen 20. Jahrhunderts ab und die Täterprofile beschränken sich keineswegs auf Sadisten, Karrieristen oder übereifrige Befehlsempfänger. Schließlich geht es nicht nur um Täter im engeren, strafrechtlichen Sinne, sondern auch um die Profiteure des Re-

gimes, etwa diejenigen, die sich durch die Arisierung bereicherten oder sich durch Unterstützung des Regimes wirtschaftlichen und politischen Vorteil verschafften.

So findet sich im Buch auch ein Kapitel zu Kaufhausbesitzer Alfred Breuninger sowie bisher unbekannte Erkenntnisse zu «Wehrwirtschaftsführer» Ferry Porsche und den profitablen Verwicklungen seines Unternehmens in den NS-Apparat.

«Stuttgarter Hauptbahnhof»-Postkartenset mit 8 verschiedenen Motiven

2009, 8.00 EUR

Acht teils historische Motive (u.a. Nachtaufnahme, altes Bahnhofsrestaurant) würdigen den einmaligen Charakter des Hauptbahnhofs, welcher im Rahmen

STUTTGART

des Großprojektes «Stuttgart 21» in einem Akt staatlichen Vandalismus´ zerstört wird. Die im Duplex-Kunstdruck produzierten Ansichtskarten empfehlen sich als exklusive Geschenkidee.

schmetterling verlag